Rolf Busemann
Die Jüngergemeinde nach Markus 10

BONNER BIBLISCHE BEITRÄGE

Herausgegeben von

Frank-Lothar Hossfeld
Helmut Merklein

Professoren der Katholisch-Theologischen Fakultät der Universität Bonn

Band 57

Rolf Busemann

# Die Jüngergemeinde nach Markus 10

Eine redaktionsgeschichtliche Untersuchung des 10. Kapitels im Markusevangelium

Peter Hanstein Verlag
1983

CIP-Kurztitelaufnahme der Deutschen Bibliothek

**Busemann, Rolf:**
Die Jüngergemeinde nach Markus 10 : e. redaktions-
geschichtl. Unters. d. 10. Kap. im Markusevangelium /
Rolf Busemann. – Königstein/Ts. ; Bonn : Hanstein, 1983.
    (Bonner biblische Beiträge ; Bd. 57)
    ISBN 3-7756-1069-3

NE: GT

© 1983 Peter Hanstein Verlag GmbH, Königstein/Ts. – Bonn
Alle Rechte vorbehalten.
Ohne ausdrückliche Genehmigung des Verlags ist es auch nicht
gestattet, das Buch oder Teile daraus auf fotomechanischem Wege
(Fotokopie, Mikrokopie) zu vervielfältigen.
Reproduktion, Druck und Bindung: Hain-Druck GmbH, Meisenheim/Glan
Printed in Germany
ISBN 3-7756-1069-3

MEINER FRAU
UND MEINEN KINDERN

VORWORT

Die vorliegende redaktionsgeschichtliche Studie versucht in der derzeitigen Phase einer allgemeinen Verunsicherung der Markus-Interpretation Stellung zu beziehen und auf der exemplarischen Strecke von Markus 10 die literarische und theologische Leistung des Evangelisten zu erheben und zu würdigen.

Die Arbeit wurde im Sommersemester 1982 vom Katholisch-Theologischen Fachbereich der Universität Würzburg als Dissertation angenommen, der ich an dieser Stelle danke. Für die Drucklegung wurde sie überarbeitet.

Mein aufrichtiger Dank gilt meinem Lehrer, Herrn Professor Dr.Dr. Karlheinz Müller, für die engagierte Betreuung und wohlwollende Förderung meiner Arbeit. Seit 1982 bin ich sein Assistent. Zu Dank verpflichtet weiß ich mich auch Herrn Professor Dr.Dr.h.c. Rudolf Schnackenburg für die Erstellung des Korreferats. Herrn Professor Dr. Helmut Merklein danke ich für die Aufnahme der Dissertation in die Reihe "Bonner Biblische Beiträge". Frau Greta Erhard und Herr Dipl.-Theol. Reinhold Then haben mich tatkräftig bei den Schreib- und Korrekturarbeiten unterstützt, wofür ich ihnen danke.

Nicht zuletzt haben die große Geduld und Rücksichtnahme meiner Frau und meiner Kinder die Erstellung dieser Arbeit ermöglicht. Dafür bin ich ihnen von Herzen dankbar.

Würzburg, im Mai 1983                           Rolf Busemann

INHALTSVERZEICHNIS

Vorwort 7
Inhaltsverzeichnis 9

EINFÜHRUNG: MARKUS 10 IM SPIEGEL DER NEUEREN EXEGESE:
DER FORSCHUNGSGESCHICHTLICHE EINSTIEG 13

§ 1 Karl-Georg Reploh: Eine redaktionsgeschichtliche Studie der Jüngerperikopen im Markusevangelium 15

§ 2 Heinz-Wolfgang Kuhn: Die These einer vormarkinischen Sammlung in Markus 10 18

§ 3 Rudolf Pesch: Der "konservative Redaktor" Markus 23

§ 4 Joachim Gnilka: Der "gemäßigte Redaktor" Markus 25

§ 5 Walter Schmithals: Markus als Redaktor eines vorgegebenen Evangeliums 28

§ 6 Wilhelm Egger: Chancen neuerer exegetischer Methoden dargelegt an Mk 10,17-31 31

§ 7 Bilanz und Aufgabe 34

TEIL I: VERSUCH EINER SCHEIDUNG VON TRADITION UND REDAKTION IN MARKUS 10 37

KAPITEL 1: REICHTUM UND REICH GOTTES (10,23-27) 39

§ 8 Der Einstieg in Markus 10 39

§ 9 Der Einsatz der Jüngerbelehrung mit Vers 23a 39

§ 10 Die Steigerung des Jüngererschreckens 45

§ 11 Die Worte Jesu über den Zugang zum Reich Gottes und die Möglichkeit einer Rettung Reicher 52

§ 12    Die Komposition der Textfolge 10,23-27                          62

§ 13    Die Fortführung der Jüngerbelehrung in 10,28-31                 63

§ 14    Zwischenbilanz und Ausblick                                     65

KAPITEL 2: DER LOHN FÜR BESITZVERZICHT UND NACHFOLGE:
           DIE FAMILIA DEI UND DAS EWIGE LEBEN (10,28-31)                67

§ 15    Vers 28 - ein redaktioneller Vers des Markus?                   67

§ 16    Der Lohnspruch in Vers 29f                                      73

§ 17    Das Wort von der Umkehr der Verhältnisse in Vers 31             86

KAPITEL 3: JESUS UND DER REICHE: BESITZVERZICHT UND NACHFOLGE
           ALS DER WEG ZUM EWIGEN LEBEN (10,17-22)                      89

§ 18    Die Exposition der Erzählung in Vers 17                         89

§ 19    Die Erweiterung des Katalogs der Gebote in Vers 19              92

§ 20    Der Nachfolgeappell Jesu in Vers 21c                            96

§ 21    Zur Konzeption des weiteren Vorgehens                          101

KAPITEL 4: DIE STELLUNG JESU ZU EHESCHEIDUNG UND EHEBRUCH
           (10,1-12)                                                   102

§ 22    Die Reisenotiz in Vers 1                                       102

§ 23    Die Debatte über die Ehescheidung in 10,2-9                    108

§ 24    Die Jüngerbelehrung in 10,10-12                                111

KAPITEL 5: JESUS UND DIE KINDER: ZUSPRUCH UND ANNAHME
           DER GOTTESHERRSCHAFT (10,13-16)                             119

§ 25    Die Einfügung des Verses 15 in die Erzählung                   119

§ 26    Weitere redaktionelle Einträge in 10,13-16                     124

§ 27  Die Perikope von der Kindersegnung als Bestandteil
      der vormarkinischen Sammlung in Markus 10                126

KAPITEL 6: DIE DRITTE LEIDENSWEISSAGUNG (10,32-34)              129

§ 28  Sprachgebrauch und Dramaturgie in Vers 32                 129
§ 29  Das Programm der Leidensnachfolge nach Vers 33f           137

KAPITEL 7: JESUS UND DIE ZEBEDAIDEN (10,35-45)                  145

§ 30  Das Gespräch Jesu mit Jakobus und Johannes
      in 10,35-40                                               145
§ 31  Die redaktionelle Überleitung zu den Sprüchen
      in 10,42b-45                                              148
§ 32  Die markinische Verstärkung der Jüngeradresse
      in den Versen 42b-45                                      154

KAPITEL 8: GLAUBE UND NACHFOLGE DES BARTIMAIOS (10,46-52)       161

§ 33  Die Ein- und Auszugsnotiz in Vers 46                      162
§ 34  Der Eintrag des Nachfolgemotivs in Vers 52d               165
§ 35  Die Erzählung von der Heilung des Bartimaios              166

TEIL II: DER UMGANG DES EVANGELISTEN MIT DER VORMARKI-
         NISCHEN SAMMLUNG                                       173

KAPITEL 9: DIE VORMARKINISCHE REDAKTIONSEBENE HINTER
           MARKUS 10                                            175

§ 36  Zur Begrenzung der Aufgabe                                175
§ 37  Der Text der vormarkinischen Sammlung                     176
§ 38  Der sachliche Zusammenhalt der Sammlung                   178

§ 39  Die inhaltlichen Schwerpunkte der Sammlung                               183

§ 40  Die schwierige formgeschichtliche Festlegung der
      einzelnen Perikopen der Sammlung                                         184

§ 41  Versuch einer formgeschichtlichen Bestimmung der
      Sammlung                                                                 191

§ 42  Der "Sitz im Leben" der vormarkinischen Sammlung                         198

KAPITEL 10: DIE MARKINISCHE REDAKTION                                          201

§ 42  Das Vorgehen                                                             201

§ 43  Der Umfang der Markusredaktion                                           202

§ 44  Die offenkundigen Schwerpunkte der Markusredaktion                       205

§ 45  Die sachlichen Details der markinischen Redaktion                        206

§ 46  Formgeschichtlich einschlägige Merkmale der Markus-
      redaktion                                                                219

SCHLUSS: DIE WESENTLICHEN ERTRÄGE                                              228


Anmerkungen                                                                    229

Literaturverzeichnis                                                           259

EINFÜHRUNG :   MARKUS 10 IM SPIEGEL DER NEUEREN EXEGESE :
              DER FORSCHUNGSGESCHICHTLICHE EINSTIEG

§ 1 Karl-Georg Reploh : Eine redaktionsgeschichtliche Studie der Jüngerperikopen im Markusevangelium


Der Umstand, daß die redaktionsgeschichtliche Methode angeblich bis zum
Erscheinen seiner Arbeit "für das Markus-Evangelium noch kaum Frucht getragen" (S.11) hatte, veranlaßte Karl-Georg Reploh[1], an die Jüngerperikopen des Markusevangeliums von Mk 1-11 folgende Fragen zu richten :
"Läßt sich nachweisen, daß auch das Markus-Evangelium von der Konzeption
eines Schriftstellers geprägt ist ? Wie ist diese Konzeption des Evangelisten Markus näherhin zu bestimmen ? ... Welches ist die Situation der
Adressaten des Evangeliums, an die sich der Evangelist wendet ?
Dieser Fragestellung wird auch das Kapitel 10 des Markusevangeliums unterzogen. Ausgehend von der Erkenntnis der Formgeschichte, daß die dem Markus
vorliegende Überlieferung aus "kleinen Einheiten" besteht, nimmt Reploh an,
daß sämtliche Einzelstücke des Kapitels 10 ihren jetzigen Platz der Anordnung durch den Evangelisten verdanken.
Allerdings unterscheidet Reploh in Mk 10 von vornherein zwischen den Texten
in 10,1-31.46-52, in denen die "Nachfolge des Leidens Jesu keine ausdrückliche Rolle spielt" (S.173), und denen in 10,32-34.35-45, die er zu der im
Abschnitt von 8,27-10,52 verhandelten theologia crucis rechnet. Diese Theologie vom Tod und der Auferstehung des Menschensohns bilde die ausdrückliche Grundlage der Gemeindeunterweisung des Markus in dem Evangelienabschnitt.
Der Komplex in 10,1-31 stelle eine "besondere Einheit" dar, deren "Perikopen zum Teil miteinander verbunden" seien und die "gewisse sachlich zusammengehörende Themen" behandle. Der einleitende Vers 1 bewirke "eine Art historischer Einordnung" (S.173) dieses Zusammenhangs in den Evangelienabschnitt. Jedes einzelne Stück in 10,1-31 hat Markus angeblich anläßlich einer Anfrage bzw. eines aktuellen Problems seiner Gemeinde aus der Tradition
ausgewählt und unter redaktioneller Überarbeitung angeordnet. So könne man
für 10,2-31 von einer markinischen "Sammlung" von Perikopen sprechen, die
der "Verwirklichung der Nachfolge Jesu im Leben der Gemeinde" (S.178) dien-

ten. Die "Sammlung" sei also eine "Gemeindeunterweisung" (S.173).

Aus der Hand des Evangelisten stammt nach Reploh in 10,1-31 folgendes:

* Vers 1 (S.173-179),
* die Verse 10.11a.12 und ἐπ' αὐτήν in Vers 11b (S.179-185),
* in Vers 15 das τὴν βασιλείαν τοῦ θεοῦ (S.189),
* die Verse 23a.24a.26.27 (S.191-201),
* in Vers 29 das ἕνεκειν τοῦ εὐαγγελίου (S.203),
* Vers 30 b.c (S.201-210).

Markus beweise demnach ein ausgeprägtes redaktionelles Engagement und ist für Reploh mehr als nur ein Sammler und Tradent von Überlieferungen.

Das zweite Stück, das nach Reploh außerhalb der theologia crucis steht, ist die Bartimaiosperikope in 10,46-52. Während der Abschnitt 8,27-10,52 seinen Höhepunkt in 10,45 habe, erhalte er durch die von Markus hierher gestellte Erzählung "einen sinnvollen Abschluß und Höhepunkt" (S.226). Die Perikope stelle "die ideale Antwort auf 10,45 von seiten der Jünger dar" (S.226). Markusredaktion kann Reploh in den Versen 46a (S.222f) und in Vers 52d (S.224f) ausmachen.

Die beiden Stücke, in denen die theologia crucis explizit wird, sind nach Reploh die dritte Leidensweissagung in 10,32-34 und die Perikope von den Zebedaiden in 10,35-45.
In der dritten Leidensweissagung sieht Reploh "einen wichtigen Baustein der markinischen Darstellungsweise": Der Evangelist habe in 8,27-10,52 in gleichmäßigem Abstand drei Leidensweissagungen in den Text eingefügt (S.110). Um jede dieser Leidensweissagungen habe er weiterhin "in eigener Regie eine Reaktion der Jünger, die in Widerstand und Protest, Nichtanerkennen, Furcht und Schrecken vor dem Leidensweg des Menschensohns" bestehe, gruppiert (S.110). So erkläre sich der Anschluß der aus der Tradition ausgewählten Zebedaidenperikope (10,35-45) an die dritte Leidensweissagung in 10,32-34 durch Markus (S.156).
Von der Zebedaidenperikope allerdings sei es kein großer Schritt mehr zur Anfügung des Stücks in 10,41-45 gewesen, wozu den Evangelisten "die Sorge

um das rechte Verhalten der Gemeinde" (S.168) veranlaßt habe.
Auf die redaktionelle Bearbeitung dieser Stücke durch Markus will Reploh folgende Textanteile zurückführen können: Vers 32 (S.107), eine vermutliche Mitwirkung des Evangelisten an der Gestaltung des Verses 34 (S.109) und die Verse 41.42a.

Die Konzeption, die Reploh für Mk 10 erarbeitet, läßt mehrere kritische Fragen aufkommen :
1. Inwiefern kann man für die Texteinheiten in 1o,1-31 von einer markinischen Sammlung sprechen ? Wenn Markus sein Evangelium Reploh zufolge dadurch geschaffen hat, daß er einzelne Überlieferungseinheiten zusammengestellt und redaktionell miteinander verknüpft hat, geht dann die angebliche Sammlung in 10,1-31 nicht konturenlos im Markusevangelium auf, das man doch ebenfalls als eine große Sammlung ansehen kann ? Und wenn man wirklich für 10,1-31 von einer Sammlung des Markus reden wollte, weil es sich nach Reploh um einen Sachzusammenhang handelt: warum bilden dann die Stücke in Mk 10, die die theologia crucis zum gemeinsamen Thema haben, nicht auch eine "Sammlung" ?
Jedenfalls scheint der Begriff "Sammlung" bei Reploh in einer form- und redaktionsgeschichtlich unkritischen Weise benutzt worden zu sein.
2. Wird Reploh durch die Unterscheidung von Stücken in Mk 10, in denen die theologia crucis zur Sprache kommt und solchen, in denen das nicht der Fall ist, dem redaktionellen Anliegen des Markus bei der Durchgestaltung des Kapitels gerecht ? Liefern nicht gerade die Verse 41-45, die beide Aspekte enthalten - die theologia crucis in Vers 45 und in den Versen 41-44 die katechetische Behandlung eines Gemeindeproblems ähnlich den Stücken in den Versen 1-31 - den Gegenbeweis ?
3. Ist es in diesem Zusammenhang zulässig, die Funktion des Verses 1 als eine Art Überschrift lediglich auf den Komplex in 10,2-31 zu beschränken ? Ergibt sich die von Reploh auf die Stücke in 10,2-31 bezogene einheitstiftende Funktion des Verses 1 (S.169) nicht eher aufgrund der vorweg schon getroffenen Aufteilung der Stoffe in Kapitel 10 in die mit und ohne theologia crucis, als aufgrund textimmanenter Gesichtspunkte ?

4. Fraglich ist weiterhin, ob in 10,1-31 die Verwirklichung der Nachfolge das die Gemeindeunterweisung beherrschende Thema ist. In den beiden ersten Perikopen von der Ehescheidung (10,2-12) und von der Kindersegnung in 10,13-16 ist nämlich expressis verbis auch nicht im entferntesten die Rede von der Nachfolge Jesu.

§ 2  Heinz-Wolfgang Kuhn : Die These einer vormarkinischen Sammlung
in Markus 10

Schon die Untersuchung von K.-G.Reploh arbeitete unter der Voraussetzung einer Sammlung in Mk 10. Von großer Bedeutung für die redaktionsgeschichtliche Untersuchung des Kapitels ist die Frage, ob einzelne seiner Perikopen bereits vor Markus zu einem Überlieferungszusammenhang bzw. zu einer Sammlung zusammengestellt worden sind.
Den Nachweis solcher vor Markus entstandener Sammlungen im Markusevangelium hat Heinz-Wolfgang Kuhn in seiner Habilitationsschrift "Ältere Sammlungen im Markusevangelium" endgültig zu erbringen versucht[2].
Kuhn geht wie K.-G.Reploh von dem bei Rudolf Bultmann formulierten gesicherten Ergebnis der formgeschichtlichen Forschung aus, "'daß die in den Synoptikern verarbeitete Tradition aus Einzelstücken bestand (kleinen Erzählungen und Herrenworten), deren Zusammenfügung zu einem Zusammenhang der redaktionellen Arbeit der Evangelisten zuzuschreiben ist oder vielleicht auch schon ihrer Vorgänger, die Einzelstücke zu kleineren Gruppen gesammelt hatten'" (S.12).
Einen solchen Überlieferungszusammenhang aus Einzelperikopen will Kuhn auch in Kapitel 10 erkennen können. Dort fänden sich drei formal bzw. formgeschichtlich zusammengehörende Apophthegmata, die jeweils sekundär mit einer Jüngerbelehrung verbunden worden seien : die Perikope von der Ehescheidung (10,2-9.10-12), dem Reichen (10,17-22.23-27) und dem Rangstreit der Zebedaiden (10,35-40.41-45).

Entgegen einer ausschließlich literarkritischen Frage nach literarischen Komplexen im Markusevangelium, die sich in der Vergangenheit als unfruchtbar erwiesen habe (S.46), geht Kuhn von der formgeschichtlichen Beobachtung aus, "daß im Erzählungsstoff, bei den Apophthegmata und bei den Gleichnissen nur dort mit einer vormarkinischen Sammlung gerechnet werden" könne, "wo der Nachweis möglich ist, daß der Sitz im Leben der Gemeinde für das Einzelstück und für die ganze Sammlung der gleiche" sei. Das heißt übersetzt in die Praxis der Gemeinde : Die in einem gleichen 'Sitz im Leben' verwendeten Einzelstücke ... wurden schon ... von der Gemeinde zum Teil zu einer Sammlung vereinigt. Selbstverständlich", so räumt Kuhn ein, "ist an sich mit der Möglichkeit zu rechnen, daß auch formgeschichtlich verschiedene Einzelstücke für einen einheitlichen Zweck zusammengestellt werden konnten (das sei hier ausdrücklich betont!). Aber ein solcher Fall läßt sich im MkEv nicht nachweisen .." (S.48).

Kuhn folgert weiter, daß sich ältere Sammlungen im Markusevangelium dort mit einiger Wahrscheinlichkeit annehmen ließen, wo formgeschichtlich gleiche Stücke, die auf einen gleichen "Sitz im Leben" weisen, geballt nebeneinanderstehen, "ohne daß sich ihre Häufung im Text des MkEv redaktionell erklären läßt" (S.49). Genau das aber ist in Kapitel 10 der Fall, wo Kuhn eine vormarkinische Sammlung in folgender Abmessung vermutet:

- die Perikope von der Ehescheidung (Verse 2-9) und deren sekundäre Erweiterung in den Versen 10-12;
- die Perikope vom Reichen (Verse 17b-22) und der sekundäre Anhang in den Versen 23.25;
- die Perikope von den Zebedaiden (Verse 35-40) und das anschließende sekundäre Stück in den Versen 41-45.

In einem weiteren Schritt befragt Kuhn dann die drei erweiterten Apophthegmata auf ihren "Sitz im Leben", nachdem er mit sprachlichen Untersuchungen eine Anfügung der jeweiligen Jüngerbelehrung an die drei Erzählungen, genauer der Verse 11-12.23.25.41-45, durch Markus ausgeschlossen hat und dessen Redaktion auch innerhalb der Apophthegmata außer in den Versen 17a (S.149) und 10 (εἰς τὴν οἰκίαν πάλιν; S.167) nicht feststellen kann. "Der 'Sitz im Leben' der drei Einzelüberlieferungen mit ihren Jüngerbelehrungen ist die Regelung von Fragen, die sich auf allgemeine Gegebenheiten menschlichen Zusammenlebens beziehen und die für die Gemeinde von besonderem Interesse sind, also das Erfordernis einer Art Lebensordnung für die Gemeinde in diesen Fragen. Der gleiche 'Sitz im Leben' gilt dann auch für die anzunehmende Sammlung" (S.169).

Dieses formgeschichtlich erarbeitete Ergebnis sichert Kuhn durch sogenannte "Gegenkontrollen" ab (S.50.174-188), redaktionsgeschichtliche, literarkritische und traditionsgeschichtliche Überprüfungen, die die Annahme einer älteren Sammlung stützen oder infrage stellen.
Für einen vormarkinischen Zusammenhang der drei Stücke in Mk 10 sprächen angeblich aus traditionsgeschichtlicher Sicht zwei Gründe: in ihnen sei "das judenchristliche Element deutlich vertreten", und die Perikope vom Reichen und den Zebedaiden sollen durch die gemeinsamen "Vorstellungen der Nachfolge und der 'Nachahmung' verbunden" sein (S.179).
Aus redaktionsgeschichtlicher und literarkritischer Perspektive gibt der Aufbau des Abschnitts 8,27-10,52 nach Meinung Kuhns kein "Argument gegen die .. angenommene Sammlung" her (S.185). Das heißt: Die drei Themen der Sammlung, Ehe, Besitz und Rangordnung, berührten sich mit den eigentlichen markinischen Anliegen dieses Evangelienabschnitts nicht, und Markus sei, wie seine Zusätze in 10,24.26f und 28-31 zeigten, an der Frage des Reichtums speziell nicht interessiert (S.184). Also seien die drei Perikopen auch nicht vom Evangelisten aneinandergereiht worden. Vielmehr habe Markus die Erzählung von der Segnung der Kinder in 10,13-16, die weder formal noch inhaltlich zu den anderen drei Stücken passe, sowie die dritte Leidensweissagung in 10,32-34 in die ältere Sammlung eingeschoben und deren Zusammenhalt dadurch gesprengt. So konnte er "Zeiträume zwischen seinen Wegmarken, den Leidens- und Auferstehungsvoraussagen, gewinnen" (S.187).
Weitere redaktionsgeschichtliche und literarkritische Argumente zum Nachweis bzw. zur Absicherung der Sammlung in Mk 10 fehlten allerdings. Und wenn auch aus formgeschichtlichem Blickwinkel alles für eine vormarkinische Sammlung spräche, die sachliche Zusammengehörigkeit ihrer Einzelstücke sei "nicht mit voller Sicherheit .. zu erweisen" (S.187). Die Sammlung habe keinen Rahmen, es fehle ihr insbesondere eine Schlußformulierung. Man könne das aber von einer lediglich auf die Zusammenstellung von Einzelstücken bedachten Sammlung, bei der auch die Einzelstücke als solche "bei praktischen

Entscheidungen Verwendung fanden", nicht unbedingt erwarten (S.188).

Summiert man die Markusredaktion, die Kuhn innerhalb der vormarkinischen Sammlung sowie in ihrem näheren Umfeld in Kapitel 10 feststellen kann, dann ergibt sich folgendes Bild:

* Vers 1 (S.188),
* vielleicht in Vers 10 das εἰς τὴν οἰκίαν πάλιν (S.167.188),
* der Einschub der Perikope von der Kindersegnung (10,13-16) in die Sammlung (S.186),
* Vers 17a (S.188),
* die Verse 24.26.27 (S.148), wobei der sprachliche Nachweis einer Verfasserschaft des Markus unsicher sei (S.171-173),
* die Anfügung der Verse 28-31 an 10,23-27 mit Hilfe des deutlich redaktionellen Verses 28, was sich sprachlich wiederum nicht sicher beweisen lasse (S.171 Anm.14),
* der Einschub der dritten Leidensweissagung (10,32-34) in die Sammlung (S.186),
* in den Versen 32.33a die Wörter ὁδός (S.224 Anm.38), θαμβεῖσθαι (S.172), δώδεκα (S.137 Anm.64; 159) und ἰδού (S.171 Anm.14),
* die Anordnung der Bartimaiosperikope (1o,46-52) an ihren jetzigen Platz (S.182.220 Anm.23) sowie in Vers 52 das Wort ὁδός (S.224 Anm.38).

Für Kuhn ist abschließend noch interessant, wie Markus an die ältere Sammlung gekommen ist. Die entscheidende Rolle dabei spielt seiner Meinung nach der Vers 45, der "einen sicherlich vormarkinischen Hinweis auf den Tod des Menschensohnes" enthalte, "der sich hervorragend für den Abschluß des Abschnitts vor der Passionsgeschichte eignet" (S.184). So werde der Leser "mit V.45 unmittelbar vor die Passion" geführt (S.185).

Waren die Urteile über Inhalt und Umfang älterer Überlieferungszusammenhänge bzw. Sammlungen im Markusevangelium bis zum Erscheinen der Arbeit Kuhns recht unterschiedlich und mehr auf Vermutungen gestützt, so werden sie nunmehr als besser gesichert gelten dürfen[3].

Am methodischen Vorgehen und der Arbeitsweise Kuhns ist jedoch in einigen wesentlichen Punkten Kritik zu üben.

1. Kuhn stellt zu Beginn seiner Arbeit die Hypothese auf, eine vormarkinische Sammlung lasse sich nur dort annehmen, wo formgeschichtlich gleiche Stücke gehäuft nebeneinanderstünden und der Nachweis möglich sei, daß der "Sitz im Leben" der Einzelstücke identisch ist mit dem der ganzen Sammlung. In Übereinstimmung mit dieser Hypothese belegt Kuhn dann eine Sammlung aus drei Apophthegmata in Mk 10. Kuhn stellt folglich eine formgeschichtliche Hypothese auf, der er die folgenden literarkritischen, redaktions- und traditionsgeschichtlichen Untersuchungen am Text bedingungslos unterordnet. Die grundsätzliche Kritik an Kuhn setzt also dort ein, wo er ein Sachprinzip zum methodischen Prinzip erhebt.

2. Dieser Ansatz Kuhns bleibt nicht ohne Folgen. Übergreifende und inhaltlich-sachliche Überlegungen nämlich, die in Mk 10 für den Evangelisten sprechen, bleiben weitgehend unberücksichtigt. Die Absicht ist freilich klar: Kuhn kann die postulierte Sammlung nach eigenen wiederholt betonten Angaben nur halten, wenn die sekundären Jüngerbelehrungen nicht erst von Markus den jeweiligen Apophthegmata zugefügt worden sind, sondern bereits mit ihnen zusammen die vormarkinische Sammlung gebildet haben. Die drei Apophthegmata selbst werden literarkritisch und redaktionsgeschichtlich im übrigen nicht näher untersucht. Es heißt meist lapidar, die Hand des Evangelisten sei nicht feststellbar[4]. Die Übersicht zur Markusredaktion weiter oben bestätigt diesen Einwand.

Dagegen schließt Kuhn mit ausführlichen und umfangreichen sprachlichen Analysen der jeweiligen Übergangsstellen zwischen den Apophthegmata und deren sekundär angefügten Jüngerbelehrungen, also den Versen 10.11a.23a.41.42a, das Vorliegen von Redaktion aus. Die Exaktheit der Sprachbefunde jedoch, in den Rezensionen der Arbeit Kuhns häufig gerühmt, richtet sich in einigen Fällen ganz offensichtlich nach den Möglichkeiten, die sie für eine Verrechnung gegen Markus bieten. Meist sind sie sorgfältig und genau, im Falle des Verses 41 jedoch beispielsweise großzügig ungenau, da Kuhn einen Teil des Verses gar nicht untersucht, der aber deshalb nicht weniger für Markus spricht.

Die geringe redaktionelle Einwirkung des Markus auf die Sammlungsstücke, die Kuhn dem Evangelisten konzedieren will, erleichtert natürlich später die Behauptung, der Inhalt der Sammlung habe Markus sowieso nicht in sein

Konzept gepaßt und deshalb ließe sich seine Verantwortung für die Organisation und Zusammenstellung der Sammlung ausschließen.

3. Weiterhin ist anzumerken, daß eine genaue Formbeschreibung und -bestimmung der zur Sammlung vereinigten Stücke bei Kuhn merkwürdigerweise unterbleibt. Vielmehr setzt der Autor unkritisch voraus, daß die drei Texteinheiten "Apophthegmata" im Sinne R.Bultmanns sind. Dieser Mangel in der formgeschichtlichen Bearbeitung des Kapitels 10 wird für die vorliegende Arbeit ein von Kuhn sich absetzendes formgeschichtliches Ergebnis erwarten lassen. Die Form der Sammlung dürfte sich jedenfalls nicht wie bei Kuhn im arithmetischen Verfahren durch die Summierung der Formen der Einzelperikopen errechnen lassen. Damit aber wäre auch die Frage nach der Zugehörigkeit der Perikope von der Kindersegnung in 10,13-16 zur vormarkinischen Sammlung in Mk 10 neu zu stellen.


§ 3  Rudolf Pesch : Der "konservative Redaktor" Markus


In seinem zweibändigen Kommentar zum Markusevangelium[5] entwickelt Rudolf Pesch ein neues Gesamtverständnis des Markusevangeliums und beschreibt den Evangelisten Markus als einen "konservativen Redaktor" (I S.22f), der in literarischer wie theologischer Hinsicht äußerst stark von den Traditionen seiner Vorlagen abhängig und bei deren Rezeption literarisch unproduktiv gewesen sei.
Pesch erweist der vormarkinischen Tradition die größtmögliche Referenz. Es verwundert dann natürlich nicht, daß er sich noch bedeutend extensiver als H.-W.Kuhn das Vorliegen älterer Sammlungen im Markusevangelium zunutze macht. Dementsprechend traditionell geprägt gibt sich das Kapitel 10 zu erkennen :
Pesch zählt den Vers 1 sowie die dritte Leidensweissagung (10,32-34) und die Bartimaiosperikope (10,46-52) zum kohärenten vormarkinischen Erzählzusammenhang der uralten Jerusalemer Passionsgeschichte. Die überwiegende

Zahl der verbleibenden Stücke, so die Perikope von der Ehescheidung in
10,2-12), vom Reichen in 10,17-27 und den Zebedaiden in 10,35-45 seien Teile einer vormarkinischen Sammlung (II S.120-130).

Die Markusredaktion, die Pesch in Kapitel 10 annimmt, hat folgenden Umfang:

* in Vers 1 das Wörtchen πάλιν und vielleicht πρὸς αὐτόν (II S.119.121),
* in Vers 10 wiederum πάλιν (II S.119),
* in Vers 14 vielleicht τῶν τοιούτων (II S.131f),
* in Vers 21 der Zusatz δεῦρο ἀκολούθει μοι (II S.135.140f),
* Vers 28 (II S.135.144),
* in Vers 29 möglicherweise das ἕνεκεν τοῦ εὐαγγελίου (II S.145),
* außerdem der Einschub der Kindersegnungsperikope 10,13-16 in die Sammlung sowie des Lohnspruchs in 10,29f.

Das Markus-Konzept Peschs läßt jedoch einige kritische Anfragen stellen:

1. Den Umfang der vormarkinischen Passionsgeschichte, die Markus angeblich ohne nennenswerte redaktionelle Bearbeitung übernommen hat, bemißt Pesch außerordentlich groß von 8,27 bis 16,8. Damit bucht er bereits ein Drittel des gesamten Markusevangeliums auf das Konto der Tradition.
Bei allen Rahmenbemerkungen, die in der Forschung bisher als redaktionell eingestuft worden sind, behauptet Pesch jetzt eine Zugehörigkeit zur vormarkinischen Tradition, weil er sie dazu benötigt, die Verklammerung und Situationsabhängigkeit der Einzelerzählungen in der vormarkinischen Passionsgeschichte zu erweisen. Dabei überzeugen aber die Argumente, mit denen Pesch einen vom übrigen Evangelium des Markus unterscheidbaren Stil der Passionserzählung belegen will, meist nicht[6] und man wird mit Ulrich Luz[7] zu Recht fragen dürfen, warum Pesch den Passionsbericht nicht schon in 1,14 beginnen läßt. Weiterhin ist auch gegen die von Pesch postulierte Einheitlichkeit der angeblich zusammenhängenden historischen Passionserzählung, die keinerlei Traditionsschichtung mehr aufweist, entschieden Einspruch zu erheben[8].

2. Ein weiterer Punkt der Kritik betrifft das Kapitel 10 zwar nur indirekt, dürfte aber von grundsätzlicher Bedeutung für die Zeichnung des Markusbildes sein : Einerseits betont Pesch gleich zu Anfang seines Kommentars, daß

Markus mit seinem Werk "eine neue literarische Gattung geschaffen" habe,
"für die es kein Vorbild" gebe (I S.1). Wenn er diese Leistung des Evangelisten mit Recht als "theologisch reflektiert" (I S.3) bewertet, dann ist
die generelle Einschätzung der theologischen Leistung des Markus mit "kon-
servativ" aber kaum verständlich. Immerhin hat der Evangelist zum ersten
Mal die schriftliche Schilderung der Geschichte Jesu als Heilsverkündigung
interpretiert[9].
Pesch argumentiert von einem Standpunkt aus, auf den sich die vorliegende
Untersuchung gar nicht erst stellt. Der Umkehrung aller in der bisherigen
Forschung erarbeiteten Argumente für Markus zugunsten einer einseitig auf-
gewerteten Tradition wird hier generell widersprochen und damit der Demon-
tage des Evangelisten Markus als eines literarisch und theologisch engagier-
ten Redaktors.


§ 4  Joachim Gnilka : Der "gemäßigte Redaktor" Markus


Das Erklärungsmodell für das Markusevangelium, das Joachim Gnilka[10] vorstellt, unterscheidet sich von dem bei R.Pesch schon ziemlich massiv.
Danach sieht Gnilka in Markus einen Evangelisten, der das auf ihn zufliess-
sende, bereits reichhaltig in Perikopenüberlieferung entfaltete und in
größere erzählerische Einheiten zusammengefaßte Traditionsgut in dem Be-
streben übernommen hat, "möglichst wenig verlorengehen zu lassen und möglichst viel aufzugreifen" (I S.21). Dabei zeige Markus "auch sein eigenes
Interesse und seine eigene Theologie ... Demnach wird man die redaktionelle
Arbeit des Markus in ihren Grenzen sehen müssen. Markus ist ein gemäßigter
Redaktor" (I S.25).

In Kapitel 10 könnte nach Meinung Gnilkas eine vormarkinische Sammlung in
10,1-12.17-27.35-45 (II S.105) vorliegen. Gnilka will feststellen, daß Markus das ihm vorgegebene Kompendium von Gemeinderegeln eigenen Zielen, "vor
allem dem Gedanken der Nachfolge Jesu auf dem Weg nach Jerusalem" unterge-

ordnet habe (II S.105).

Die Verse 10-12 seien bereits vor Markus mit 10,2-9 verbunden gewesen; der Perikope vom Reichen in 10,17-22 seien schon vormarkinisch die Verse 23 und 25 hinzugesetzt worden; 10,41-45 sei ebenfalls bereits vor Markus mit 10,35-40 verbunden worden.

Bei der Exegese des Kapitels 10 (II S.68-112) kann Gnilka dann folgende redaktionelle Leistung des Evangelisten ausmachen :

* Markus eröffne mit Vers 1 das Kapitel durch Voranstellung des selbständigen und von den folgenden Perikopen unabhängigen "Sammelberichts".
* Daß die Perikope von der Kindersegnung in 10,13-16 von Markus in die vormarkinische Sammlung eingeschoben worden sei, sagt Gnilka zwar nicht direkt, doch darf man seine Ausführungen (II S.105) wohl in diesem Sinne interpretieren. In Vers 14 soll das τῶν ... τοιούτων redaktionell sein. Den Vers 15 habe Markus der Tradition entnommen und in die Erzählung eingefügt.
* An die Perikope vom Reichen und ihre erste nachfolgende Jüngerbelehrung in 10,23-27 habe Markus eine zweite in 10,28-31 angefügt. Die Einführung des Verses 28 habe er dabei vielleicht geringfügig abgeändert; dafür spreche ἤρξατο und die Stellung "Prädikat/Subjekt". In Vers 29f seien "unter Verfolgungen" und "wegen des Evangeliums" interpretierende Einfügungen des Evangelisten. Auch habe er das vormarkinische Wanderlogion in Vers 31 plaziert.
* Die dritte Leidensweissagung in 10,32-34 stamme ganz von Markus und sei von ihm an ihren jetzigen Platz gestellt worden.
* Mit der Bartimaiosperikope beginne Markus bereits den Bericht vom Wirken Jesu in Jerusalem. Die Verse 46b.52d gingen auf ihn zurück.

Positiv ist anzumerken, daß Gnilkas Markuskommentierung sich nicht einseitig zugunsten einer kerygmatischen oder historisierenden Interpretation des Evangeliums festlegt[11], sondern im kritischen Rückgriff auf die redaktionsgeschichtlichen Ergebnisse der bisherigen Markusforschung mit dem Entwurf seines Erklärungsmodells einen Weg der Mitte geht.

Als negativ muß allerdings angemerkt werden, daß die von U.Luz gelobte[12], von R.Pesch dagegen kritisierte[13] "mittlere Position" Gnilkas bei der Exegese des Kapitels 10 manche Probleme verdeckt, die der Text aufgibt, ohne ihre Lösung in Angriff zu nehmen. Gnilkas große Zurückhaltung bei der Scheidung von Tradition und Redaktion in Mk 10 ist zwar insgesamt verständlich, wirkt sich jedoch mitunter belastend auf die Exegese aus :

1. Für die Verse 24.26.28 beispielsweise möchte Gnilka sich nicht eindeutig auf Markusredaktion festlegen, auch wenn er bei der Erklärung der Texte faktisch davon ausgeht. Die Möglichkeit einer Zuordnung der Verse zur Tradition zieht er zumindest nicht in Betracht, obwohl dadurch die Erklärung des gesamten Stücks in 10,23-27 ein ganz anderes Gesicht erhalten hätte.

2. Die Behandlung des Ausdrucks οἱ μαθηταί mit oder ohne αὐτοῦ zeigt Ungereimtheiten : In Anlehnung an H.-W.Kuhn[14] geht Gnilka davon aus, daß ein fehlendes αὐτοῦ auf Tradition schließen lasse. Obwohl dann aber in 10,23 ein αὐτοῦ steht, rechnet Gnilka die Jünger hier zur Tradition.
Aus dem fehlenden αὐτοῦ in Vers 24a wiederum folgert er nicht etwa Tradition, sondern er nimmt - wenn auch, wie oben dargelegt, äußerst zurückhaltend - Redaktion für diesen Vers an.

3. Bei der Erklärung der Ehescheidungsperikope in 1o,2-12 übergeht Gnilka die Verse 10.11a einfach, beruft sich aber später auf sie im Zuge der Interpretation von 10,23-27, wenn er auf das gleiche Kompositionsmuster bei der angeblich vormarkinischen Anfügung der Verse 10-12 einerseits und der Verse 23-27 andererseits an die jeweils voranstehende Perikope hinweist.

4. Über die von Markus angeblich vorgenommene "Auflösung" der vormarkinischen Sammlung in Mk 10 (II S.105) erfährt man bei Gnilka nichts Genaues.

5. Weiterhin fehlen überzeugende Argumente dafür, daß mit der Bartimaiosperikope in 10,46-52 bereits der nächste Evangelienabschnitt beginnt.
Wenn die Perikope exemplarisch auf die Nachfolge und das Jüngertum verweisen soll, dann doch eher rückschauend auf das Kapitel 10, in dem vom "Nachfolgen" mehrfach die Rede ist (vgl.10,21.28.32), als vorausschauend auf eine Textstrecke, die überhaupt nicht mehr von der Nachfolge der Jünger spricht.

§ 5  Walter Schmithals : Markus als Redaktor eines vorgegebenen Evangeliums

Walter Schmithals trägt in seinem Markuskommentar[15] ein Konzept vor, daß den Evangelisten als den Bearbeiter eines bereits existierenden "Evangeliums", der sog. "Grundschrift", vorstellt. Diese "Grundschrift", die "im Lichte des Osterglaubens und des Messiasbekenntnisses" (I S.52) geschrieben worden sei, habe Markus im wesentlichen unverändert seinem Evangelium zugrunde gelegt.
In die "Grundschrift" habe Markus dann weitere Überlieferungen aus der sog. "Logienüberlieferung $Q^I$" (I S.52ff) eingebracht, die von einem unmessianischen Bild des Wirkens Jesu geprägt sei, da ihre Träger noch nicht von der österlichen Verkündigung der Urgemeinde betroffen worden seien und in Jesus weiterhin nur einen Propheten gesehen hätten, "der den Märtyrertod eines Gottespropheten" (I S.52) gestorben sei.
Das Anliegen des Markus bei der Bearbeitung der "Grundschrift" sei es gewesen, "das Rätsel der unmessianischen Jesusüberlieferung durch eine für ihn zweifellos überzeugende historische Konstruktion" (I S.58f) zu lösen und die noch nicht vom Ostergeschehen betroffenen Jesusanhänger "für den kirchlichen Glauben an den Christus Jesus" zu gewinnen (I S.53). Bei der Durchführung dieser Zusammenarbeit habe das beherrschende Interesse des Markus seiner Messiasgeheimnistheorie gegolten; ihre unterschiedlichen Motive ve habe er verwendet: das Messiasgeheimnis als solches, präsent in den Schweigegeboten, der Hoheitstitel "Menschensohn", die Jerusalemer Repräsentanten (die Zwölf und die Drei), die esoterische Verkündigung in Verbindung mit der Gleichnistheorie, die drei Leidens- und Auferstehungsvoraussagungen und das Unverständnismotiv (I S.53-59). Die Redaktion des Markus sei "fast gänzlich von den verschiedenen Motiven des Messiasgeheimniskomplexes und der damit verbundenen missionarischen Abzweckung des Evangeliums bestimmt" (I S.58) und lehne sich stark an die "Grundschrift" und die "Spruchüberlieferung" an. Deshalb sei sie "theologisch relativ unfruchtbar" (I S.61) geblieben.

Der Stoff des Kapitels 10 wird von Schmithals folgenden Quellen zugeschrieben :

- Zur "Grundschrift" zählen die Verse 1-9.13-16.17-23.32a.35-40.42-44. 46-52 (II S.436-480).
- Auf das Konto der "Logienüberlieferung $Q^I$" gehen die Verse 11.25.29f. und 31 (II S.436.449).

Die Markusredaktion bemißt Schmithals wie folgt :

* im Rahmen der Messiasgeheimnistheorie habe der Evangelist die Verse 2b. 10.11a.12.32b-34 und 45 formuliert,
* redaktionelle Einträge in Vers 1: ἐκεῖθεν / εἰς τὰ ὅρια τῆς 'Ιουδαίας καί / πάλιν,
* in Vers 23a der Ausdruck τοῖς μαθηταῖς αὐτοῦ (II S.45o),
* die Verse 24.26.27 (II S.456f),
* Vers 28 (II S.458),
* Vers 41 (II S.463),
* in Vers 42a das αὐτούς (II S.463).

Die in 10,2-31 anzutreffenden drei katechismusartigen Belehrungen in der Art einer Haustafel seien durch Vers 1 zu einer Einheit zusammengefügt worden[16].

Auf den ersten Blick scheint das Markus-Konzept von Schmithals eigentlich alle in der Markusforschung seit langer Zeit heiß und äußerst unterschiedlich diskutierten wichtigen Probleme recht einfach zu lösen. Dazu reicht offensichtlich eine schlichte Besinnung auf die von Theologen des vergangenen Jahrhunderts bzw. der Jahrhundertwende angewandten Methoden, die heute nach Auskunft Schmithals' im allgemeinen auf Ablehnung gestoßen oder vergessen worden sind, aus. Sie müßten nur weiterentwickelt und zu Ende gedacht werden (I S.43f).

Doch wird sich Schmithals kritische Anmerkungen und Fragen gefallen lassen müssen :

1. Am Anfang des Markusevangeliums steht angeblich der Verfasser bzw. der Erzähler der "Grundschrift". Woher nimmt dieser seinen Stoff ? Wird die "Erfindungsgabe" dieses genialen Theologen und Schriftstellers nicht un-

realistisch von Schmithals überschätzt ?

2. Betrachtet man den Umfang der "Grundschrift" in Mk 10, dann fällt auf, daß alle sonst in der Forschung überwiegend der Markusredaktion zugewiesenen Rahmenbemerkungen, also etwa 10,17a.23a.35a.46a bzw.b, in der vormarkinischen "Grundschrift" untergehen. Kann man aber beispielsweise Vers 46 wirklich als ursprüngliche Einleitung der Erzählung vom blinden Bartimaios gelten lassen, wo doch zwischen dem Ein- und Auszug Jesu aus Jericho nichts geschieht ? Und weiter : Gibt Schmithals hier nicht generell eine Grundthese der Formgeschichte von der redaktionellen Rahmung der "kleinen Einheiten" auf ?

In die gleiche Richtung ist zu fragen, wenn Schmithals dort, wo die bisherige Forschung mit literarkritischen Mitteln Spannungen im Text der Perikopen in Mk 10 festgestellt hat, diese in der Regel als bewußte Gestaltung der jeweiligen Erzählung erklärt. So hat zum Beispiel nach Schmithals Vers 15 schon immer zur Perikope von der Kindersegnung gehört:"Die Spannung zwischen 14 und 15 stellt in Wahrheit eine theologisch begründete Klimax dar ... Wir haben es mit einer wohlüberlegten und einheitlich gestalteten Szene von der Hand des Erzählers zu tun ..." (II S.443).

Ähnliches gilt für die beiden Szenen in der Bartimaiosperikope. Schmithals sieht "in 48ff. das Verhalten und die Aufgabe der Kirche, in 51 die damit gegebene unmittelbare Begegnung mit Jesus ... Versuche formgeschichtlichen Purismus, eine der beiden parallelen Szenen als 'Dublette' auszuscheiden, zerstören den Sinn der Erzählung" (II S.476).

Ein weiterer Fall ist die Zebedaidenperikope: Die bisher oft geäußerte Annahme, die Verse 38b.39 seien als ein vaticinium ex eventu erst sekundär der Perikope zugefügt worden, bezeichnet Schmithals als irrige These (II S.468). Für ihn liegt eine einheitliche Erzählung vor.

Die Erklärung dieses Bestrebens, literarkritische Einwände gegen die Einheitlichkeit der Stücke in Mk 10 zu entkräften, liegt offen auf der Hand, wenn Schmithals von vornherein die vormarkinische "Grundschrift" als einheitliche, aus der Hand eines einzigen Verfassers stammende Evangelienschrift postuliert, die bekanntlich den größten Teil des Markusevangeliums ausmacht. Zustimmen wird man ihm dabei aber nicht, denn Literarkritik und Formgeschichte werden hier weitgehend außer Kraft gesetzt.

3. Grundsätzlich hat man erhebliche Mühe, die These Schmithals' von einer unmessianischen Logienquelle im Markusevangelium ernst zu nehmen[17].

4. Ein weiterer Punkt betrifft die angeblich relativ unfruchtbare theologische Leistung des Markus. Einerseits hat Markus Schmithals zufolge in der theologischen (!) Absicht, noch nicht vom Osterglauben erfaßte Jesusanhänger für den kirchlichen Glauben an den Auferstandenen zu gewinnen, in die "Grundschrift" Überlieferungsgut der "Logienquelle $Q^I$" eingebracht und diese mit Hilfe der Motive des Messiasgeheimniskomplexes redaktionell überarbeitet. Andererseits soll diese theologisch initiierte Redaktions- und Kompositionsarbeit jedoch theologisch relativ unfruchtbar geblieben sein. Hier kann man der Logik Schmithals' nicht mehr folgen. Hat die Inkorporation der Logien in 10,11.25.29f.31 in die "Grundschrift" in Mk 10 keinerlei theologische Aussagekraft ? Die gleiche Frage ist für alle Texte in Kapitel 10 zu stellen, die Schmithals zum redaktionellen Messiasgeheimniskomplex rechnet: Erweisen sich diese für die theologische Aussage des Kapitels nicht als ungemein fruchtbar ? Jedenfalls meint man das den Erklärungen ihrer Theologie auf vielen Seiten der Kommentierung Schmithals' entnehmen zu können.

5. Zuletzt ist die Rede von zwei redaktionellen Anhängen des Markus an die Perikope vom Reichen in 10,17-23, zum einen der Komplex in 10,24-27, zum anderen der in 10,28-31, nur schwer verstehbar. Unterscheiden sich beide Komplexe lediglich in der Sache, stammen aber vom gleichen Redaktor, dann ist von nur einem einzigen Anhang an die Perikope vom Reichen auszugehen.


§ 6 Wilhelm Egger : Chancen neuerer exegetischer Methoden dargelegt
an Markus 10,17-31


Neue Wege bei der Erforschung eines Markustextes geht Wilhelm Egger in seiner Habilitationsschrift[18].
Für seine Arbeit, die er als "strukturale Analyse" (S.1) verstanden wissen

will und mit der er den Versuch unternimmt, "der Erhellung einer spezifisch neutestamentlichen Erzähltheorie näherzukommen und ... die Bedeutung und die Grenzen neuerer Methoden zu klären" (S.4), wählt er den Text in Mk 10,17-31. Dabei strebt Egger eine Beantwortung der Frage an, "in welchem Verhältnis diese Methoden zur herkömmlichen historisch-kritischen Methode stehen" (S.4).

"Ausgehend von Hinweisen und faktischen Arbeitsweisen der heutigen Textanalyse" (S.1) konzipiert Egger dann eine Methode zur Analyse von Mk 10,17-31, die es erlaubt, nach Durchführung einer Anzahl von Einzeluntersuchungen den Sinn des Textes, also die Aussage, "die Mk seinen Lesern machen will" (S.208), zu bestimmen.

Die Einzelanalysen befassen sich zunächst mit der Erhebung der Textphänomene von Mk 10,17-31 (Kohärenz, Gliederung, Sinnlinien, Basissatz, Handlungsfolge, Aktanten), die die Struktur des Textes tragen. Daran anschliessend versucht Egger - und das ist seinen Angaben zufolge gegenüber bisherigen textlinguistischen Untersuchungen neu - die Quellen dieser Textphänomene festzustellen, d.h., die Entstehungsgeschichte des Textes nachzuzeichnen, da dieser "nicht völlig aus der Entstehungssituation gelöst werden" (S.57) könne.

Zuletzt geht Egger dann noch der Frage nach, inwieweit Mk 10,17-31 von aussertextlichen Faktoren abhängig ist und untersucht deshalb den Text als Element einer Kommunikationsstruktur.

Nachdem Egger dann den Sinn von Mk 10,17-31 in einer umfassenden Auslegung des Textes dargelegt hat, denkt er in einem abschließenden Schritt der Analyse über die Bedeutung des Textes für den Leser von heute nach.

Im Rahmen der vorliegenden Arbeit sind besonders die Quellenuntersuchungen Eggers von Interesse, die Aufschluß über die Entstehung von Mk 10,17-31 geben sollen.

Nachdem Egger zunächst auf die "bisherigen, einseitig diachronisch orientierten Erklärungen" (S.178) der Entstehungsgeschichte des Textes eingegangen ist, stellt er einen neuen Vorschlag zu ihrer Nachzeichnung vor:
Die älteste Textfassung von Mk 10,17-31 liege in den Versen 17-23a.24c.25 vor. Dieser Text gliedere sich in eine Erzählung von der erfolglosen Beru-

fung "eines einzelnen zu einer Lebensform in Besitzlosigkeit und Nachfolge" (S.187) und einen "über diesen Vorfall handelnden Kommentar" (S.186). Diese Überlieferung schildere ein auf den historischen Jesus zurückgehendes Ereignis (S.194).
Markus habe die auf ihn gekommene Erzählung redigiert, "indem er (zum Teil überarbeitete) Traditionsstücke" angefügt "und durch die Einfügung von Motiven den Text stärker mit dem Kontext und der theologischen Linie des Evangeliums" verbunden habe (S.191). Auf seine Redaktion gehen nach Egger zurück :

* "die Bemerkung, daß sich Jesus auf den Weg begibt" (S.191),
* "die starke Betonung des Erschreckens der Jünger: Vv. 24.26" (S.191),
* die Einfügung der Verse 26.27 (S.191) und 29f (S.192); in den Vers 29 habe Markus das "um des Evangeliums willen" und das "unter Verfolgungen" eingetragen;
* die Anordnung des Verses 31.

Die markinische Redaktion bleibe "in der Linie der ursprünglichen Tradition" (S.194), sie biete "eine ins Grundsätzliche gehende Klärung des von der Tradition berichteten Geschehens ... Durch kleinere Motive wie 'Weg', 'Erschrecken' stellt Mk auch den Zusammenhang mit dem Gesamtevangelium her" (S.194).

Im derzeitigen verwirrenden Stadium exegetischer Forschung am Markusevangelium muß eine Arbeit, deren Methodik als "eine Art Kontrollinstrument" die historisch-kritische Methode ergänzen und "bessere Möglichkeiten, den Sinn des Textes zu erfassen" (S.285) bieten soll, willkommen sein. Das gilt um so mehr, als Egger in seiner Dissertation "Frohbotschaft und Lehre"[19] bereits profunde Kenntnisse der historisch-kritischen Methode und ihrer Anwendung auf Texte des Markusevangeliums unter Beweis gestellt hat.
Der Versuch Eggers, eine Verbindung von modernen Verfahren der Textanalyse mit der historisch-kritischen Methode als möglich und notwendig anhand der Untersuchung von Mk 10,17-31 zu erweisen, ist daher grundsätzlich begrüßenswert. Inwiefern er geglückt ist, kann aber nicht Fragegegenstand der vorliegenden Studie sein, die sich allein der historisch-kritischen Arbeitsweise verpflichtet weiß und deren Erkenntnisinteresse der histori-

schen Genese des Textes sowie seiner historischen Umstände und Bedingungen gilt.
Unter dieser Rücksicht interessiert an den Ausführungen Eggers vorrangig der Neuvorschlag einer Nachzeichnung der Entstehungsgeschichte von Mk 10,17-31, der allerdings mehrfach Anlaß zur Kritik gibt :

1. Ist der Evangelist Markus überhaupt auf der synchronen Ebene des Textes verstehbar,ohne daß man das sachliche Gefälle seiner Redaktion zur vormarkinischen Tradition genau erklärt ?

2. Die Behauptung der Historizität der von Egger erhobenen ursprünglichen Erzählung in 1o,17-31 bleibt unbewiesen und läßt sich auch wohl mit einer strukturalen Analyse gar nicht belegen.

3. Daß die Perikope vom Reichen als Teil der vormarkinischen Sammlung anzusehen ist, die H.-W.Kuhn für Mk 10 postuliert, bleibt bei Egger unberücksichtigt. Die Nachzeichnung der Entstehungsgeschichte von Mk 10,17-31 allein aus der mit diachronen Ergebnissen angereicherten synchronen Analyse heraus dürfte daher verkürzt sein.

4. Ungenauigkeiten sind bei der Bemessung der Markusredaktion anzutreffen. Man vermißt eine genaue Scheidung von Tradition und Redaktion im Bereich der Verse 24 und 26, die Markus angeblich der Tradition entnommen, aber redaktionell durch Einbringung des Erschreckensmotivs aufgefüllt hat. Welche Wörter gehen nun genau auf das Konto der Redaktion ? Darf man das "über seine Worte" in Vers 24a und das "sie sprachen zueinander" in Vers 26 auch für Markus veranschlagen ? Unklar bleibt ebenso, von wem Vers 28 stammt.


## § 7 Bilanz und Ausblick

Der Forschungsgeschichte ist zu entnehmen, daß es je nach dem Stellenwert des Markus als Redaktor zu differenzierten Einschätzungen seines Evangeliums gekommen ist. Bisher ist ziemlich die gesamte Bandbreite verschiedener Sichtweisen des Markusevangeliums und seines Verfassers in den Blick gekommen.

Es gibt u.a. auch Untersuchungen, die sich mehr mit der vormarkinischen Tradition im Markusevangelium beschäftigen wie die von H.-W.Kuhn. Ihm kommt das Verdienst zu, die Frage nach älteren Sammlungen im Markusevangelium auf ein kalkulierbares Podium gestellt zu haben. Mit seiner These einer vormarkinischen Sammlung in Mk 10 hat er, soweit überschaubar, die breite Zustimmung der Exegeten erfahren.

Was jetzt noch aussteht, ist eine redaktionsgeschichtliche Arbeit, die aufgrund einer genauen Unterscheidung von Tradition und Redaktion auf der begrenzten und überschaubaren Strecke von Mk 10 die literarische und theologische Leistung des Evangelisten Markus überprüft und sich dabei kritisch mit den Ergebnissen Kuhns auseinandersetzt. Im folgenden soll daher monographisch unter Aufbietung der klassischen historisch-kritischen Methode das Kapitel 10 des Markusevangeliums analysiert und der umstrittenen Frage nachgegangen werden, wie Markus einzuschätzen ist. Dabei wird das Ergebnis von H.-W.Kuhn als vorläufige Arbeitshypothese benutzt, die allerdings nicht zuletzt im Blick auf den Umfang jener vormarkinischen Sammlung in Mk 10 kritisch hinterfragt werden wird.

Aus dieser Zielsetzung der vorliegenden redaktionsgeschichtlichen Studie zu Mk 10 ergeben sich die einzelnen Teile der Arbeit :
Im ersten, analytischen Teil wird eine genaue Scheidung von Tradition und Redaktion vorgenommen. Das geschieht ausschließlich im Blick auf die unmittelbar vorliegende Überlieferung. Es geht also bei diesem ersten Arbeitsschritt weder um eine Interpretation des Kapitels 10 noch um eine Exegese der voneinander geschiedenen vormarkinischen und markinischen Textanteile.

Im zweiten Teil der Arbeit werden aus der Scheidung von Tradition und Redaktion in Mk 10 die entscheidenden Konsequenzen für den Evangelisten Markus gezogen. Es wird versucht, die hinter Markus liegende vormarkinische Textebene als verstehbares Ganzes zu erheben und die Sinnhaftigkeit ihrer Darstellung nachzuweisen. Die Zutaten des Markus sind anschließend in Kontrast zur Verstehensebene der Tradition zu setzen und die literarische und theologische Leistung des Markus aus diesem Zusammenhang heraus zu erklären.

**TEIL I :**  VERSUCH EINER SCHEIDUNG VON TRADITION UND REDAKTION
           IN MARKUS 10

KAPITEL 1 :   REICHTUM UND REICH GOTTES (10,23-27)


§ 8  Der Einstieg in Markus 10


Wie bereits bemerkt, geht es im Teil I der Arbeit unter technischem Aspekt
um die saubere Scheidung von vormarkinischer Tradition und markinischer Redaktion. Da eine zusammenhängende Erklärung weder der vormarkinischen noch
der markinischen Redaktionsebene hier nicht beabsichtigt ist, ist es egal,
an welcher Stelle des Kapitels 10 mit der Analyse begonnen wird.
Wenn dazu im folgenden das Stück in 10,23-27 gewählt wird, dann deshalb,
weil der Abschnitt gleich auf den ersten Blick eine Fülle inhaltlicher
Spannungen und Brüche in der Gedankenführung erkennen läßt. Auch verdeutlichte schon der forschungsgeschichtliche Überblick am Anfang dieser Studie,
daß kaum ein anderer Text des Kapitels 10 mit unterschiedlicheren Ergebnissen analysiert und interpretiert worden ist, als gerade der in 1o,23-27.

Die Reihenfolge der sich daran anschließenden weiteren Analyse von Mk 10
ergibt sich unter rein pragmatischen Gesichtspunkten. Erst im Teil II wird
dann das in Tradition und Redaktion Geschiedene je für sich interpretiert
und im Zusammenhang erhoben werden.


§ 9  Der Einsatz der Jüngerbelehrung mit Vers 23a


Schon bei einem ersten Durchsehen des Textes in 10,23-27 bemerkt man einen
deutlichen Neuansatz der Argumentation in Vers 23.
Im Unterschied zur unmittelbar voranstehenden Perikope vom Reichen in den
Versen 17-22 ist es jetzt Jesus, der die Initiative ergreift und zu seinen
Jüngern spricht.
Obwohl man im Markusevangelium von der ersten Jüngerberufung in 1,16-20 ab

die ständige Begleitung Jesu durch Jünger als eine mehr oder weniger betonte Eigenart des Evangeliums voraussetzen darf, kommt nach dem langen Dialog Jesu mit dem Reichen das Auftreten der Jünger in Vers 23a doch etwas überraschend und unvermutet.

Ein dritter, einen Neuansatz in Vers 23 markierender Gesichtspunkt ist die Beobachtung, daß die Verse 23-27 den Inhalt einer Jüngerbelehrung wiedergeben, wie sie auch von den Kommentatoren immer wieder für die anschließenden Verse 28-31 festgestellt wird[20]. Ein Formvergleich beider Texte erbringt, daß die Bezeichnung "Jüngerbelehrung" ausschließlich unter inhaltlichem Aspekt zulässig ist, keinesfalls jedoch im formgeschichtlich-technischen Sinn eine neue Gattungsbezeichnung für ein vorliterarisches Einzelstück ist[21].

Redaktionsgeschichtlich ist für die mit Vers 23 einsetzende Textfolge also noch alles offen.

1 Die Überleitung zum Wort Jesu gegen Reiche in Vers 23a

Fast könnte man meinen, Jesus werde sich in Vers 23a erst beim Herumschauen der Anwesenheit seiner Jünger bewußt. Jedenfalls erweckt der Vers den Eindruck einer etwas umständlich geratenen Erinnerung an die Präsenz der Jünger :

Καὶ περιβλεψάμενος ὁ Ἰησοῦς λέγει τοῖς μαθηταῖς αὐτοῦ·

Der Leser freilich gewinnt aus dieser Formulierung das Bild, daß die Jünger Zeugen des Gesprächs Jesu mit dem reichen, nach dem ewigen Leben fragenden jungen Mann in 10,17-22 gewesen sein müssen. Dann aber sind sie über Jesu Forderungen des Besitzverzichts und der Nachfolge informiert und wissen um deren Bedeutung für den Erhalt des ewigen Lebens. Sie haben auch die negative Reaktion des Reichen miterlebt, der Jesu Ruf in die Nachfolge mit seinem traurigen Weggehen beantwortet hatte (vgl.Vers 22).

Vers 23a bewirkt also, daß die nun folgenden Worte Jesu in den Versen 23b-27 an einen Kenntnisstand der Jünger anknüpfen, der den Inhalt der Erzählung vom Reichen einschließt. Die Einführung der Jünger signalisiert weiterhin eine Art Wendepunkt: Mehrfach wird im folgenden die Jüngeradresse wiederholt (vgl.die Verse 24b.c.27a) und von Reaktionen der Jünger auf

die Worte Jesu berichtet (vgl.die Verse 24a.26a). Offensichtlich geht es
nach der Szene mit dem Reichen in 10,17-22 nunmehr in den Versen 23-27 bei
gleichbleibender Thematik auch um die Jünger und deren Aufklärung über
Besitz und Reichtum.

Will man Tradition und Redaktion in Vers 23a mit Hilfe der Vokabelstatistik
bestimmen, so sieht man sich vor ziemliche Schwierigkeiten gestellt :
Περιβλέπειν kommt bis auf eine einzige Verwendung bei Lukas (vgl.6,10=
Mk 3,5) im Neuen Testament nur bei Markus vor, und zwar sieben mal. Daraus
folgt J.Gnilka, daß das Verb eine Vorzugsvokabel des Evangelisten Markus
sei und somit Redaktion anzeige[22]. Es verwundert dann aber, wenn Gnilka für
Vers 23a äußerst vorsichtig und unbestimmt andeutet, das "Umherschauen"
Jesu "könnte .. von Mk eingefügt sein"[23]. In 9,8 schlägt er das Verb trotz
der Qualität eines angeblichen Vorzugswortes des Markus der Tradition zu[24].
Die Unausgeglichenheit dieser Beurteilung des περιβλέπειν - mal dient seine Eigenschaft als Vorzugsvokabel dazu, Redaktion anzuzeigen, mal läßt sich
das nur vermuten, schließlich taucht das Vorzugswort in der Tradition auf
und scheint hier seinen Charakter als "Vorzugs"-wort des Evangelisten völlig verloren zu haben - läßt es geraten erscheinen, der redaktionsgeschichtlichen Beweiskraft eines mehrfach bei Markus begegnenden Wortes
nicht von vornherein die Qualität einer auch redaktionell bevorzugten Vo-
kabel zuzusprechen.

An dieser Stelle meldet auch H.-W.Kuhn erhebliche Zweifel an[25] und kommt
aus seiner Sicht der Vorzugswörter des Markus zu dem Ergebnis, daß das
Verb περιβλέπειν (bis auf 11,11) ausschließlich in der vormarkinischen
Tradition anzutreffen sei. Offensichtlich signalisiert ihm ein mehrfach
bei Markus auftretendes Wort eher eine besondere Gewöhnung des Evangelisten an vorgegebenen Sprachgebrauch, als eine besondere Bevorzugung dort,
wo Markus mit eigenen Worten spricht.

Wie soll man das verbalstatistische Phänomen der sog. Vorzugswörter des
Markus bewerten ? Als ein Indiz für Redaktion oder für Tradition oder von
Fall zu Fall für das eine oder andere ? Ist die im Terminus "Vorzugswort"
implizit getroffene redaktionsgeschichtliche Entscheidung zugunsten des
Evangelisten überhaupt zulässig ?
Verbalstatistisch bleibt das Problem offen. Also wird man sich im vorlie-

genden Fall des Verbs "anschauen" in Vers 23a auf zusätzliche Beobachtungen am Text stützen müssen, die eventuell eindeutigere Argumente zur redaktionsgeschichtlichen Einordnung des Wortes bereitstellen.

Das "Umherschauen" Jesu verdeutlicht gerade auch unter der Rücksicht, daß in 10,23-27 eine Belehrung der offenbar im Kreis um Jesus herumsitzenden Jünger erfolgt, den Neuansatz der Argumentation in Vers 23a.
Hinzuzurechnen ist, daß die Wendung καὶ περιβλεψάμενος ... λέγει als Markierungspunkt eines gedanklichen Neubeginns auch in 3,5.34 vorkommt und dort wie in 10,23a ausschließlich im Munde Jesu. Das weist auf eine gewisse Regelmäßigkeit im Gebrauch dieser formelhaften Redeeinleitung hin, die sich dann aber auch als redaktionell initiiert annehmen läßt. Außerdem ist zu vermerken, daß λέγειν in 10,23-27 dreifach repetiertes Verbum des Redens jeweils in Verbindung mit einem Partizip in Redeeinleitungen zu Worten Jesu ist (vgl.die Verse 23a.24b.27a). Auch diese Regelmäßigkeit in der Gestaltung könnte für eine Bearbeitung der Textfolge durch einen einzigen Redaktor, möglicherweise Markus, sprechen.

Von nicht zu unterschätzender Beweiskraft dürfte auch folgende Beobachtung sein: geht man von der eingangs dieser Untersuchung bereits besprochenen vormarkinischen Sammlung in Kapitel 10 aus, dann sind die Jünger offensichtlich in der Tradition bereits als Begleiter Jesu vorausgesetzt. H.-W. Kuhn jedenfalls nimmt das für die in 10,10.13 expressis verbis genannten Jünger an[26]. Um so verwunderlicher wäre es aber dann, wenn die vormarkinische Tradition die Jünger in Vers 23a noch einmal eingetragen hätte. Dafür gäbe es kaum einen plausiblen Grund. Nimmt man weiterhin den Inhalt des die Reichen betreffenden Logions in Vers 23b hinzu, dann sind die Jünger mit diesem Wort gar nicht gemeint. Sie sind nicht reich, weil sie unter Besitzverzicht nachfolgen (Vers 28)! Es ist also eher so, daß man zwischen Vers 23a und 23b einen leichten Bruch feststellen kann. Die Jünger, denen das Herumschauen Jesu in Vers 23a gilt, stören im Grunde den inhaltlich engen Zusammenhang zwischen der Perikope in 10,17-22 und dem sich ihr anschließenden Wort Jesu gegen die Reichen[27].

Aus Gründen der Stil- und Sachkritik wird man daher den Vers 23a besser der Hand des Evangelisten zuschreiben.

## 2  Das Wort Jesu gegen die Reichen in Vers 23b

Demgegenüber läßt Vers 23b keinerlei Hinweis auf eine redaktionelle Gestaltung durch Markus erkennen :

Πῶς δυσκόλως οἱ τὰ χρήματα ἔχοντες εἰς τὴν βασιλείαν τοῦ θεοῦ εἰσελεύσονται.

Die Wortstatistik ist wieder relativ unergiebig. Zwar sind im Vordersatz des Verses zwei Hapaxlegomena anzutreffen, δυσκόλως und χρῆμα . Hapaxlegomena im Markusevangelium werden von manchen Exegeten als Nachweis für das Vorliegen von vormarkinischer Tradition gewertet - unter den neueren Markuskommentaren ist besonders der von R.Pesch zu nennen[28]. Doch verhält es sich mit den Hapaxlegomena ähnlich wie mit den Vorzugswörtern: einerseits könnte man aus ihrem nur einmaligen Auftreten im Evangelium eine Zugehörigkeit zum Wortfundus der Tradition folgern, andererseits können Hapaxlegomena aber durchaus auch Rezeptionen des Markus aus der Sprach- und Begriffswelt seiner Zeit sein, ja sie können in einigen Fällen sogar absichtlich vom Evangelisten ausgewählt worden sein, um seinem argumentativen Schwerpunkt auch sprachlich einen besonderen Ausdruck zu verleihen[29].
Besser ist es also, auch im Falle der Hapaxlegomena im Markusevangelium die redaktionsgeschichtliche Entscheidung offen zu lassen und im folgenden nach sachlich-inhaltlichen Argumenten Ausschau zu halten, die eine Scheidung von Tradition und Redaktion ermöglichen. Bestenfalls ließe sich bei einer Ansammlung von Hapaxlegomena das Vorliegen von Tradition mit einiger Zuversicht annehmen.

Unter dieser Rücksicht ist zunächst die Bezeichnung der Reichen in Vers 23b mit οἱ τὰ χρήματα ἔχοντες [30] zu nennen, die umständlich wirkt. Sie scheint sich an ἔχων κτήματα πολλά in Vers 22 anzuklammern, darauf verweist das in beiden Versen begegnende Partizip von ἔχειν .
War in Vers 22 von einem Reichen die Rede, so verallgemeinert Vers 23b diesen Einzelfall auf alle, die Vermögen haben. Geht man nun davon aus, daß Vers 22 zur Perikope vom Reichen in 10,17-22 notwendigerweise dazugehört, weil der Erzählung sonst der alles erklärende Schluß fehlen würde, somit

der Schlußvers traditionell sein dürfte, dann ist damit ein Argument für einen ebenfalls vormarkinischen Vers 23b gewonnen. Denn dieser steht in engem kausalen Zusammenhang mit der vorangehenden Perikope, insofern er die Konsequenzen für das ewige Leben beschreibt, nach dem der Reiche zu Anfang des Gesprächs mit Jesus gefragt hatte (vgl.Vers 17). Sprachlich könnte dieser Zusammenhang durch das ἔχειν sowohl in Vers 22 als auch in Vers 23b angezeigt sein. Auch könnte die Ausweitung des Spruchs in Vers 23b auf alle Reichen mit ein Anlaß für den Evangelisten gewesen sein, den Rahmen der Zuhörerschaft Jesu auf die Jünger auszudehnen.

Noch größere Sicherheit gewinnt die redaktionsgeschichtliche Beurteilung des Verses 23b, wenn man den traditionsgeschichtlichen Hintergrund der Basileiaformel εἰς τὴν βασιλείαν τοῦ θεοῦ εἰσελθεῖν in Anschlag bringt[31]. Diese begegnet in den unmittelbar auf Vers 23b folgenden Logien in Vers 24c und 25 noch einmal. Zumindest für das sehr alte Kamellogion dürfte eine Zuordnung der Formel zur Tradition vor Markus legitim sein. Entsprechend wird man die Basileiaformel in Vers 23b wohl kaum zur Redaktion rechnen.

Helmut Merklein, der solche Formeln untersucht hat, meint, daß "das konkrete Syntagma 'eingehen in die Gottesherrschaft' originale Sprachschöpfung Jesu sein"[32] kann. Für ihn ist die Analogielosigkeit von Herrensprüchen über das Hineingehen in das Reich Gottes wie in Vers 23b "ein Indiz für den Ursprung beim historischen Jesus"[33].

Ein letzter leichter Hinweis auf Tradition in Vers 23b ist der Beobachtung zu entnehmen, daß die Formel "in das Reich Gottes hineingehen" noch mehrfach in synonymer Ausdrucksweise in 1o,23-27 und im unmittelbaren Kontext der Jüngerbelehrung anzutreffen ist :

* "gerettet werden" in Vers 26a,
* "das ewige Leben gewinnen" in Vers 17,
* "das ewige Leben empfangen" in Vers 30,
* "das Reich Gottes wird gehören" in Vers 14.

Diese unterschiedlichen Beschreibungen des selben Sachverhalts lassen deshalb Überlegungen in Richtung eines vormarkinischen Verses 23b zu, weil Markus wohl einheitlich formuliert hätte.

Zusammenfassend läßt sich mit großer Wahrscheinlichkeit annehmen, daß das Wort Jesu gegen die Reichen in Vers 23b zur Vorlage des Markus gehört hat[34].


§ 10  Die Steigerung des Jüngererschreckens


1  Das Erschrecken der Jünger in den Versen 24a.26a

Eines fällt an dem Text in 10,23-27 schon immer auf :
Die Jünger erschrecken zweimal, in Vers 24a und - noch stärker - im folgenden Vers 26a.

Vers 24a : οἱ δὲ μαθηταὶ ἐθαμβοῦντο ἐπὶ τοῖς λόγοις αὐτοῦ

Vers 26a : οἱ δὲ περισσῶς ἐξεπλήσσοντο λέγοντες πρὸς ἑαυτούς

Geht man der Frage nach, welchen Grund das Erschrecken der Jünger eigentlich hat, so ist man auf den Inhalt der es jeweils auslösenden unmittelbar vorangehenden Worte Jesu in den Versen 23b bzw. 25 angewiesen.
In Vers 23b bezeichnet Jesus das Hineinkommen der Reichen in das Reich Gottes als sehr schwierig. Daraufhin erschrecken die Jünger zum ersten Mal. Ihre Reaktion paßt aber überhaupt nicht in das Bild, das das Markusevangelium sonst von ihnen zeichnet : die Jünger folgen Jesus unter völligem Verzicht auf ihren Besitz nach (vgl.1,16-20). Ihre Reaktion in Vers 24a widerspricht auch eklatant der unmittelbar auf 10,23-27 in Vers 28 folgenden Feststellung des Petrus : Sieh, wir haben alles verlassen und sind dir nachgefolgt!
Für das zweite, noch gesteigerte Jüngererschrecken in Vers 26a gilt das gleiche : die Jünger können von dem Wort Jesu gegen Reiche in Vers 25 gar nicht betroffen sein, denn sie gehören nicht zu den Reichen.
Inhaltlich gestaltet sich also der Anschluß des Verses 24a an Vers 23b sowie des Verses 26a an das Logion in Vers 25 als schwer verständlich. Dazu kommt, daß Vers 24c mit der Aussage, daß es generell schwierig sei,

in die Basileia Gottes hineinzukommen, dem ersten Erschrecken der Jünger fast schon wieder die Spitze nimmt, da jetzt offenbar nicht nur mehr die Reichen, sondern alle Menschen von dem Minimum an Heilsaussichten betroffen sind. Das aber scheint die Reichen aus Vers 23b in gewisser Weise zu entlasten.

Andererseits korrespondiert die Verschärfung der Heilsaussichten für Reiche von Vers 23b nach Vers 25 - in Vers 23b ist das Hineingelangen in die Basileia zwar schwierig, aber eben doch nicht im Gegensatz zum Kamellogion in Vers 25 unmöglich - mit dem bis zum Äußersten eskalierenden Entsetzen der Jünger. Diese Zuspitzung hat sich auch in den beiden unterschiedlichen Verben, die das Erschrecken der Jünger in den Versen 24a.26a wiedergeben, niedergeschlagen. Sie scheinen bewußt gewählt worden zu sein : während nämlich θαμβεῖσθαι "entsetzen, in Schrecken setzen"[35] bedeutet, bringt ἐκπλήττεσθαι "außer sich geraten, betäubt sein vor Schrecken"[36] in Vers 26a eine weitere Steigerung zum Ausdruck, die durch ein vorangestelltes περίσσως zusätzlich potenziert wird[37].

Die Verse 23-27 sind also keineswegs aus einem Guß. Die Unverträglichkeit des Motivs des gesteigerten Jüngererschreckens mit den Worten Jesu gegen Reiche läßt unter literarkritischem Gesichtspunkt fragen, ob dieses Motiv nicht erst sekundär, und zwar von Markus, in den Text eingebracht worden ist. Immerhin hatte ja der Evangelist mit nicht unbeträchtlichem redaktionellen Aufwand die Jünger in Vers 23a eingetragen und zu verstehen gegeben, daß es ihm im folgenden vornehmlich um ihre Belehrung durch Jesus geht. Die erneute Nennung der Jünger in Vers 24a macht eine Entscheidung für ein redaktionelles Motiv des Jüngererschreckens unausweichlich[38]. Für eine sehr bewußte redaktionelle Dramaturgie in 10,23-27 spricht außerdem die Korrespondenz des abgestuften Jüngererschreckens mit den sich verschärfenden Worten Jesu gegen die Reichen. Die Jüngerbelehrung mündet auf diesem Wege in die Frage nach Rettung in Vers 26b und den Verweis Jesu auf die uneingeschränkten Möglichkeiten Gottes in Vers 27b.

Dieser redaktionsgeschichtliche Befund, der mit einem relativ ausgeprägten Engagement des Evangelisten Markus bei der Gestaltung der Textstrecke 10,23-27 rechnen läßt, kann durch die Analyse der weiteren Textanteile der

Verse 24a.26a abgesichert werden. Wenn nämlich das Jüngererschrecken in 10,24a von Markus stammt, dann muß auch die Angabe "über seine Worte" markinisch sein. Bei näherem Hinsehen gibt diese Formulierung aber noch viel mehr her und ist dazu angetan, die Intention des Evangelisten in 1o,23-27 genauer bestimmen zu helfen.

So fällt auf, daß dem "über seine Worte" in Vers 24a ein im Singular gefaßtes gleichlautendes Gegenstück, "über sein Wort", in Vers 22 entspricht. Eine Textübersicht verdeutlicht diesen Zusammenhang und zeigt auf, welche "Worte" bzw. welches "Wort" jeweils gemeint ist :

21 ὁ δὲ Ἰησοῦς ἐμβλέψας αὐτῷ ἠγάπησεν αὐτὸν καὶ εἶπεν αὐτῷ·

ἕν σε ὑστερεῖ· ὕπαγε, ὅσα ἔχεις πώλησον καὶ δὸς τοῖς πτωχοῖς,
καὶ ἕξεις θησαυρὸν ἐν οὐρανῷ καὶ δεῦρο ἀκολούθει μοι.

22 ὁ δὲ στυγνάσας ἐπὶ τῷ λόγῳ ἀπῆλθεν λυπούμενος· ἦν γὰρ ἔχων
κτήματα πολλά

23 καὶ περιβλεψάμενος ὁ Ἰησοῦς λέγει τοῖς μαθηταῖς αὐτοῦ·

πῶς δυσκόλως οἱ τὰ χρήματα ἔχοντες εἰς τὴν βασιλείαν τοῦ
θεοῦ εἰσελεύσονται

24 οἱ δὲ μαθηταὶ ἐθαμβοῦντο ἐπὶ τοῖς λόγοις αὐτοῦ.

Folgendes kann festgestellt werden :

* "Über sein Wort" in Vers 22 bezieht sich auf die Aufforderung Jesu an den Reichen zu Besitzverzicht und Nachfolge in Vers 21b.
* "Über seine Worte" in Vers 24a meint auf jeden Fall das Wort Jesu gegen die Reichen in Vers 23b. Ohne den Plural "Worte" überzubewerten, dürfte dieser aber neben dem einen Wort Jesu in 10,23b auch das vom Besitzverzicht und der Nachfolge aus 10,21 nochmals in den Gesichtskreis des Lesers rücken wollen[39].

Daß diese vermutete Funktion des Plurals λόγοι in Vers 24a zutrifft, belegen drei weitere Beobachtungen am Text :

* Man wird eine gewisse Affinität der Inhalte der beiden Verben in den Versen 22, στυγνάζειν, und 24a, θαμβεῖσθαι, in Rechnung stellen dürfen[40]. Mit beiden Verben ist jeweils die Formulierung "über sein(e) Wort(e)" verbunden.

* Sowohl die im Singular als auch die im Plural gefaßte Formulierung ist im Markusevangelium ausschließlich hier in 10,22 bzw.24a anzutreffen an formal wie inhaltlich eng aufeinander bezogenen Stellen[41].
* Das Wort Jesu in Vers 21b wie auch das in Vers 23b, auf das sich das Erschrecken des Reichen bzw. der Jünger jeweils bezieht, wird in beiden Fällen von auffälligen Formulierungen eingeleitet, die eine besondere Zuwendung Jesu zu seinem Gesprächspartner bzw. den Jüngern signalisieren :

Vers 21a : ἐμβλέπειν, ἀγαπᾶν
Vers 23a : περιβλέπειν

Bemerkenswert ist, daß Vers 23a bereits auf das Konto des Markus ging.

Erneut sprechen also wichtige inhaltliche und stilistische Beobachtungen dafür, daß die beiden Angaben über den Gegenstand des Erschreckens in den Versen 22.24a auf die Verantwortlichkeit des Markus zurückgeführt werden können. Dem Evangelisten geht es in Vers 24a offensichtlich darum, beim Eintrag des Jüngererschreckens die Forderung Jesu an den Reichen nach Besitzverzicht und Nachfolge mit Absicht noch einmal in den Horizont der Jüngerbelehrung in 10,23-27 einzubeziehen, geht es bei den beiden Forderungen doch um spezifisch an den Jüngern zu exemplifizierende Themen. Dadurch trägt Markus natürlich auch zu einer engeren Anbindung der Verse 23-27 an die Perikope vom Reichen in 10,17-22 bei. Aber mehr noch scheint sich aus der markinischen Textgestaltung ein Hinweis auf die noch offene Frage gewinnen zu lassen, warum sich nach der Absicht des Markus die Jünger überhaupt über Jesu Worte gegen Reiche erschrecken können : dieses Erschrecken muß etwas mit der Art und Weise ihres Besitzverzichts und ihrer Nachfolge zu tun haben.

Vers 24a geht damit mit größter Wahrscheinlichkeit zu Lasten des Markus.

Aber auch in Vers 26a läßt sich neben dem vom Evangelisten eingetragenen Jüngererschrecken noch weitere Redaktion feststellen. Das Motiv der Selbstbefragung der Jünger[42] ist nur hier im Markusevangelium nachweisbar[43]. Verbalstatistisch läßt sich für den Ausdruck weder Tradition noch Redaktion eindeutig belegen. Jedoch kann mit Hinweis auf den redaktionellen

Eintrag der Jünger in den Versen 23a.24a die Selbstbefragung natürlich gut von Markus stammen. Der Evangelist scheint mit diesem Motiv sogar die besondere Situation der außerordentlich erschrockenen Jünger zu berücksichtigen : Die entsetzten Jünger fragen Jesus nicht etwa in direkter Rede nach einer Rettungsmöglichkeit. Diesen Fall einer aktiven Gesprächsbeteiligung der Jünger hat Markus in 10,23-27 offenbar bewußt vermieden. Ihm liegt vielmehr daran, die Jünger ganz in der Rolle der Belehrten und Reagierenden darzustellen. Erst in Vers 28 ergreift Petrus das Wort, um Jesus anzusprechen und etwas zu entgegnen, womit bereits ein leichter Hinweis auf einen sachlichen Neuansatz der Argumentation mit Vers 28 gegeben ist. Die Selbstbefragung der Jünger in 10,26a entspricht also eher ihrer durch das bis zum Äußersten gesteigerte Entsetzen gekennzeichneten Verfassung. Gleichzeitig wird die Vermutung verstärkt, daß die Frage des Besitzes im Zusammenhang mit der Nachfolge der Jünger ein von diesen noch nicht vollends bewältigtes Problem zu sein scheint. Das markinische Stilmittel des Jüngererschreckens kooperiert also augenscheinlich mit dem Motiv der Selbstbefragung der Jünger, das man dann ebenfalls der Redaktion zuordnen kann.

Interessant, wenn auch nicht von durchschlagender Beweiskraft, ist zuletzt auch noch die Beobachtung, daß das Partizip zur Bezeichnung der Selbstbefragung der Jünger, λέγοντες , in einer Reihe mit drei weiteren Partizipialkonstruktionen innerhalb der Jüngerbelehrung in 10,23-27 steht, von denen die in Vers 23a bereits auf Markus zurückgeführt werden konnte. Sollten auch noch die Partizipien ἀποκριθείς in Vers 24b und ἐμβλέψας in Vers 27a redaktionell sein, dann wäre damit ein zusätzliches Argument für Redaktion in Vers 26a gewonnen. Die folgenden Untersuchungen werden diesen Nachweis erbringen.

2  Die Redeeinleitungen in den Versen 24b.27a

Ein weiteres Wort Jesu an die Jünger hat seine Einleitung in Vers 24b :
Ὁ δὲ Ἰησοῦς πάλιν ἀποκριθεὶς λέγει αὐτοῖς·

Zunächst fällt auf, daß die Verse 24 und 26 jeweils durch ὁ δέ eingeleitet werden :

Vers 24a : οἱ δὲ μαθηταί
Vers 24b : ὁ δὲ 'Ιησοῦς
Vers 26a : οἱ δὲ (μαθηταί)

Immer wenn der Aktant wechselt, Jesus oder die Jünger, wird dies durch die Einleitung der Handlung oder Rede mit ὁ δέ angezeigt. Diese Beobachtung deutet auf eine Bearbeitung der Verse 24a-27 durch einen Redaktor hin, bei dem es sich nur um Markus handeln kann, nachdem feststeht, daß auf dessen Rechnung die Formulierung der Verse 24a.26a geht.
In diesem Urteil wird man sogleich durch das Auftreten des Wörtchens πάλιν [44] bestärkt, das allgemein als Indikator für Markusredaktion angesehen wird[45]. Immer wieder bedient sich Markus dieses Adverbs in seinem Evangelium, um den Blick des Lesers auf bereits Berichtetes zurückzulenken und so Zusammenhänge zu schaffen. Πάλιν in Vers 24b macht deutlich, daß die Worte Jesu in den Versen 24c.25 in direkter Abfolge bzw. in direktem Zusammenhang mit dem Logion gegen die Reichen in 10,23b zu verstehen sind. Markus liegt also an der Darstellung einer sachlich und thematisch konsistenten Belehrung der Jünger.
Das Adverb trägt außerdem zur Dramatisierung der Rede Jesu bei und paßt dadurch ausgezeichnet in die die Logien gegen Reiche verbindende Übergangsformulierung in Vers 24b : das erneute Wort Jesu in Vers 25 stellt einerseits die Heilschancen der Reichen noch viel aussichtsloser dar als in Vers 23b, andererseits löst der Inhalt des Kamellogions wiederum ein Erschrecken der Jünger aus, das diesmal allerdings entsprechend der verschärften Situation ungleich stärker ausfällt.

Für die oben bereits angesprochene partizipiale Konstruktion ἀποκριθεὶς λέγει αὐτοῖς wird man wegen des markinischen λέγειν ebenfalls Redaktion vermuten dürfen. Immerhin wird λέγειν als Verbum finitum schon in Vers 23a von Markus verwendet. Die Konstruktion in Vers 24b mit zwei Verben des Redens betont das folgende Wort Jesu[46] und steht damit auch wieder im Dienst der von Markus in 10,23-27 parallel zur Verschärfung der vorgegebenen Logien in den Versen 23b.25 eingetragenen Dramatik.

Dieses in hohem Maße für Redaktion in Vers 24b sprechende Ergebnis ermuntert dazu, auch gleich die nächste und letzte Redeeinleitung zu einem Logion Jesu in Vers 27a auf Redaktion hin zu untersuchen :

Vers 27a : ἐμβλέψας αὐτοῖς ὁ 'Ιησοῦς

Wieder begegnet ein Partizip, dazu in der Form eines Asyndetons, das bereits in Richtung Markus deuten könnte[47]. Bemerkenswert dürfte weiterhin sein, daß περιβλέπειν in Vers 23a und ἐμβλέπειν in Vers 27a zwei Komposita des gleichen Verbs βλέπειν sind. Sie sollen wohl wie in Vers 21 eine besondere Zuwendung Jesu zu seinen Gesprächspartnern zum Ausdruck bringen. Zieht man in Betracht, daß die Akzentuierung des besonderen Verhältnisses Jesu zu seinen Jüngern am redaktionell gestalteten Anfang (Vers 23a) und am vorläufigen Höhepunkt der Katechese in Vers 27a auftritt, dann kann für diese durchdachte Textgestaltung niemand anders infrage kommen als der Evangelist Markus.

Mit dem Dativ αὐτοῖς stellt er erneut wie in Vers 24b klar, daß die Adressaten des Wortes in Vers 27b die von ihm in den Abschnitt eingetragenen Jünger sind. Zu vergleichen ist weiterhin das in den redaktionellen Versen 23a.24b genannte Verbum finitum λέγειν, das regelmäßig im Präsens historicum steht und mit dem Subjekt ὁ 'Ιησοῦς verbunden ist und auch hier in Vers 27a wieder begegnet.

Damit dürfte auch für Vers 27a mit ziemlicher Sicherheit von Markusredaktion auszugehen sein.

Nach dem Stand der bisherigen Analyse gehen also die Verse 23a.24a.b.26a.27a auf den Evangelisten zurück. Die Markusredaktion trägt entscheidend zur Strukturierung des Gerüsts der Texteinheit 10,23-27 bei, indem jeweils die Redeeinleitungen der Logien Jesu auf sie zurückgehen :

Vers 23a : Und umherblickend sagt Jesus seinen Jüngern:...
Vers 24ab: Die Jünger aber erschraken über seine Worte.
         Jesus aber, wiederum anhebend, sagt ihnen:...
Vers 26a : Sie aber, über die Maßen gerieten sie außer sich
         und sagten zueinander:...
Vers 27a : Jesus blickte sie an, sagt:...

## § 11 Die Worte Jesu über den Zugang zum Reich Gottes und die Möglichkeit einer Rettung Reicher

### 1 Stauungen des Gedankengangs in 10,23-27

Liest man die Verse 23-27 durchgehend, so leidet die Entwicklung der Gedankenabfolge mehrfach an merkwürdigen Stauungen:

<u>Vers 24c</u>: τέκνα, πῶς δύσκολόν ἐστιν εἰς τὴν βασιλείαν τοῦ θεοῦ εἰσελθεῖν·
Das Logion scheint nicht mehr wie Vers 23b nur die Reichen zu betreffen, sondern alle Menschen in seine Aussage einzubeziehen[48]. Eine dem Vers 23b entsprechende genaue Determinierung der von dem Logion betroffenen Reichen mit οἱ τὰ χρήματα ἔχοντες fehlt hier.

Der unmittelbar daran anschließende Kamelspruch in Vers 25 nennt wiederum nur die Gruppe der Reichen (πλούσιον), denen es so unmöglich sein soll, in das Reich Gottes hineinzukommen, wie ein Kamel unmöglich durch ein Nadelöhr geht.

Diese Aussichtslosigkeit läßt dann aber die Frage im unmittelbar daraufolgenden Vers 26b als völlig unpassend erscheinen. Soeben ist doch für jedermann deutlich mit dem Bild vom Kamel und Nadelöhr sichtbar gemacht worden, daß das Heilsschicksal Reicher endgültig besiegelt ist.

Aber auch in Vers 27b läuft der Text auf eine Stauung auf: Wem gilt der Verweis auf die Barmherzigkeit Gottes, der in seiner Allmacht alles kann? Zwar richtet die Redeeinleitung in Vers 27a den folgenden Spruch an die Adresse der Jünger, zu denen Jesus schon seit Vers 23a spricht. Das eigentliche Logion in Vers 27b jedoch bleibt auffällig unbestimmt und erweckt den Eindruck eines Gemeinplatzes. In seiner Allgemeinheit scheint es aber sogar den Reichen aus dem Kamelspruch noch eine Chance einzuräumen, doch noch in die Basileia Gottes hineinkommen zu können. Dadurch wirkt Vers 27b in Bezug auf Vers 25 ähnlich wie Vers 24c auf Vers 23b: die harte Abrechnung Jesu mit den Reichen wird etwas entlastet.

Liest man die Sätze, die die genannten Stauungen auslösen, synoptisch mit den oben ermittelten redaktionellen Redeeinleitungen des Markus, dann ergibt sich folgende Struktur der Textfolge 10,23-27 :

<u>Vers 24c</u>

Kinder, wie schwer ist es, in das
Reich Gottes hineinzukommen.

<u>Vers 25</u>

Leichter ist es, daß ein Kamel
durch das Öhr einer Nadel hindurchgeht, als daß ein Reicher
in das Reich Gottes hineinkommt.

> <u>Vers 26a</u>
>
> Sie aber, über die Maßen gerieten
> sie außer sich vor Entsetzen und
> sagten zueinander:

<u>Vers 26b</u>

Und wer kann gerettet werden?

> <u>Vers 27a</u>
>
> Jesus blickt sie an, sagt:

<u>Vers 27b</u>

Bei Menschen unmöglich, aber
nicht bei Gott. Denn alles ist
möglich bei Gott.

Rein optisch ist der Abfolge von Logien und Redeeinleitungen zu entnehmen, daß auf Vers 25 ein redaktioneller Kommentar in Form des Jüngererschrekkens in Vers 26a erfolgt und ebenso auf Vers 26b die markinische Einleitung in Vers 27a zur Rede Jesu in Vers 27b.

Unkommentiert und ohne einen anschließenden redaktionellen Reflex des Evangelisten nach sich ziehend bleibt lediglich Vers 24c stehen.

Bemerkenswert ist, daß die jeweils mit redaktionellen Äußerungen versehenen Logien in 10,25.26b.27b bereits aufgrund ihres Wortbestandes wie auch wegen ihres Stils mit ziemlicher Wahrscheinlichkeit der Tradition zugerechnet werden müssen.

Vers 25: εὐκοπώτερόν ἐστιν κάμηλον διὰ τῆς τρυμαλιᾶς τῆς ῥαφίδος διελθεῖν ἢ πλούσιον εἰς τὴν βασιλείαν τοῦ θεοῦ εἰσελθεῖν.

Der Sprachgebrauch des Logions, das R.Bultmann mit einiger Zuversicht dem historischen Jesus zuschreiben möchte[49], weist auf Tradition hin, da in Verbindung mit der als vormarkinisch bereits erkannten Formel "in das Reich Gottes hineinkommen" in der Bildhälfte des Spruchs gehäuft Wörter begegnen, die Markus nur hier oder nur noch einmal in seinem Evangelium in traditioneller Formulierung bietet:

* Εὐκοπώτερόν ist nur noch in 2,9 anzutreffen, wo es sicher älter ist als Markus. Bei κάμηλος sieht der Befund ähnlich aus. Das Wort ist nur noch einmal traditionell in 1,6 zu finden.

* Τρυμαλιά ist Hapaxlegomenon bei Markus. Die Seitenreferenten ersetzen es durch zwei unterschiedliche Begriffe: τρύπημα (Mt 19,24) und τρῆμα (Lk 18,25). Das Wort bei Markus scheint also ungebräuchlich gewesen zu sein. Die neuesten Textausgaben von Kurt Aland[50] schreiben bei Mt 19,24 nunmehr aufgrund besser bezeugter Lesart das Wort τρυπήματος.

* Auch ῥαφίς kommt bei Markus nur einmal vor.

* Διελθεῖν verwendet das Markusevangelium nur noch in 4,35. Das Verb kann aus dem Kamelspruch nicht herausgelöst werden, ohne daß dabei das beschriebene Bild zerstört wird.

Vers 26b: καὶ τίς δύναται σωθῆναι;

* Τίς muß bei 72maligem Auftreten im Markusevangelium gegenüber 91mal bei Matthäus und 114mal bei Lukas verbalstatistisch offen bleiben.

* Dagegen könnte δύνασθαι [51] für Redaktion sprechen. Da aber der Gebrauch von σωθῆναι [52] bei Markus keine sichere Entscheidung zuläßt, wird man zu-

rückhaltend urteilen.

Für Tradition aber spricht die Tatsache, daß Markus im Falle eines von ihm formulierten Verses 26b die voranstehende Basileiaformel (vgl.Verse 25.24c. 23b) ohne ersichtlichen Grund durch den synonymen Ausdruck "gerettet werden" ersetzt hätte. Das aber ist unwahrscheinlich. Zumindest hätte der Evangelist dann alle synonymen Umschreibungen des einen Sachverhalts, das ewige Leben zu erhalten, in den Versen 15.17.23b.25.26b.30 sprachlich abgeglichen.

Vers 27b:  παρὰ ἀνθρώποις ἀδύνατον ἀλλ' οὐ παρὰ θεῷ
πάντα γὰρ δυνατὰ παρὰ τῷ θεῷ.

Vers 27b erinnert an alttestamentliche Aussagen von der Allmacht Gottes (vgl.Gen 18,14;Ijob 42,2;Sach 8,6), die sich in der mit Sicherheit traditionellen Gebetsformel Jesu in 14,36, "Αββα ὁ πατήρ πάντα δυνατά σοι" wiederfinden[53]. Dieser Umstand deutet auf Tradition auch in Vers 27b. Weiterhin ist die Gegenüberstellung Mensch-Gott bei Markus nur noch in 7,7 und 8,33 (vgl.zu 11,30;12,14) in der Tradition anzutreffen[54]. Παρά mit Dativ[55] ist einmalig bei Markus. Das trifft ebenso für das Adjektiv ἀδύνατος zu, das in Entsprechung zum Verb δύνασθαι im traditionellen Vers 26b verwendet worden sein könnte. Es liegt sogar nahe, hier einen Stichwortanschluß des Verses 27b an den vormarkinischen Vers 26b zu vermuten, da beide Logien inhaltlich aufeinander abgestimmt sind und für sich allein in der vorliegenden Formulierung nicht existieren können.

Anders scheint der Fall aber für Vers 24c zu sein, der oben wegen der fehlenden redaktionellen Kommentierung durch Markus in den Blick gekommen war. Zunächst signalisiert die vormarkinische Basileiaformel auch hier wieder wie in 10,23b.24 Tradition. Doch der Sprachgebrauch des Verses zeigt auffällige Übereinstimmungen mit dem vergleichbaren Wortbestand des voranstehenden und nachfolgenden Logions gegen Reiche. Schreibt man die drei Sprüche einmal nebeneinander, dann werden diese Übereinstimmungen sichtbar, so daß man einen aussagekräftigen Vergleich anstellen kann.

| Vers 23b | Vers 24c | Vers 25 |
|---|---|---|
| πῶς δυσκόλως | πῶς δύσκολόν ἐστιν | εὐκοπώτερον ἐστιν |
| οἱ τὰ χρήματα ἔχοντες |  | κάμηλον ... πλούσιον |
| εἰς τὴν βασιλείαν | εἰς τὴν βασιλείαν | εἰς τὴν βασιλείαν |
| τοῦ θεοῦ | τοῦ θεοῦ | τοῦ θεοῦ |
| εἰσελεύσονται | εἰσελθεῖν | εἰσελθεῖν |

\* An Stelle des Adverbs δυσκόλως in Vers 23b steht jetzt in Vers 24c das Adjektiv. Das Interrogativum πῶς bleibt, d.h. der hyperbolische Charakter des Verses 23b ist auch für Vers 24c festzustellen.

\* Die Besitzenden aus Vers 23b werden in Vers 24c nicht genannt, dafür steht dann in Vers 25 πλούσιον (Singular).

\* Die Basileiaformel in Vers 24c ist identisch mit der im Kamelspruch, gegenüber Vers 23b steht das Verb nicht im Futur, sondern im Infinitiv. Das Futur in Vers 23b läßt allerdings die Reaktion Jesu auf das Weggehen des Reichen in Vers 22 direkter erscheinen als ein Infinitiv das vermocht hätte, der wie in den Versen 24c.25 grundsätzlicher klingt und von der konkreten Szene schon in einigem Abstand zu stehen scheint.

\* Der adjektivische Einsatz des Verses 24c entspricht von der Form her dem in Vers 25.

Der Vergleich läßt erkennen, daß die beiden Logien in 10,23b und 10,25 in inhaltlich engem Zusammenhang stehen. Die weisen konkret die Reichen als Betroffene aus. Dabei geht die in den beiden Sprüchen angelegte Steigerung vom "schwierigen" Hineinkommen in die Basileia bis hin zur "Unmöglichkeit" einher mit einer terminologischen Differenzierung der bezeichneten Reichen von οἱ τὰ χρήματα ἔχοντες zu πλούσιον im generischen Sinn.

Dazwischen steht Vers 24c, dessen Formulierung einerseits aus Vers 23b, andererseits aus Vers 25 gewonnen worden sein kann. Diese Vermutung könnte auf Redaktion hindeuten. Um diesen Verdacht zu erhärten, ist eine weitere Beobachtung in die Überlegungen einzubeziehen: Der Vers 24c wirkt wie eine nachträglich vorgenommene festere Verklammerung der beiden Logien gegen Reiche in 10,23b.25, indem er das Thema aus 10,23b inklusive seines hyper-

bolischen Anstrichs aufnimmt und es steigernd dem Kamellogion zuführt.
K.-G.Reploh bemerkt mit Recht, daß dabei der Adressat des Spruchs, die Reichen, nicht noch einmal wiederholt zu werden braucht[56]. Denn einerseits weist die sprachliche Verwandtschaft des Verses 24c mit den beiden anderen Logien gegen Reiche darauf hin, daß es sich hier ebenfalls um einen nur die Reichen betreffenden Satz Jesu handeln kann, andererseits würde ein auf alle Menschen bezogener Vers 24c, der völlig unpassend zwischen den beiden Logien gegen Reiche stünde, einen viel höheren Aufwand an Erklärung verlangen. Die einfachere Lösung ist daher für Vers 24c vorzuziehen.
Deutet die Klammerfunktion des Verses schon in Richtung Redaktion, so verhilft die Anrede der Jünger mit "Kinder" zu einem einigermaßen gesicherten Urteil. Man muß sich fragen, an wen sich diese Anrede in einem vormarkinischen Vers 24c eigentlich richten soll, wenn die bisher festgestellten traditionellen sekundären Zusätze zur Perikope vom Reichen in den Versen 23b.25. 26b.27b keinerlei spezielle Adressierung vorweisen können.
Auf der Ebene des Markus löst sich dieses Problem schnell: Der Evangelist hatte in Vers 23a die Jünger in den Text eingebracht (vgl.zu Vers 24a). An sie richtet sich daher das mit der Anrede "Kinder" versehene Wort Jesu in Vers 24c. Eigentlich kommen auch nur die Jünger für diese ihr Verhältnis zu Jesus sehr persönlich und eng gestaltende Anredeform infrage. Da man sie ansonsten bei Markus nicht antreffen kann, ist von einer besonderen Gewichtung des Inhalts von Vers 24c durch Markus auszugehen. Es liegt dem Evangelisten offensichtlich viel daran, die Beziehungen Jesu zu seinen Jüngern im Falle der in 10,23-27 speziell behandelten Thematik als von Grund auf fürsorglich darzustellen.
Das so mit einer persönlichen Note des Markus versehene Logion in Vers 24c kann dann aber wohl kaum wie die Verse 23b.25 zum Ausdruck bringen wollen, daß es um die Heilschancen der Jünger schlecht bestellt ist. Solche Ironie darf man dem Markus nicht unterstellen. Selbst wenn Vers 24c vormarkinisch wäre, könnte man sich des Eindrucks eines gewissen Sarkasmus nicht erwehren, würde man seinen Inhalt als gegen die Jünger und ihr Heil gerichtet verstehen.
Vielmehr muß man sehen, daß die Anrede der Jünger mit "Kinder" von Markus

an dieser Stelle in einem ganz positiven Sinn gemeint ist. Sie nimmt die
Situation des Erschrecktseins der Jünger aus Vers 24a emphatisch auf und
verleiht den folgenden Worten Jesu einen eindringlichen paränetischen, von
erkennbarer Sorge um seine Nachfolger getragenen Klang.
Weiterhin ist zu bedenken: Wäre Vers 24c vormarkinisch, dann würden in
10,23b.24c zwei Logien aufeinander folgen, die sachlich und sprachlich
keinen großen Unterschied erkennen lassen, beide Male also die gleiche Aussage brächten.
Viel sinnvoller dagegen ist die Annahme, daß in der Tradition auf Vers 23b
der Kamelspruch in Vers 25 folgte und Markus den Vers 24c (und die Versteile a.b) dazwischengeschaltet hat. Dazu paßt auch gut die Redeeinleitung in Vers 24b, die mit πάλιν auf Vers 23b zurückweist und die Verbindung der vormarkinischen Logien noch fester schmiedet.
Vers 24 ist also insgesamt als markinisch-redaktionell anzusehen[57].

Dieses redaktionsgeschichtliche Ergebnis hat Auswirkungen auf die Erklärung der Textstrecke 10,23-27 und insbesondere der festgestellten Stauungen
in der Gedankenführung im Bereich dieser Verse.

2 Die Entstehung der Stauungen

Zunächst ist festzuhalten, daß die in der Exegese häufig behauptete Verallgemeinerung der Schwierigkeiten, in das Reich Gottes hineinzukommen,
so daß alle Menschen davon betroffen sind[58], in Vers 24c auf der Argumentationsebene des Markus nicht vorliegt. Man fragt sich auch mit Recht,
wie sich eine solche Aussage mit den folgenden Versen 28-31 vertragen können soll, wenn dort jedem Menschen, der auf alles um Jesu und des Evangeliums willen verzichtet, das ewige Leben verheißen wird. Markus wird in
Vers 24c auch nicht einerseits die Heilsaussichten der eigens angesprochenen Jünger derart infrage stellen, daß er sie zur Rettung nur noch der
Barmherzigkeit Gottes anempfehlen kann, um andererseits sofort danach in
10,28-31 in hellsten Farben das Bild wahrer, mit dem Lohn des ewigen Lebens
bedachter Nachfolger Jesu zu zeichnen.
Wenn Markus aber den Vers 24c nicht in diesem allgemeinen, alle Menschen
betreffenden Sinn verstanden hat, dann löst sich die erste im Gedankengang

der Verse 23-27 verzeichnete Stauung unter redaktionsgeschichtlichem Aspekt auf.
Es bleibt die Frage, welche spezifischen Textsymptome die übrigen Stauungen in den Versen 25.26b.27b verursacht haben.

Für das Kamellogion liegt die Lösung auf der Hand: Nur im unmittelbaren Zusammenhang mit dem redaktionellen Vers 24c und nur, wenn man in diesem Vers ein das Heilsschicksal aller Menschen betreffendes Wort Jesu erblickt, hemmt die Eingrenzung der Aussage des Verses 25 auf die Reichen den Gedankenfluß.
Auf der Ebene der Tradition jedoch liegt diese Verengung nicht vor, sondern das Kamellogion in Vers 25 schließt sich mit dem generischen πλούσιον problemlos an das Logion gegen die Reichen in Vers 23b an.
Das Bild vom Kamel, das durch das Nadelöhr hindurchgehen soll, veranschaulicht die überaus große Bedeutung, die das Problem des Reichtums in Bezug auf das ewige Leben in der Tradition der Urkirche hatte. Doch ist das Bild zweifellos überzeichnet und will und kann nicht wörtlich genommen werden. Der Kamelspruch ist vielmehr als ein hyperbolisches Wort zu verstehen, dessen Hyperbolik erkannt sein will. Daß ein Kamel durch ein Nadelöhr hindurchgeht ist eben ganz und gar unmöglich. Man kann das Bildhafte dieses Oxymorons[59] wohl am ehesten dadurch erklären, daß in ihm eine Aussage Jesu über das "so gut wie unmögliche" Hineinkommen Reicher in das Reich Gottes angestrebt wird.
Der hyperbolische Charakter des Spruchs bestätigt erneut den engen Zusammenhang mit dem ebenfalls hyperbolischen Logion in Vers 23b. Der Evangelist hat bei der Bildung des Verses 24c diesen Charakterzug der beiden Logien gegen Reiche übernommen.

Zu dieser Aussage des Kamelspruchs paßt dann aber ohne Anschlußschwierigkeiten die Frage nach Rettung in Vers 26b. Das καὶ τίς darf hier nicht holzschnittartig und positivistisch aufgefaßt werden. Τίς bezieht sich mit Blick auf Vers 25 und unter Berücksichtigung der bisher vorgenommenen Quellenscheidung in 10,23-27 auf die Reichen[60] und fragt, ob für diese überhaupt noch irgendeine Chance der Rettung, d.h. eine Möglichkeit, doch

noch in das Reich Gottes hineinzugelangen, besteht. Beachtet man den hyperbolischen Charakter des Verses 25, dann ist der Einwand, auch auf der vormarkinischen Textebene sei die Frage nach Rettung immer noch unpassend und hemme die Gedankenführung, da das Schicksal Reicher mit dem Kamelspruch endgültig und unwiderruflich besiegelt sei, nicht einsehbar. Das gilt um so mehr, als Markus das Fragepronomen τίς deshalb auf die Reichen in Vers 25 bezogen verstanden haben muß, weil er das Thema "Reichtum und Reich Gottes" in Vers 24c nicht etwa verläßt[61], sondern auch in den folgenden Versen 28-31 weiterhin verfolgt.
Viel eher hat man also die Frage nach Rettung in Vers 26b als Ergebnis des Nachdenkens der Urkirche über das harte Wort Jesu in Vers 25 anzusehen. Eine Stauung des Gedankengangs in Vers 25 liegt also nur dann vor, wenn man den Kamelspruch in Zusammenhang mit Vers 24c liest. Mit anderen Worten: Der markinische Eintrag des Verses 24c zwischen die Verse 23b und 25 verursacht vordergründig und auf der synchronen Verstehensebene des Textes gesehen die beschriebene Stauung in der Gedankenentwicklung.

Auch die letzte Stauung in Vers 27b ist als Folge markinisch-redaktioneller Bearbeitung der Vorlage in 10,23-27 zu erklären. Das Logion schließt sich nämlich nahtlos an die vormarkinische Frage nach Rettung für die Reichen in Vers 26b an und beantwortet diese : Das Heil der Reichen hängt ganz von Gott ab, der allein in seiner Allmacht und Barmherzigkeit auch dann noch eine Rettung ermöglicht, wenn nach menschlichem Ermessen die Lage für sie hoffnungslos ist.
Die markinische Einleitung des Logions in Vers 27a, die betont auf die Jünger abhebt ( ἐμβλέπειν ), preßt den Gedankenfluß wiederum. Läßt man die Adressierung des Spruchs weg, so verliert er etwas von dem allgemeinen Charakter seiner Aussage. Jetzt bezieht sich das Wort eindeutig auf die Reichen, um die es seit Vers 23b auf vormarkinischer Textebene geht.

Zusammenfassend kann demnach festgestellt werden, daß sich die Stauungen innerhalb der Gedankenentwicklung der Verse 23-27 infolge ihrer redaktionellen Überarbeitung durch den Evangelisten ergeben haben. Wenn der Text also den Eindruck einer Wellenbewegung erweckt, dann ist diese dem Markus zuzuschreiben. Immer dort, wo sich eine Stauwelle auftürmt und unter literarkritischer Rücksicht von einer Verengung der sich entwickelnden Argumentation gesprochen werden muß, hat Markus jeweils die Jünger und ihre Belehrung durch Jesus ins Spiel gebracht.

Diese Komposition ist so interessant, daß sich ihre bilanzierende Darstellung in einer Graphik lohnt. Dabei werden die Ränder des unmittelbaren Kontextes der Verse 23-27 zur besseren Übersicht in das Textbild einbezogen.

| vormarkinische Tradition | Vers | markinische Redaktion |
|---|---|---|
| Der Reiche geht weg | 22 | |
| | 23a | Jüngereinführung |
| Wort Jesu gegen die Reichen | 23b | |
| | 24a | Jüngererschrecken |
| | 24b | verknüpfende Überleitung |
| | 24c | Jüngeradresse ("Kinder") |
| Wort Jesu gegen Reiche | 25 | |
| | 26a | Jüngererschrecken (Selbstbefragung) |
| Frage nach Rettung für Reiche | 26b | |
| | 27a | Jüngeradresse |
| Rettung Reicher nur durch Gott | 27b | |
| Petrus: Sieh, wir haben alles verlassen und sind dir nachgefolgt (V.28). | | |

Diese wichtigen Erkenntnisse zum Anteil von Tradition und Redaktion im Textstück 10,23-27 bilden die Ausgangsbasis für die folgenden Überlegungen zur Komposition der Jüngerbelehrung durch Markus.

§ 12  Die Komposition der Textfolge 10,23-27

Es ist bereits deutlich geworden, daß die Verse 23b.25.26b.27b eine geschlossene Argumentationseinheit bilden, die inhaltlich und sprachlich verzahnt ist.

1. Der enge Zusammenhang zwischen den Versen 23b und 25 zeigte sich darin, daß beide Logien zum Hineinkommen der Reichen in das Reich Gottes Stellung nehmen. Beide Logien verwenden dazu die Basileiaformel und ähneln sich in der hyperbolischen Bedeutung ihrer Aussagen.
Bei der sich anschließenden Frage in Vers 26b knüpft das einleitende καί explizierend und die Überlegung der Urkirche problematisierend an das Kamellogion an.
Vers 27b wiederum ist als frei in der Tradition umlaufendes Logion nicht denkbar[62]. Es braucht von seiner Aussage her die voranstehende Frage in Vers 26b: das παρὰ ἀνθρώποις ἀδύνατον kann sich nur auf etwas vorher bereits Genanntes beziehen, nämlich auf das δύναται σωθῆναι.
Man könnte noch darüber nachdenken, ob die Verse 25.26b.27b erst später an Vers 23b angefügt worden sind, als die Lage der Reichen von der Urkirche noch aussichtsloser beurteilt wurde, als das Vers 23b zum Ausdruck bringt. Da Markus hierfür jedoch nicht infrage kommen kann, kann man diese Frage auf sich beruhen lassen.

2. Die vormarkinische Redaktionsebene in 10,23-27 präsentiert sich als eine sinnvoll angelegte Abfolge von Logien, die das Heilsschicksal Reicher beschreiben (Verse 23b.25), die Möglichkeit einer Rettung für Reiche erwägen (Vers 26b) und diese schließlich ganz der Barmherzigkeit Gottes unterstellen (Vers 27b).
Die Kohärenz des Überlieferungsstücks ist ziemlich stark. Man kann die entwickelnde Stellungnahme im Nachgang zur Perikope vom Reichen in 10,17-22 als eine in der Gemeinde entstandene Kurzkatechese ansehen, die interpretierend die Lehren aus dem Verhalten des reichen jungen Mannes zieht und eindringlich auf die Gefahren für das Heil der Reichen aufmerksam macht.
Der enge kausale Zusammenhang dieser Katechese mit der Perikope vom Rei-

chen spricht dafür, daß beide Stücke bereits vom Evangelisten miteinander verbunden angetroffen worden sind[63]. Besonders Vers 23b, der das Fazit aus der voranstehenden Erzählung zieht und es ausgreifend auf alle Reichen formuliert, steht auch wegen des mit Vers 22 gleichen Verbs ἔχειν der Perikope vom Reichen sehr nahe. Erst der redaktionelle Eintrag des Verses 23a mit der Einführung der Jünger in die Szene bewirkt ein leichtes Auseinanderrücken der Perikope und der Jüngerbelehrung.

3. Markus erreicht weiterhin durch den Eintrag des redaktionellen Motivs des Jüngererschreckens eine Anschärfung der Dramatik und Eindringlichkeit der Worte Jesu. Analog zu den sich verdüsternden Heilsaussichten für Reiche in 10,23b.25 verstärkt der Evangelist das Erschrecken der Jünger, an deren Adresse er die Logien mit Nachdruck richtet. Die Reaktion der Jünger aber wirft ein Licht auf sie selbst und ihre Einstellung zu Besitz und Reichtum. Und daran scheint Markus in 10,23-27 vorrangig gelegen zu sein. Wie die obige Übersicht zeigt, gibt es kaum eine redaktionelle Formulierung in den Versen 23-27, die nicht die Jünger im Auge hat. Am Beispiel der in ihrem Heil gefährdeten Reichen sollen sie offensichtlich daran erinnert werden, daß sich Heil und Unheil am Reichtum entscheiden.

## § 13 Die Fortführung der Jüngerbelehrung in 10,28-31

1. Während die vormarkinische Überlieferung in 10,23-27 mit dem Hinweis auf Gottes rettende Allmacht schließt, die per saldo den Reichen doch noch eine Hoffnung auf Rettung läßt, läuft die Belehrung der Jünger auf der Ebene des Markus noch weiter über Vers 27 hinaus zum Vers 28. Denn dort bringt einer der Jünger, Petrus, eine Einlassung vor, auf die Jesus in Vers 29f antwortet.
Petrus, der in Vers 28 für andere Jünger spricht, knüpft an das Vorangehende an und wendet ein: "Sieh, wir haben alles verlassen und sind dir nachgefolgt!" Darauf verheißt Jesus allen, die Besitzverzicht um seinet- und des Evangeliums willen leisten, reichen Lohn und das ewige Leben.

2. Kaum ein exegetischer Kommentar zu 10,23-27.28-31 versäumt es, auf zwei

der Perikope vom Reichen in 10,17-22 zugefügte Anhänge in 10,23-27 und 10,28-31 hinzuweisen[64]. In den meisten Fällen wird von zwei aufeinanderfolgenden Jüngerbelehrungen gesprochen[65]. Diese Aufteilung der Textstrecke wird dann literarkritisch und überlieferungsgeschichtlich dahingehend festgeschrieben, daß man in der Regel die Verse 23-27 eher als auf überwiegend traditionellem Material fußend betrachtet, die Verse 28-31 hingegen fast immer auf eine Anfügung durch den Evangelisten Markus mit Hilfe des redaktionellen Verses 28 zurückführt - selbst im Markuskommentar von R.Pesch, der hier stellvertretend für viele andere genannt sei[66]. H.-W.Kuhn übrigens betont, die Petrusfrage in Vers 28 sei "deutlich redaktionell"[67]. Daß man den Umstand zweier auf die Perikope vom Reichen folgender Jüngerbelehrungen damit erklärt, daß sie verschiedenen Redaktoren zuzuordnen seien, stellt eine wesentliche Vorentscheidung dar. Diese wird aber fragwürdig, wenn man sich bei der Analyse des Textes in 10,23-31 nicht von vornherein durch eine formale Sicht des Stücks einengen und von der durch hartnäckige formgeschichtliche Terminologie veranlaßte Aufteilung beeinflussen läßt. Auf die Problematik, von einer "Jüngerbelehrung" im Sinne eider Gattung des synoptischen Überlieferungsgutes zu sprechen, ist schon hingewiesen worden[68].

Die vorliegende Untersuchung hat den Nachweis zu erbringen versucht, daß Vers 23a auf das Konto des Markus geht. Zwar sind der Perikope vom Reichen bereits vor Markus Interpretamente zugesetzt worden, doch erst die markinische Einleitung, die die Jünger in das Geschehen einbringt, erlaubt es, für die Verse 23-27 von einer "Jüngerbelehrung" zu sprechen.

Wenn nun auch Vers 28 wie Vers 23a auf Markus zurückginge, würde sich die bisherige Annahme von <u>zwei</u> Jüngerbelehrungen in 10,23-27 und 28-31 und somit die Aufteilung der Verse 23-31 in zwei von verschiedenen Redaktoren verantwortete Anhänge erübrigen.

Sicherlich trifft das Sachargument zu, mit Vers 28 sei ein Neuansatz der Argumentation markiert, wie gleich noch zu zeigen ist. Jedoch muß sich daraus nicht zwangsläufig die Zuständigkeit zweier verschiedener Redaktoren ergeben. Denn sachlich gesehen passen die Verse 28-31 trotz des erkennbaren Neuansatzes bei Markus zu denen in 10,23-27. Der Evangelist spricht nämlich in den Versen 23-27 die Jünger in der ganz bestimmten Ab-

sicht an, auf Mängel in deren Einstellung gegenüber Besitz und Reichtum hinzuweisen, während er es hinsichtlich der Reichen bei der Aussage seiner Vorlage beläßt. Dann aber drängt sich die Frage auf, was diejenigen Jünger erwartet, die bereits in vorbildlicher Weise auf alles verzichtet haben und sich in der Nachfolge Jesu befinden. Die Antwort darauf folgt in den Versen 28-31.
Sachlich gesehen sprechen die beiden Texte in 10,23-27 und 28-31 im Verständnis des Markus also nicht von zwei gänzlich voneinander verschiedenen Jüngergruppen, sondern Markus hat hier unter dem gleichen Aspekt des Besitzes und der Nachfolge eher reiche und arme Jünger vor Augen, bzw. Jünger, die zum Besitz immer noch eine Einstellung haben, die ihr ewiges Leben gefährdet, und solche, denen ihr gänzlicher Verzicht und ihre völlige Armut den Lohn des ewigen Lebens einbringen wird. Aus markinischer Sicht bietet 10,23-31 also eine sachlich durchgängige Argumentation und einen bruchlosen Belehrungszusammenhang, so daß man von nur einer einzigen Jüngerbelehrung sprechen muß.
Für die gleich in Angriff zu nehmende Analyse der Verse 28-31 sind damit bereits wichtige inhaltliche Erkenntnisse gewonnen, die es durch die weitere Untersuchung auf Tradition und Redaktion des Stücks abzusichern gilt.

## § 14 Zwischenbilanz und Ausblick

Die Untersuchung des Textstücks 10,23-27 auf Tradition und Redaktion hat ergeben, daß der Evangelist Markus in größerem und viel eindrücklicherem Maße bei der redaktionellen Bearbeitung der Verse tätig gewesen ist, als das zu Beginn der Analyse auch nur annähernd vermutet werden konnte.
Waren die vielen offen zutage tretenden Spannungen und Brüche innerhalb der Textfolge der ausschlaggebende Anlaß gewesen, mit der Untersuchung von Mk 10 an dieser Stelle zu beginnen, so lassen sich diese jetzt im nachhinein überwiegend auf der Redaktionsebene des Evangelisten erklären.
Für die redaktionsgeschichtliche Erarbeitung des Kapitels 10 stellt sich

dieses Ergebnis als recht günstig dar. Es war also von Vorteil, mit der
Scheidung von Tradition und Redaktion in 10,23-27 zu beginnen.

Gleichsam als Nebeneffekt hat sich zusätzlich ergeben, daß man auf der
Verstehensebene des Evangelisten in den Versen 23-31 einen kompakten und
sachlich zusammenhängenden Stoff vor sich hat, auf den aufgrund der redaktionellen Überarbeitung die inhaltliche Bezeichnung "Jüngerbelehrung" zutrifft.

Für 10,23-27 kann von der Sache her soviel festgestellt werden, daß es
Markus darum ging, dem Leser bzw. der Gemeinde eine vormarkinische Überlieferung zu präsentieren, die die Bedeutsamkeit der Armut für das Heil
gerade der Jünger profiliert. Gegenüber dem reichen Mann in 10,17-22, der
den Eintritt in die Nachfolge Jesu als Jünger wegen seines Reichtums ablehnt, geschieht das deshalb in viel stärkerem Maße, als die anschließenden vormarkinischen Interpretamente in 10,23-27 das vermochten, weil Markus
diese Texte durchgehend an die Adresse der Jünger richtet und ihre Reaktionen beschreibt.

Sachlich und methodisch falsch wäre es aber jetzt, wollte man die aus
10,23-27 erarbeitete Aussageabsicht des Evangelisten nun dem gesamten Kapitel 10 überstülpen und im folgenden eine an ihr gemessene Analyse der
übrigen Texte vornehmen.

Wie oben schon gesagt, richtet sich die Reihenfolge der nun folgenden Einzelanalysen nach ganz pragmatischen Gesichtspunkten. Zunächst empfiehlt
es sich, die markinische Jüngerbelehrung in 10,23-31 auch in ihrem zweiten Teil in den Versen 28-31 zu bearbeiten, um von dort her eine Bestätigung der bereits vorliegenden Ergebnisse zu erfahren. Sieht man weiterhin,
daß die Texte in 10,23-27.28-31 sachlich Bezug nehmen auf die Perikope vom
Reichen in 10,17-22, so wird man tunlichst die Analyse mit diesem Textabschnitt fortführen. Damit wäre dann schon der umfänglichste Teil der von
H.-W.Kuhn in Mk 10 angenommenen vormarkinischen Sammlung auf den Anteil von
Tradition und Redaktion hin befragt.

KAPITEL 2 :   DER LOHN FÜR BESITZVERZICHT UND NACHFOLGE:
              DIE FAMILIA DEI UND DAS EWIGE LEBEN (10,28-31)


§ 15  Vers 28 - ein redaktioneller Vers des Markus?


1  Der Einsatz des Verses

Vers 28 beginnt unvermittelt und abrupt mit dem Asyndeton ἤρξατο[69].
Überblickt man das Auftreten der Konstruktion ἄρχεσθαι + Infinitiv eines Verbums des Redens bzw. des Sagens im Markusevangelium, dann kommt man zu folgender Einteilung:

ἄρχεσθαι + λέγειν      : 10,28.32; 13,5
ἄρχεσθαι + κηρύσσειν   : 1,45; 5,20
ἄρχεσθαι + διδάσκειν   : 4,1; 6,2.34; 8,31
ἄρχεσθαι + λαλεῖν      : 12,1
ἄρχεσθαι + ἐπιτιμᾶν    : 8,32                    (11 Stellen)

Die Konstruktion markiert an diesen elf Stellen jeweils den Anfang einer Perikope "oder mindestens einen neuen Ansatz mit einem deutlich sichtbaren Absetzen gegenüber dem Vorhergehenden"[70]. Auch dort, wo die Formel im Perikopenschluß auftritt (vgl.etwa 1,45; 5,20) ist ein Absetzen vom Kern der Erzählung zu beobachten.
Dieses Stilmerkmal könnte ein Hinweis auf die Gestaltung und Anordnung von Texten durch den gleichen Redaktor sein. So vermutet K.-G.Reploh den Evangelisten am Werk, der sich der ἄρχεσθαι-Konstruktion offensichtlich bediene, um ursprünglich isolierte Perikopen miteinander zu verbinden.
"Durch das Wort ἤρξατο" werde "sowohl eine Verbindung, als auch ein Abstand zum Vorhergehenden hergestellt"[71].
Der Verdacht eines bewußten redaktionellen Gebrauchs der Konstruktion durch Markus verdichtet sich, wenn man in Rechnung stellt, daß die Formel stets in redaktionellem Kontext begegnet[72], der ihre Eliminierung verbietet.
J.Gnilka belegt beispielsweise für alle oben genannten elf Verse in seinem

Markuskommentar Redaktion des Evangelisten und kann dafür jeweils überzeugende stilistische und inhaltlich-sachliche Gründe anführen[73].

Nimmt man diese Beobachtungen zusammen, so dürfte ἄρχεσθαι in Verbindung mit dem Infinitiv eines Verbums des Redens bzw. des Sagens an den elf genannten Stellen des Markusevangeliums als von Markus bevorzugt verwendete Konstruktion gelten.

Fraglich dagegen ist der Gebrauch der Konstruktion an folgenden Stellen:

| | |
|---|---|
| ἄρχεσθαι + κράζειν καὶ λέγειν | : 10,47 |
| ἄρχεσθαι + λυπεῖσθαι καὶ λέγειν | : 14,19 |
| <u>ἄρχεσθαι + πάλιν λέγειν</u> | : 14,69 |
| ἄρχεσθαι + παρακαλεῖν | : 5,17 |
| ἄρχεσθαι + ἀναθεματίζειν κ. ὀμνύναι | : 14,71 |
| ἄρχεσθαι + αἰτεῖσθαι | : 15,8     (6 Stellen) |

Diesen sechs Versen ist gemeinsam, daß die Konstruktion <u>nicht</u> zur Markierung eines Neuansatzes der Argumentation oder zur Verknüpfung von Perikopen benutzt wird.

Gerade durch dieses fehlende Merkmal aber unterscheidet sich die mit ἄρχεσθαι + λέγειν in 10,28 vergleichbare Form ἄρχεσθαι + πάλιν λέγειν in 14,69. In 14,69 steht die Konstruktion mitten im Satz und weist zusätzlich ein eingeschobenes πάλιν auf. J.Gnilka reklamiert für diese sechs Stellen wiederum unter Anführung stilkritischer und sachlich-inhaltlicher Argumente ausschließlich Tradition[74]. In der Tat läßt sich die besagte Konstruktion nur schwer aus der vormarkinischen Erzählung herauslösen.

In 10,28 leitet ἄρχεσθαι + λέγειν über zu einem neuen Gesichtspunkt der Jüngerbelehrung. Überschaut man kurz dessen Inhalt und vergleicht ihn mit den voranstehenden Versen, dann wird die verbindende und gleichzeitig distanzierende Funktion der Konstruktion am Satzanfang von Vers 28 einsichtig. Eine Verbindung mit 10,23-27 ist deshalb beabsichtigt, weil es in beiden Texten um den Besitz geht: in den Versen 28.29f ist vom Verlassen des Besitzes die Rede, in den Versen 23-27 vom Besitz und Reichtum, der den Zugang zur Basileia erschwert bzw. unmöglich macht, wenn an ihm festgehalten wird. Einen Neuansatz der Argumentation markiert Vers 28 deshalb, weil nunmehr von Jüngern die Rede ist, die mit ihrem Besitz keinerlei Probleme hatten: sie haben ihn verlassen und sind Jesus nachgefolgt.

Mit einiger Sicherheit wird man daher die Konstruktion ἄρχεσθαι + λέγειν in 10,28 der Redaktion des Markus zurechnen dürfen.

## 2 Der Eintrag des Petrus in die Szene

Das Auftreten des Petrus als Sprecher der Jünger verstärkt den bereits gewonnenen Eindruck eines gedanklichen Neuansatzes in Vers 28. Das Markusevangelium belegt noch mehrfach die Stellung des Petrus als eine Art Jüngersprecher:

* Petrus spricht für die Jünger das Christusbekenntnis in 8,29 aus;
* er bietet Jesus bei der Verklärung (9,2-10) den Bau der drei Hütten (durch die Jünger) an;
* Petrus konstatiert die Vertrocknung des von Jesus verfluchten Feigenbaums (11,21).

Es fragt sich nun unter redaktionsgeschichtlichem Aspekt, ob immer dann im Markusevangelium mit Redaktion zu rechnen ist, wenn Petrus als Sprecher von Jüngern auftritt. Die infrage kommenden Stellen lassen keine Hinweise darauf erkennen. Eher kann man einen breiten Konsens der Wissenschaft feststellen, der in diesen Fällen den Jüngersprecher Petrus der Tradition zuschreibt. Es ließe sich vielleicht noch diskutieren, ob man mit J.Gnilka[75] die Jünger in 8,27 zu Anfang der Bekenntnisszene und in 8,33 an ihrem Ende auf einen Eintrag des Markus zurückführen kann, doch trägt das für 10,28 wenig aus. Man wird für Vers 28 eine Lösung - wenn überhaupt - nur aus der Untersuchung seines näheren und weiteren Kontextes gewinnen können.

Lediglich eine gewisse Verwandtschaft in der Textgestaltung zwischen 11,21-23 und 10,28-31 verdient genannt zu werden. Eine Gegenüberstellung beider Texte verdeutlicht sie:

|  10,28-31 | 11,21-23 |
|---|---|
| λέγειν ὁ Πέτρος αὐτῷ | ὁ Πέτρος λέγει αὐτῷ |
| ἰδού | ἴδε |
| ἀφήκαμεν (Aorist) | κατηράσω (Aorist) |
| ἠκολουθήκαμεν (Perfekt) | ἐξήρανται (Perfekt) |
| ἀμὴν λέγω ὑμῖν | ἀμὴν λέγω ὑμῖν ὅτι |
| ὅς ἐάν | ὅς ἄν |

Der Vergleich zeigt:

* Die Redeeinleitungen beider Petrusworte sind teilweise gleich.
* Die jeweils die Argumentation des Petrus beinhaltenden Verben sind zumindest in der Abfolge ihrer Tempora gleich.
* Das auf das Petruswort folgende Logion Jesu ist jeweils mit einer Amen-Einleitung versehen. Es richtet sich beide Male über die anwesenden Jünger hinaus an alle Menschen.
* Die Verse 10,29f und 11,23 gleichen sich durch ihre relativische konditionale Form.

Dazu kommt:

* Das Verb "empfangen" aus 10,30 steht auch in 11,24. In beiden Fällen setzt der Empfang des ewigen Lebens ein entsprechendes Verhalten voraus.
* Im unmittelbaren Kontext beider Texte werden die Jünger genannt (vgl.10,23; 11,14).
* Markus hat das in Vers 28 führende Verb "nachfolgen" zuvor schon in der inhaltlich mit 10,28-31 zusammenhängenden Perikope vom Reichen in 10,21. Analog steht das "Vertrocknen" aus 11,21 schon zuvor in 11,20.

Die Beobachtungen lassen allerdings keinen eindeutigen Hinweis auf die gestaltende Hand des Markus zu. Literarkritisch muß die Frage nach der Zugehörigkeit des Jüngersprechers Petrus in 10,28 zur Redaktion daher unentschieden bleiben.

Von frappanter Ähnlichkeit mit 10,28 jedoch ist die Berufungserzählung in 1,16-20, die erzählt, wie Petrus sich als Jünger Jesus auf dessen Ruf hin angeschlossen hat und eben die in 10,28 in seiner Einlassung beschriebenen Verzichts- und Nachfolgeleistungen erbracht hat. Ein weiterer Textvergleich belegt die Übereinstimmungen:

```
1,18: καὶ εὐθὺς ἀφέντες    10,28: ἰδοὺ ἡμεῖς ἀφήκαμεν
      τὰ δίκτυα                    πάντα καὶ
      ἠκολούθησαν                  ἠκολουθήκαμεν
      αὐτῷ                         σοι

1,20: καὶ ἀφέντες
      τὸν πατέρα αὐτῶν Ζεβεδαῖον ἐν τῷ πλοίῳ μετὰ τῶν μιστωτῶν
      ἀπῆλθον ὀπίσω αὐτοῦ
==============================================================================
1,18: ἀφέντες    (Partizip Aorist)    1,20: ἀφέντες    (Partizip Aorist)
      ἠκολούθησαν (Aorist)                  ἀπῆλθον    (Aorist)

              10,28: ἀφήκαμεν     (Aorist)
                     ἠκολουθήκαμεν (Perfekt)
```

Der Vergleich der Wortfelder und Aktionsstufen verdeutlicht: der in 1,18.20 verwendete punktuelle Aorist bringt den Beginn der Nachfolge des Petrus zum Ausdruck[76], während das Partizip Aorist jeweils die dem Nachfolgen vorzeitige vollendete Handlung des Verlassens der Netze bzw. des Vaters wiedergibt und damit beschreibt, unter welchen Umständen die Nachfolge der vier berufenen Jünger vor sich ging[77]. In beiden Texten, 1,18-20 und 10,28 ist die gleiche Abfolge der gleichen Verben festzustellen. Auf die bereits unter Besitzverzicht angetretene Nachfolge schaut das Perfekt in 10,28, die vergangene Handlung des Petrus resümierend[78], zurück.

Das läßt die Vermutung zu, daß der Evangelist 10,28 formuliert hat und dabei die Gestalt und den Wortlaut der Berufungserzählung in 1,16-20 vor sich hatte. Da auch 10,28 den Zug der Pointierung des Petrus als des erstberufenen Jüngers aufnimmt, ist eine leichte Option für einen redaktionellen Eintrag des Jüngersprechers in Vers 28 erlaubt.

Eine Steigerung erhält die Rede des Petrus durch das seinen Worten vorangestellte "sieh, wir". Einige Kommentatoren sehen in der so geformten Aussage des Petrus ein überhebliches und leistungsstolzes, lohnsüchtiges Verhalten[79]. Das alles aber gibt der Satz des Jüngersprechers nicht her. Psychologische Ausdeutungen verbieten sich hier ebenso, wie eine Erklärung des Verses 28 von seiner matthäischen Version in Mt 19,28 her[80]. Diese hat

durch Zufügung der Frageformel τί ἄρα ἔσται ὑμῖν; aus der Feststellung
des Petrus in Mk 10,28 eine Frage nach Lohn gemacht.
Vielmehr ist zu beachten, daß das nicht ohne Gegensatz oder Nachdruck verwendete ἰδού [81] das vorangestellte "wir" in ganz positiver Weise exponiert: es setzt Petrus und die Jünger, für die er spricht, von denjenigen
Jüngern in 10,23-27 ab, die über Jesu Wort gegen Reiche erschrecken, da
sie offenbar selbst betroffen sind, und hebt gleichzeitig die geleistete
Nachfolge des Petrus und "seiner" Jünger hervor. Was sich also schon zum
Schluß der Untersuchung von 10,23-27 angedeutet hat, scheint Vers 28 zu
bestätigen : im folgenden wird ein ganz spezifisches Nachfolgeverhalten
ins Auge gefaßt, das Petrus und die Jünger in Vers 28 vorbildlich praktizieren: die Nachfolge in Armut[82].

3 Πάντα in Vers 28

Objekt und Gegenstand des Besitzverzichts in Vers 28 ist πάντα. Die Wortstatistik zur redaktionsgeschichtlichen Ortung des Worts trägt nichts aus,
und so fragt es sich, ob nicht der Kontext des Verses 28 Hinweise zur Bestimmung des "alles" bereitstellt.

Das πάντα aus Vers 27 kann in Vers 28 nicht gemeint sein. Wohl aber sieht
es so aus, als sei die Einlassung des Petrus in Vers 28 auf die Antwort
Jesu in Vers 29f hin angelegt. Dort wird nämlich unter dem mit Vers 28
gleichen Verb ἀφιέναι eine Aufzählung einzelner Familienmitglieder und
Sachwerte subsumiert, auf die sich πάντα in Vers 28 mit größter Wahrscheinlichkeit beziehen dürfte:

| Vers 28: ... ἰδοὺ ἡμεῖς ἀφήκαμεν | πάντα |
| Vers 29: ... οὐδείς ἐστιν ὃς ἀφῆκεν | οἰκίαν ἢ ἀδελφοὺς ἢ ἀδελφὰς ἢ μητέρα ἢ πατέρα ἢ τέκνα ἢ ἀγροὺς |

Wenn im πᾶς des Verses 28 der Umfang des Besitzverzichts eines Nachfolgers eingefangen ist, wie ihn Vers 29 anschließend präzisiert, dann hängt
die Bestimmung der Zugehörigkeit des Wortes zur Tradition oder Redaktion
von der redaktionsgeschichtlichen Identifizierung der Aufzählung der Verzichte in Vers 29 ab.

Πᾶς läßt sich also erst eindeutig einer Überlieferungsschicht zuordnen, wenn Vers 29 näher untersucht worden ist.
Zusammenfassend kann festgestellt werden, daß sich eine Zuweisung des Verses 28 zur Redaktion des Evangelisten mit Hilfe wortstatistischer und sprachlicher Untersuchungen zwar nicht eindeutig vornehmen läßt, daß aber sehr wohl inhaltlich-sachliche Gründe für eine markinische Gestaltung des Verses anzuführen sind.

§ 16  Der Lohnspruch in Vers 29f

Der Vers lautet:

ἔφη ὁ ᾽Ιησοῦς· ἀμὴν λέγω ὑμῖν, οὐδείς ἐστιν ὃς ἀφῆκεν οἰκίαν ἢ ἀδελφοὺς ἢ ἀδελφὰς ἢ μητέρα ἢ πατέρα ἢ τέκνα ἢ ἀγροὺς ἕνεκεν ἐμοῦ καὶ ἕνεκεν τοῦ εὐαγγελίου, 30 ἐὰν μὴ λάβῃ ἑκατονταπλασίονα νῦν ἐν τῷ καιρῷ τούτῳ οἰκίας καὶ ἀδελφοὺς καὶ ἀδελφὰς καὶ μητέρας καὶ τέκνα καὶ ἀγροὺς μετὰ διωγμῶν, καὶ ἐν τῷ αἰῶνι τῷ ἐρχομένῳ ζωὴν αἰώνιον.

Schon immer sind den Exegeten an Vers 29f folgende Textmerkmale aufgefallen:
1. Die siebengliedrige Reihung der Verzichte in Vers 29f wird in genauer Entsprechung in Vers 30b wiederholt. Lediglich "Väter" fehlt in der zweiten Aufzählung, und die Konjunktion wechselt von ἤ zu καί.

2. Das Lohnlogion in Vers 29f ist zweiteilig strukturiert: Dem "Verlassen" in Vers 29 entspricht ein "Empfangen" in Vers 30a. Weiterhin prägt den Spruch seine relativische Form.

3. Die beiden Motive "um meinetwillen und um des Evangeliums willen" stören die Parallelität der Reihung in Vers 29.

4. Die Angabe "unter Verfolgungen" in Vers 30 klappt nach und scheint den soeben zugesagten Lohn wieder einzuschränken.

5. Die Lohnreihung in Vers 30b ist in ein Zwei-Zeiten-Schema gefaßt, das nicht nur einen jenseitigen Ausgleich des Verzichts ankündigt, sondern bereits jetzt für diese Zeit einen Lohn verspricht.

So sehr man sich in der Forschung über die genannten Merkmale des Verses 29f
einig ist, die in der Exegese des Logions zu Buche schlagen, um so weniger
kommt man bei der Scheidung von Tradition und Redaktion zu einem überein-
stimmenden Ergebnis. Gerade dieser Frage aber gilt hier das vornehmliche
Interesse. Daher werden die eingangs aufgezählten fünf Textmerkmale im folgenden unter redaktionsgeschichtlichem Aspekt durchgesehen.

1 Die Reihung der Verzichte in Vers 29

* Vers 29 beginnt mit der Formulierung: ἀμὴν λέγω ὑμῖν.
Markus hat eine Amen-Einleitung von Jesuslogien noch zwölfmal in seinem
Evangelium[83]. Während Joachim Jeremias das Amen vor einem Wort Jesu als
ein sicheres Indiz für ipsissima vox wertet[84], will Ferdinand Hahn bei
einleitenden Amen "nicht von vornherein die Echtheit eines Jesuswortes
postulieren"[85].
Klaus Berger unterzieht die These von J.Jeremias als erster einer einge-
henden Kritik und kommt zu der Auffassung, daß die Amen-Einleitungen vor
Einzelworten Jesu sekundäre Akzentuierungen durch einen Redaktor seien[86].
Das Amen in Vers 29f hält er für "weniger ursprünglich"[87].
R.Pesch wiederum tendiert mehr in die Richtung von J.Jeremias, formuliert
aber bedeutend vorsichtiger: "Das nicht-responsorische Amen, das die eigene Rede einleitet, nicht die eines anderen zustimmend bekräftigt, gilt -
trotz nachweislich sekundärer Vermehrung der Formel in der Überlieferung
von Jesusworten, besonders bei der Evangelienredaktion - als 'Kennzeichen
der ipsissima vox Jesu'"[88].

Diese Zurückhaltung der Exegeten läßt es geraten erscheinen, die Amen-Einleitung des Verses 29f vorerst von der Analyse auszuklammern und besser
innerhalb des Logions nach Textmerkmalen Ausschau zu halten, deren redaktionsgeschichtliche Identifizierung mit größerer Sicherheit vorzunehmen ist.

So erinnert der negative Einsatz des Verses 29 mit der Formulierung
οὐδείς ἐστιν ὅς und seine Fortführung mit ἐὰν μή, der die "Gewißheit
der Lohnverheißung unterstreichen"[89] soll, stark an die ähnlich konstruier-

ten Logien in 4,22 und 9,39, die ganz sicher der Tradition zuzurechnen sind[90].
Noch ein weiteres Strukturmerkmal in 10,29 kann Tradition andeuten: der Spruch trägt die Form eines konditionalen Relativsatzes. K.Berger, der derartige Sätze im Markusevangelium untersucht hat[91], stellt Vers 29f in eine ganze Reihe vergleichbarer Logien, in denen sich Tun und Lohn (bzw. Strafe) entsprächen und deren Form aus der Weisheitsliteratur stamme[92]. Generell spricht Berger im Ergebnis seines Aufsatzes von einer "großen Traditionalität" der untersuchten Sätze[93]. Unter solcher Rücksicht dürfte der Relativsatz in Vers 29f einmal mehr der vormarkinischen Tradition entstammen.

\* An die Reihe der zu verlassenden Familienmitglieder und Sachwerte in Vers 29, die auffällig in genauer Entsprechung in Vers 30b wiederholt wird, muß die Frage gestellt werden, ob sie sich vielleicht der Bearbeitung eines älteren Logions in Vers 29f durch den Evangelisten verdankt.
Eine Einstiegsmöglichkeit in die Lösung dieser Frage bietet im Makrokontext 3,35. Dort werden wie in 10,29f Verwandte aufgezählt: Bruder-Schwester-Mutter. Auch sonst ist ein Vergleich beider Verse aufschlußreich:

3,35: ὃς ἂν ποίησῃ ...
10,29: ὃς    ἀφῆκεν ... (ἐάν)

3,35: ἀδελφός μου καὶ ἀδελφη καὶ μήτηρ ἐστίν ...
10,29: ἀδελφοὺς    ἢ ἀδελφὰς ἢ μητέρα ἢ ...

Beide Logien sind konditionale Relativsätze in der oben besprochenen Form. Die Abfolge der jeweils aufgezählten Verwandten ist - soweit vorhanden - gleich.
Diese Beobachtung ist aber noch nicht die entscheidende. Vielmehr ist zu sehen, daß in der nach übereinstimmender Meinung der Exegeten vormarkinischen Szene in 3,31-35 Markus dafür verantwortlich ist, daß der von ihm bearbeitete Text ein besonderes Verständnis Jesu von Familie zum Ausdruck bringt. Zur Familie Jesu zählen nach der eigenen Formulierung des Evangelisten in Vers 32a das Volk, das bei ihm sitzt, die Leute, die um ihn im Kreis herumsitzen und zu denen er spricht (vgl.Vers 34a). Sie sind es, die

den Willen Gottes tun und als Jesu "Bruder und Schwester und Mutter (Vers 35; vgl.zu Vers 34b) seine "wahre" Familie darstellen und so die Gemeinde bilden.
Diese markinische Sinngebung in 3,31-35 zeigt, daß der Evangelist nicht der Aufzählung der Verwandten das besondere Gewicht der Szene beimißt, sondern die Konstituierung der christlichen Gemeinde als der familia dei als Ziel seiner redaktionellen Gestaltung im Auge hat.
Dieses Anliegen des Markus ist auch in 10,29f impliziert. Der Hintanstellung der eigenen Familie durch Jesus in 3,31-35 zugunsten der familia dei entspricht in 10,29f der Verzicht des Nachfolgers auf seine engsten Angehörigen, die er in Form der christlichen Gemeinde hundertfältig zurückerstattet bekommt. Von 3,31-35 her läßt sich also auf eine analoge Intention des Markus in 10,29f schließen, die sich in einer redaktionellen Gestaltung des Lohnspruchs niedergeschlagen haben wird.
So gesehen ist die Reihung der Einzelelemente in Vers 29, οἰκία - ἀδελφοί- ἀδελφαί - μήτηρ - πατήρ -τέκνα -ἀγροί interessant und was sich an ihr ändert. Orientiert sich die Abfolge "Brüder-Schwestern-Mutter" in Vers 29 offensichtlich an der entsprechenden vormarkinischen Reihung in 3,35[94] und könnte folglich von Markus nach diesem Muster vorgenommen worden sein, so fragt man mit Recht nach der Herkunft der übrigen Glieder der Aufzählung in 10,29, οἰκία, πατήρ, τέκνα und ἀγροί.
Für "Vater" bietet sich eine einsichtige Lösung an: Mit dem Hinweis auf die Verwandten in Vers 29f ist der Gedanke des Besitzverzichts und der Nachfolge in Vers 28 eng verbunden. Bei der Analyse der Einlassung des Petrus war schon auf deren Verwandtschaft mit den Versen 18 und 20 der Berufungserzählung in 1,16-20 hingewiesen worden. Die Nachfolge der vier erstberufenen Jünger wird dort durch die Hinweise konkretisiert, daß sie ihre Netze und Jakobus und Johannes auch ihren Vater zurücklassen, um Jesus nachzufolgen:

1,18: καὶ εὐθὺς ἀφέντες τὰ δίκτυα ἠκολούθησαν αὐτῷ
1,20: καὶ ἀφέντες τὸν πατέρα αὐτῶν ἀπῆλθον ὀπίσω αὐτοῦ

Die Nennung des Vaters in Vers 29 könnte demnach durchaus in Anlehnung an die Berufungsszene in 1,16-20 von Markus vorgenommen worden sein.

* Die redaktionsgeschichtliche Einordnung der "Kinder" aufgrund der Belege im Markusevangelium[95] ist dagegen schwieriger und verbalstatistisch nicht sicher durchführbar. Nur in 10,29f und 13,12 hat τέκνον seine natürliche Bedeutung, sonst immer eine übertragene[96]. Die Nennung der Eltern in einer Aufzählung engster zu verlassender Verwandten aber läßt auch die der Kinder erwarten. Markus wird es hier lediglich um eine Vervollständigung seines Modells der familia dei gehen, zu der Besitzverzicht und Nachfolge führen. Daher wäre es verfehlt, an die durch "Kinder" ergänzte Reihe einen sozialkritischen Maßstab anzulegen und über die ethische Seite der Forderung Jesu zum Verlassen der eigenen Kinder durch einen Nachfolger zu spekulieren.

* Auffällig dagegen ist, daß der Ehepartner in der Reihung der zu verlassenden Personen nicht eigens genannt wird. Daraus läßt sich schließen, daß die familia dei eine Größe ist, die die Lösung familiärer und sozialer Bande nicht in jeder Hinsicht und unter allen Umständen vom Nachfolger verlangt. In diesem Zusammenhang darf man unter Umständen auch in der Konjunktion ἤ gegenüber καί in der hinteren Hälfte der Aufzählung eine bewußt alternierende Partikel erblicken: es sind diejenigen Familienangehörigen zu verlassen, die einer besitzt. Als Lohn erhält er aber auch in reichhaltiger Weise solche Familienmitglieder, die er vorher nicht besessen hat, in Person der Gemeindemitglieder geschenkt.

* Schon immer bereitete die Erklärung der beiden Elemente οἰκία und ἀγρός als Bestandteile der Reihe in Vers 29f den Exegeten einige Schwierigkeiten[97].
Mit Blick auf den durch ἑκατονταπλασίονα quantifizierten Ausgleich in Vers 30b hat man bei der Erklärung der beiden Begriffe auch die Möglichkeit eines übertragenen Verständnisses mitzubedenken. Bei vielen bisher vorgetragenen Erklärungen bleibt ein gewisses Unbehagen. Vielfach werden "Haus" und "Äcker" als feste Bestandteile der Reihung einfach übergangen oder verschwinden in dem pauschalen Begriff "Gemeinde", die der Nachfolger als Lohn erhält.
In 10,29 werden im Anschluß an οἰκία alle wesentlichen Mitglieder einer Familie aufgezählt, nämlich Brüder, Schwestern, Mutter, Vater und die Kin-

der. οἰκία könnte in diesem Fall dann durchaus die Bedeutung von "Hausgemeinschaft" bzw. "Familie" haben und damit als eine Art Sammelbegriff fungieren, den die folgenden Glieder der Reihe ausführen. Zumindest ist das Wort οἰκία in dieser Bedeutung dem Evangelisten ein keineswegs unbekannter Begriff (vgl.3,25; 6,4; 13,34f).

Mit ἀγροί , die "Ackerstücke" oder "der Bodenbesitz"[98] wird dann der Landbesitz einer Familie gemeint sein. Unter solcher Rücksicht macht die Aufzählung einen bewußt gestalteten Eindruck und wird trotz des gegenteiligen Anscheins, den die Einleitung des Verses 29f aufgrund der Amen-Formel erweckt hat, dem Evangelisten zugeschrieben werden können.

2  Die Begründung des Verzichts in Vers 29

Der Verzicht in Vers 29 wird durch die Formel "um meinet- und um des Evangeliums willen" motiviert, die fast gleichlautend auch in 8,35 begegnet:

8,35: ἕνεκεν ἐμοῦ καὶ           τοῦ εὐαγγελίου
10,29: ἕνεκεν ἐμοῦ καὶ ἕνεκεν τοῦ εὐαγγελίου

In 8,35 fehlt gegenüber 10,29 das zweite ἕνεκεν . In der Forschung besteht relative Einigkeit darin, an beiden Stellen das ἕνεκεν ἐμοῦ der Tradition und das (ἕνεκεν) τοῦ εὐαγγελίου der Redaktion des Markus zuzurechnen[99].

Beachtlich ist aber die neuere Argumentation, wie sie Gerhard Dautzenberg vorträgt[100]. Im Unterschied zur Mehrzahl der Exegeten, die alle euangelion-Stellen im Markusevangelium der Redaktion zuschreiben, weist Dautzenberg mit Ausnahme von 1,1 diese Stellen der vormarkinischen Tradition zu[101]. Da Dautzenbergs Argumentation, die höchste Beachtung verdient, auch 10,29 relativ ausführlich umfaßt, ist es notwendig, seine abweichende Meinung hier eingehender zu referieren.

Dautzenbergs Begründungen überzeugen insbesondere deshalb, weil sie etwas vermeiden, was ältere Arbeiten nur schwer erklären können: den Bruch, der sich ergibt, wenn zwischen einem vormarkinischen und einem postulierten markinischen euangelion-Begriff unterschieden wird. Dautzenberg nimmt an, daß in 1,14f das "Summarium der Reich-Gottes-Verkündigung unter der Über-

schrift 'das Evangelium Gottes' ... aller Wahrscheinlichkeit nach vormarkinisch"[102] ist. "Wenigstens im heutigen Kontext will es zunächst als Zusammenfassung der Verkündigung Jesu gelesen werden. Da diese aber als das 'Evangelium Gottes' eingeführt wird, welches vom Auftreten Jesu bis zum Ende der Zeit unter den Völkern (Mk 13,10; 14,9) verkündet werden soll und den Einsatz und das Zeugnis der Nachfolger fordert (Mk 8,35; 10,29), handelt es sich zugleich um eine programmatische Formulierung der vormarkinischen Reich-Gottes-Mission"[103].
Die Reich-Gottes-Verkündigung Jesu, wie sie in 1,14f auf ihren "begrifflich formulierbaren Lehrgehalt"[104] konzentriert und unter dem Begriff "das Evangelium Gottes" subsumiert worden sei, habe in der urchristlichen Mission einen tiefgreifenden Prozeß der Umgestaltung und Abstraktion mitgemacht, so daß "erst mit der Reich-Gottes-Verkündigung der markinischen Tradition der überlieferte und komplexe Zusammenhang von Verkündigung und Wirken Jesu auf den Begriff der 'Botschaft' gebracht werden konnte"[105]. Diese Reich-Gottes-Verkündigung ist nach Meinung Dautzenbergs das ausschlaggebende Movens urchristlicher Gemeindebildung gewesen[106].
Im Markusevangelium belegt Dautzenberg diese gemeindebildende Kraft der Reich-Gottes-Verkündigung neben 4,10-12 auch in dem hier diskutierten Text in 10,28-31: "Wer um Jesu und um des Evangeliums willen, d.h. um der Reich-Gottes-Verkündigung willen ... alles verlassen hat, gewinnt in dieser Zeit 'Häuser, Brüder, Schwestern, Mütter, Kinder ... und Äcker', d.h. Menschen als neue Verwandte, die gerade deshalb für ihn 'Brüder und Schwestern' werden können, weil sie ebenfalls von der Reich-Gottes-Verkündigung bestimmt sind"[107]. Das Reich Gottes ist also eine "das Leben der Gemeinde in der Gegenwart bestimmende und normierende Wirklichkeit"[108].
Im Logion in 10,29 seien "Nachfolge- und Evangeliumsthematik"[109] miteinander verbunden: "Die Doppelung des Bezugs 'um meinet- und um des Evangeliums willen'... zeigt, daß für die Gemeinde des Mk eine nicht aufzuhebende Beziehung zwischen der Reichgottesbotschaft Jesu und ihrem Bringer besteht, welcher auf seiten der Gemeinde das Nebeneinander von Nachfolge Jesu und Einsatz für das Evangelium entspricht ..."[110].
Diese Argumentation Dautzenbergs begründet überzeugend die Zugehörigkeit der Verzichtsmotivation in 10,29 zur Tradition vor Markus.

## 3 Der hundertfache Ersatz in Vers 30a

\* Dem "Verlassen" in Vers 29 steht in Vers 30 das "Empfangen" gegenüber. Beide Verben strukturieren das Logion in Vers 29f, jedoch scheint sich alles um den Begriff "hundertfach" zu drehen, der das "Empfangen" näherhin qualifiziert:

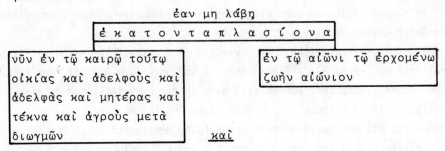

Der "jetzt in dieser Zeit" zu empfangende Ausgleich des Verzichts ist gegenüber dem im kommenden Äon zu erhaltenden ungleich ausführlicher dargestellt. Dieses mangelnde Gleichgewicht zwischen diesseitigem und jenseitigem Lohn läßt die begründete Vermutung zu, daß "hundertfach" kaum auf Markus zurückgeht[111]. Hätte der Evangelist das Wort in Vers 30 eingesetzt, um es anschließend genauer auszufalten, so ließe sich das Ungleichgewicht nur schwer erklären.

Viel einfacher dagegen ist die Lösung, die das "hundertfältig" zum vormarkinischen Bestand des Verses 29f rechnet: es bezeichnet einen überreichen, das menschlich Meßbare weit übersteigenden Wert. Im Kontext einer ursprünglich eschatologisch orientierten Lohnverheißung kann diese unermeßliche Fülle nur ein Bild für das ewige Leben sein, so wie es in dem Begriff ζωὴ αἰώνιος zum Schluß des Verses 30 zum Ausdruck kommt[112]. Es liegt nahe, darin eine erklärende Ausführung des "hundertfältig" zu sehen, die dem traditionellen Lohnspruch erst sekundär, aber schon vor Markus mit einem explikativen καί hinzugefügt worden ist[113].

\* Die unter "jetzt in dieser Zeit" in Vers 30a angeführte Aufzählung entspricht bis auf das Fehlen der "Väter" und die geänderte Konjunktion genau der als redaktionell identifizierten Reihung der Verzichte in Vers 29. Dann wird die Explikation des diesseitigen Lohns in Vers 30a ebenfalls auf das Konto des Markus zu setzen sein. Alle Einzelglieder stehen allerdings jetzt im Plural und dokumentieren dadurch die Fülle und Reichhaltigkeit des angesagten irdischen Lohns. Die Auslassung der Väter erklärt sich mit Hinweis auf 11,15: die Nachfolger Jesu haben nur einen Vater im Himmel.

* Bei der Analyse des Verses 29 war bereits klar geworden, daß Markus durch die in das Logion eingetragene Reihung der Verzichte von der Absicht geleitet war, die Verzichtsleistung eines Nachfolgers in einen ursächlichen Zusammenhang mit der Konstituierung der Gemeinde zu bringen. So wie es in 3,31-35 das Hören des Wortes Jesu und damit die Erfüllung des Willens Gottes war, das die neue Gemeinschaft der Brüder und Schwestern um Jesus herum konstituierte, so entstehen nach Vers 29f als Lohn für Besitzverzicht und Nachfolge neue Gemeinden, die dem Nachfolger Jesu in überaus reichhaltiger und wertvoller und in jeder Hinsicht erstrebenswerter Form, nämlich der familia dei, das ersetzen, worauf er verzichtet hatte[114].
Die Gleichartigkeit der beiden Aufzählungen in den Versen 29 und 30a zeigt, daß οἰκία in beiden Versen die Bedeutung "Familie" hat. Jedoch ist klar, daß sich auf der Seite des durch "hundertfältig" qualifizierten Ausgleichs in dieser Zeit ein Wandel in der Bedeutung der einzelnen aufgezählten Glieder vollzogen hat. Der Nachfolger kann nicht auf seine Familie verzichten, um eben dieselbe als Lohn zurückerstattet zu bekommen. Hier ist ebenso wie in 3,35 an eine geistige Gemeinschaft von Brüdern und Schwestern gedacht. Οἰκίαι sind daher die Gemeinden der Nachfolger und Jünger Jesu[115]. Jeder, der seine Familie und Habe verläßt, erhält Anteil an vielen Jüngergemeinden. Der Hinweis auf die Äcker ist nur so zu erklären, daß man in diesen Gemeinden miteinander wie in einer Familie Hab und Gut teilte (vgl.zu Apg 4,32-37, dort auch "Acker" in V.34).

* Ein auffälliger und nachklappender Zusatz bei der Beschreibung des irdischen Lohns ist allerdings die Ankündigung, daß er "unter Verfolgungen" empfangen wird. Das scheint das soeben Versprochene wieder infrage zu stellen bzw. die Verheißung zu korrigieren[116]. Kann man dem Evangelisten

eine solche Bemerkung unterstellen, wo er doch gerade mit großem redaktionellen Aufwand den diesseitigen Lohn in Vers 30 eingetragen hat?

Die Ansage von Verfolgungen bezieht sich eindeutig auf den Empfang des in dieser Zeit angesagten Lohns. Stammt aber die Reihung in Vers 30a wie oben nachgewiesen aus der Hand des Markus, dann kann auch nur der Evangelist für die zusätzliche Erklärung der Umstände verantwortlich sein, unter denen der Ausgleich "jetzt in dieser Zeit" einem Nachfolger erstattet wird, nämlich "unter Verfolgungen".

Mit dieser Charakterisierung des irdischen Ausgleichs aller Verzichte gibt Markus zu verstehen, daß die Situation der Bedrängnis und Verfolgung angesichts des im kommenden Äon erwarteten ewigen Lebens offensichtlich ein Wesenskonstitutivum der familia dei ist. Die Verfolgungsansage in Vers 30a ist also weder eine Einschränkung oder Korrektur des irdischen Lohns[117], noch darf sie als ironisch interpretiert werden[118], sondern sie muß als Qualifikation der Zeit vor dem Ende und fester Bestandteil des gegenwärtig zu empfangenden Ausgleichs angesehen werden. Ohne Verfolgungen ist die Gemeinde der Brüder und Schwestern gar nicht vorstellbar. So verstanden wird noch einmal deutlich, daß die Verfolgungsansage die vormarkinische Motivation des Besitzverzichts in Vers 29 erklärt: die Nachfolge Jesu und der Einsatz für das Evangelium stehen grundsätzlich unter dem Zeichen der Verfolgung. Man kann daher die Verfolgungsansage nur in der Redaktion des Evangelisten unterbringen[119]. Ihr Nachklappen erklärt sich aus der Parallelität des Zwei-Zeiten-Schemas in Vers 30, das jetzt noch untersucht werden muß.

Die zeitliche Bestimmung des Empfangs des ewigen Lebens "im kommenden Äon" ist überladen. Der Pleonasmus läßt sich nur so erklären, daß Markus die Formel als Pendant zu "jetzt in dieser Zeit" in Vers 30a gebildet und dem "ewigen Leben" vorangestellt hat. Die pleonastische Wirkung des Zwei-Zeiten-Schemas in diesem Bereich dürfte er bewußt in Kauf genommen haben, denn ihm lag alles daran, den diesseitigen Lohn betont hervorzuheben.

Der Evangelist hat also mit Hilfe des Zwei-Zeiten-Schemas die zweite, den eschatologischen Lohn verheißende Hälfte des vormarkinischen Logions zwischen "hundertfältig" und dem dieses Wort näherhin ausführenden "und zwar

das ewige Leben" aufgesprengt und konnte so den irdischen Ausgleich in Vers 30a in dem Lohnspruch unterbringen[120].
Damit erklärt sich das eingangs festgestellte Ungleichgewicht zwischen den Ausführungen des diesseitigen und des jenseitigen Lohns. Das Schwergewicht der markinischen Intention liegt auf der Zusage der familia dei. Auf der zeitlichen Ebene korreliert dieser Teil der Lohnzusage mit der Situationsschilderung, wie Petrus sie in Vers 28 mit Hinweis auf den vollzogenen Verzicht auf alles und die geleistete und andauernde Nachfolge zeichnet. Der Lohnspruch in Vers 29f erhält so einen höchst aktuellen Bezug zu der in einem gedanklichen und argumentativen Neuansatz in Vers 28 angesprochenen Jünger- und Nachfolgethematik. Um so mehr wird man jetzt nach Vorliegen der Analyse des Verses 29f die Formulierung des Verses 28 dem Evangelisten zuschreiben dürfen.

* Eine Frage, die sich mit dem hier erarbeiteten Dekompositionsmodell stellt, ist noch nicht beantwortet worden. Fällt nämlich die Reihung der Familienmitglieder und Sachwerte im Vers 29f als markinischer Eintrag heraus, so fehlt dem Logion im bisher identifizierten vormarkinischen Wortlaut ein Objekt, das den Gegenstand der Verzichtsleistung angibt. Das Problem klärt sich dadurch, daß man von einem ursprünglichen Platz des πάντα (Vers 28) im Lohnspruch in Vers 29f ausgeht, wo es das Objekt des Verzichts bezeichnete. Markus hat das "alles" bei der Entnahme des Logions aus der Tradition aus dem Vers herausgelöst und zur Quantifizierung des Verzichts, den Petrus und die Jünger geleistet haben, in Vers 28 verwendet. Anschließend konnte er dann in Vers 29 differenziert aufschlüsseln, worin seiner Meinung nach der Verzicht eines Nachfolgers im einzelnen besteht und war so in der Lage, dem Lohnspruch seine ekklesiologische Ausrichtung auf die Gemeinde zu geben. Es mag nicht ganz unbeabsichtigt von Markus gewesen sein, daß er das von ihm entwickelte Gemeindemodell in 10,29f in eine direkte Verbindung bringt mit der exemplarischen Nachfolge des Petrus, der bezeichnenderweise in Vers 28 als Sprecher der Jünger fungiert. Diese Funktion kommt ihm offensichtlich aufgrund seiner Verzichts- und Nachfolgeleistung zu, die Markus als nachahmenswert und von großer Bedeutung für die Gemeinde darzustellen versucht.

Damit ist der Anteil des Markus an der Formulierung des Lohnspruchs sichtbar gemacht worden. Zuletzt ist noch kurz auf die bei der Analyse zunächst zurückgestellte Einleitung des Verses 29f mit der Amen-Formel sowie der Redeeinführung ἔφη ὁ Ἰησοῦς einzugehen.

Mit der Untersuchung der Amen-Worte auf philologischer Basis durch K.Berger, auf die oben schon hingewiesen wurde, dürfte feststehen, daß die Einleitung von Jesuslogien im Markusevangelium mit Amen nicht die ipsissima vox Jesu im historischen Sinn kennzeichnet. Vielmehr ist zu sehen, daß die "Amen-Worte im Laufe der Überlieferungsgeschichte synoptischer Stoffe zunehmen und also häufig sekundär oder redaktionell sind" und deshalb darüber Aufschluß geben können, "was der Redaktor einer Perikope als den besonderen Gipfelpunkt und die Kernaussage Jesu angesehen hat. So wird die Amen-Einleitung zum redaktionellen Mittel, die Offenbarungsaussagen zu pointieren. So geben die Amen-Einleitungen sowohl vor Einzelworten als auch innerhalb von Perikopen Aufschluß über sekundäre Akzentuierungen"[121].

Für keine der Amen-Einleitungen des Markusevangeliums kann auch nur annähernd ein redaktioneller Gebrauch durch den Evangelisten Markus selbst nachgewiesen werden. Daher ist es besser, damit zu rechnen, daß sich die Formel "Amen, ich sage euch" zu Beginn des Verses 29f bereits auf vormarkinischer Überlieferungsstufe wie bei den "konditionale(n) Relativsätze(n) mit futurischer Apodosis" in 3,28.29; 9,41 und 10,15 "aus formalen wie aus inhaltlichen Gründen"[122] eingestellt hat. "Die Einführung des Amen steht ... hier im Dienste der apodiktischen und konsequenten Durchführung des Schemas von der Umkehrung aller Dinge bei der Äonenwende"[123].

Einer Rede vorangestelltes φάναι begegnet bei Markus neben 10,29 noch in 9,38 und 12,24. Die beiden letzten Verse stehen in eindeutig traditionellem Kontext[124]. Gegenüber 9,38 und 12,24 fehlt dem Verb in 10,29 ein Dativobjekt. Bei einer bewußten redaktionellen Gestaltung der Redeeinleitung durch den Evangelisten aber hätte dieser wohl auf Petrus und die Jünger in Vers 28 durch ein entsprechendes αὐτοῖς Bezug genommen. Dies gilt um so mehr, als Vers 28 mit ziemlicher Sicherheit der Feder des Markus entstammt. Es empfiehlt sich also, von einer vormarkinischen Einleitung des Lohnlogions in 10,29f auszugehen.

Folgendes Textschema legt zusammenfassend das Ergebnis der Scheidung von Tradition und Redaktion in 10,29f dar und veranschaulicht zugleich die erhobene Struktur des Spruchs:

| vormarkinische Fassung | redaktionelle Einträge |
|---|---|
| ἔφη ὁ 'Ιησοῦς ἀμὴν λέγω ὑμῖν οὐδείς ἐστιν ὃς ἀφῆκεν (πάντα) ἕνεκεν ἐμοῦ καὶ ἕνεκεν τοῦ εὐαγγελίου | οἰκίαν ἢ ἀδελφοὺς ἢ ἀδελφὰς ἢ μητέρα ἢ πατέρα ἢ τέκνα ἢ ἀγροὺς |
| ἐὰν μὴ λάβῃ ἑκατονταπλασίονα καὶ ζωὴν αἰώνιον. | νῦν ἐν τῷ καιρῷ τούτῳ οἰκίας καὶ ἀδελφοὺς καὶ ἀδελφὰς καὶ μητέρας καὶ τέκνα καὶ ἀγροὺς μετὰ διωγμῶν |

Markus hat das Logion offensichtlich in der Tradition als Einzellogion vorgefunden und es an dieser Stelle in sein Evangelium eingebracht, wo es darum geht, den besonders konsequenten Nachfolger Jesu (Vers 28) zu charakterisieren. Das erreicht der Evangelist durch den Ausbau des Logions, hier speziell jeweils der Verlust- und der Ausgleichsseite. Die Aufzählung der nächsten Verwandten, die ein Nachfolger Jesu verlassen muß und die er in reichem Maße wiedererhält, beweist, daß Markus hier primär am Entwurf seines Gemeindemodells der familia dei interessiert ist. Um dieses Anliegen zu verdeutlichen, bringt er das Zwei-Zeiten-Schema in den vorher ausschließlich eschatologisch orientierten Spruch ein und bricht damit dessen ursprüngliche Logik. Realistisch weist Markus auf ein Wesensmerkmal des diesseitigen Lohns hin: die Gemeinde steht in der Situation der Verfolgung und Prüfung.

Markus macht also klar, daß kompromißlose Nachfolge unter Verzicht auf allen Besitz und die verwandtschaftlichen Beziehungen eingebunden sind in etwas Neues, ungleich Wertvolleres: die Gemeinde der Brüder und Schwestern. Ein zweites Korrelat als Lohn hat der Nachfolger quasi "im Rücken": das ewige Leben im kommenden Äon.

§ 17  Das Wort von der Umkehr der Verhältnisse in Vers 31


Das sprichwörtliche Logion von Ersten und den Letzten in 10,31 erweckt den Eindruck eines an die Lohnverheißung in Vers 29f angehängten Einzelspruchs. Diesen Eindruck gilt es zu bestätigen. Weiterhin ist zu klären, inwieweit Markus an der Formulierung des Logions beteiligt war und ob man dessen Anfügung an Vers 29f auf das Konto des Evangelisten setzen darf.

1. Zur Form des Spruchs kann folgendes, in der Forschung übereinstimmend Festgestelltes vorausgeschickt werden: Vers 31 ist ein typisches "Wanderlogion", "eines jener geschliffenen, paradoxen Worte (vgl.8,35), die eine Grundaussage Jesu festhalten und doch so allgemein formuliert sind, daß sie sich in verschiedene Zusammenhänge einfügen ließen"[125]. Der Spruch "kann sowohl Drohwort wie Heilswort sein und wird auch paränetisch verwendet"[126].

2. Markus scheint empfänglich zu sein für die Beschließung größerer Textpassagen mit einem angefügten Logion. In unmittelbarer Nachbarschaft des Verses 31 heißt es in 9,50c nach den Salzsprüchen recht unvermittelt und aus der Sicht der voranstehenden Logien eigentlich unpassend: "Haltet Frieden untereinander!" Diesen Spruch hat der Evangelist mit großer Wahrscheinlichkeit an den Komplex 9,42-48.49-50b angehängt[127]. Es sieht so aus, als wollte er mit dem Schlußwort auf die Streitszene in 9,33-37 nach der zweiten Leidensweissagung (9,30-32) rückverweisen und so etwas wie eine Inklusion schaffen.

Auch in 13,37 beschließt die Endzeitrede ein Logion, das über das unmittelbar zuvorstehende Gleichnis in 13,34-36 hinaus den Blick des Lesers zurücklenkt auf den Anfang der Rede und dadurch ebenfalls eine gewisse Inklusion bewirkt[128].

Nimmt man eine Anordnung des Wanderlogions an den Lohnspruch durch den Evangelisten an - was nach dem bereits vorliegenden Ergebnis zur Redaktion in 10,28-30 und aufgrund der gleichgelagerten Kompositionsweise des Markus in den beiden eben geschilderten Fällen außerfrage steht - dann scheint der Evangelist mit Vers 31 eine noch stärkere Sinngebung innerhalb des un-

mittelbaren Kontextes dieses Spruchs zu verbinden, als man das für 9,50c
und 13,37 behaupten kann.

3. Der Inhalt des Verses 31 ist ausschließlich eschatologisch orientiert
und spricht von den Verhältnissen bei der Wende der Zeiten, dem großen
Umschwung[129], wenn die ζωὴ αἰώνιος aktuell wird. Dann werden viele Erste Letzte und die Letzten Erste sein. Das klingt ganz nach dem endzeit-
lichen Gericht, das im Hintergrund des Verses zu stehen scheint. Und nachdem in Vers 30 vom ewigen Leben im kommenden Äon unmittelbar vorher gesprochen wurde, könnte sich hier die Möglichkeit einer Einordnung des Wanderlogions in die Sinnlinie markinischer Redaktion von 10,28 über 10,29f her
bieten.

Trotz seines Verzichts auf alles, was er besitzt und was ihm lieb ist,
erwartet den Nachfolger und Jünger Jesu nach Vers 31 bei der Zeitenwende
das Gericht Gottes. Auch durch noch so radikales Nachfolgen läßt sich das
ewige Leben also nicht erzwingen. Vor Gottes souveränem Gericht relativiert
sich ein (menschliches) Verständnis des Lohnspruchs in Vers 29f, daß nämlich Besitzverzicht und Nachfolge automatisch und ausschließlich durch die
Leistung des Jüngers initiiert den Lohn des ewigen Lebens nach sich zieht.

4. Dieser Inhalt und die Erkenntnisse über die Funktion des Verses 31
legen einen Vergleich mit Vers 27b nahe. Dort beantwortet Jesus mit dem
Hinweis auf die Allmacht Gottes die Frage der bestürzten Jünger, welcher
Reiche denn überhaupt noch gerettet werden könne. Diese Rettung bzw.
Nicht-Rettung, der Zugang zur Basileia oder der Ausschluß von ihr, fällt
ausschließlich in die Domäne Gottes, der in seiner Entscheidung völlig frei
und ungebunden ist. Die Pointe der Verse 23-27 in Vers 27 weist also unübersehbar die alleinige Zuständigkeit für die Entscheidung über das ewige
Leben an Gott.

Analog ist Vers 31 zu beurteilen. Diese offensichtliche Verwandtschaft
der beiden Verse in 10,31 und 27 spricht dafür, daß Markus mit der Anfügung des Wanderlogions an den Schluß der Jüngerbelehrung darauf aufmerksam machen will, daß auch das Heil der Jünger, die in ganz hervorragender
und beispielhafter Weise die Nachfolge Jesu vollziehen, grundsätzlich auf
Gott verwiesen bleibt.

5. Offen ist noch die Frage, wer mit den auffällig dem Logion vorangestellten "Vielen" gemeint ist. Matthäus hat zwar Mk 10,31 in 19,30 unverändert übernommen, ansonsten aber konnten die Seitenreferenten in den anderen Versionen des Wanderlogions mit dem πολλοί der Markusfassung nichts anfangen. Ein Vergleich aller Fassungen des Logion miteinander (Mk 10,31; Mt 19,30; 20,16; Lk 13,30) gibt für die Identifizierung des πολλοί nichts her. Nur soweit wird man das Wort interpretieren dürfen, daß es im inkludierenden Sinn zu verstehen ist[130] und sich auf den begrenzten Kreis derer bezieht, die entsprechend 10,28-31 alles verlassen haben und Jesus nachgefolgt sind[131], also "Erste" sind[132]. Darüber hinaus ist eine Explizierung der "Ersten" problematisch, da man bei Vers 31 immer die Eigenart eines Wanderlogions in Rechnung zu stellen hat, das nicht unbedingt in allen Einzelheiten zu dem Text passen muß, dem es beigestellt worden ist. Vielmehr rät das Ergebnis dieser Analyse dazu, in Vers 31 einen Spruch zu sehen, den Markus der Tradition entnommen und an das Lohnlogion angefügt hat, um alle Mitglieder der familia dei noch einmal abschließend davor zu warnen, sich wegen ihrer Nachfolge bezüglich des noch ausstehenden ewigen Lebens in Sicherheit zu wiegen.

# KAPITEL 3 : JESUS UND DER REICHE: BESITZVERZICHT UND NACHFOLGE ALS DER WEG ZUM EWIGEN LEBEN (10,17-22)

## § 18 Die Exposition der Erzählung in Vers 17

### 1 Der Aufbruch Jesu

Vers 17 leitet die Perikope vom Reichen mit der Bemerkung ein, daß Jesus sich auf den Weg macht: καὶ ἐκπορευομένου αὐτοῦ εἰς ὁδόν
Im Vergleich zu den Evangelien der Seitenreferenten begegnet das Verb ἐκπορεύεσθαι im Markusevangelium ungleich häufiger[133]. Dazu kommt, daß das Verb hier im Genitivus absolutus steht verbunden mit αὐτοῦ. Gleichlautende Genitivkonstruktionen leiten auch in 10,46 und 13,1 jeweils einen Erzählabschnitt ein. R.Pesch ist diesem Textphänomen nachgegangen und zählt noch weitere dreizehn Stellen im Markusevangelium auf, an denen ein Genitivus abs. einen Perikopenanfang bzw. Neueinsatz eines Erzählstücks bezeichnet[134]. Der größte Teil dieser Stellen ginge sicher auf Markus zurück[135].
Wertet man beide Textmerkmale zusammen, Wortwahl und grammatische Form des Verbs, dann dürfte für den Genitivus abs. in Vers 17a die Zuständigkeit des Evangelisten gesichert sein.
Das Weg-Motiv wird in der Forschung gewöhnlich auf das Konto des Markus gesetzt. Es herrscht nämlich weitgehende Übereinstimmung darin, daß dem Komplex 8,27-10,52, der den Aufbruch Jesu aus Galiläa und seine Wanderung Richtung Jerusalem beschreibt, die Vorstellung einer Reise durch Markus aufgeprägt worden ist. Dazu hat der Evangelist das Weg-Motiv jeweils in 8,27; 9,33.34; 10,17a.32.52 eingetragen. Jürgen Schreiber weist darauf hin, daß diese Vorstellung einer Reise Jesu in dem von Markus vorgefundenen Traditionen "keinerlei Anhalt hat". Dagegen sei aber das Weg-Motiv in 10,46 und 11,8 situationsbedingt und gehöre deshalb zur vormarkinischen Textschicht: "es soll ursprünglich keine Reise suggerieren". Aus diesem

Befund folgert Schreiber richtig: "Die Reise ist also bewußte Redaktionsarbeit"[136].

Anders dagegen argumentiert R.Pesch in seinem Markuskommentar. Seiner Meinung nach umfaßt den Weg Jesu ein von Markus in seiner das ganze Evangelium übergreifenden Komposition geschaffener "Spannungsbogen", "der mit der Zurüstung des 'Weges des Herrn' durch Johannes den Täufer" beginne und "mit dem 'Vorangehen' des Auferstandenen nach Galiläa"[137] ende. Da Pesch aber von einer vormarkinischen Passionsgeschichte ausgeht, die bereits in 8,27 beginnt, müssen zwangsläufig sämtliche Weg-Motive in 8,27-10,52 von ihm der Tradition zugeschlagen werden.

Wie eingangs im forschungsgeschichtlichen Überblick jedoch bereits kritisch vermerkt, ist die weit ausgreifende Abmessung der vormarkinischen Passionsgeschichte durch Pesch aber äußerst problematisch und hat bisher auch kaum Zustimmung bei den Exegeten gefunden[138]. Deshalb schließt sich die vorliegende Arbeit der plausibleren Argumentation J.Schreibers sowie der überwiegenden Zahl der Forscher an[139]. Es wird sich im Verlauf der Analyse zeige, daß diese Entscheidung richtig ist.

Ist also das Weg-Motiv redaktionell, so spricht das einmal mehr für eine Formulierung der Perikopeneinleitung durch Markus[140].

## 2 Die Begegnung Jesu mit einem Fragesteller

Der Rest des Verses 17 läßt sich redaktionsgeschichtlich nur schwierig beurteilen. Weder προστρέχειν (vgl.9,15) noch das ἐπερωτᾶν, das trotz vielfacher Verwendung bei Markus[141] wegen der nachfolgenden Frage kaum als redaktionelle Zutat aus Vers 17a eliminiert werden kann, ermöglichen eine sichere Entscheidung.

Daß Jesus allerdings von jemandem kniefällig angegangen wird, fällt auf und ist nur noch in 1,40 bei einem Heilungsersuchen nachzuweisen. Der Gebrauch des Wortes ebenfalls bei einer Bitte um Heilung in Mt 17,14 bestätigt, daß die Form der Annäherung an Jesus in Mk 10,17 unüblich ist, da hier keine Heilungserzählung folgt. Dieses Textmerkmal wird man als Hinweis auf das Vorliegen von Tradition werten dürfen.

## 3 Das Gespräch Jesu mit dem Fragesteller

Jesus wird in Vers 17b mit "guter Lehrer" angesprochen. Wie schwer sich Matthäus mit der Rezeption dieser Anrede getan hat, zeigt ein synoptischer Vergleich:

| Mt 19,16b.17 | Mk 10,17b.18 |
|---|---|
| διδάσκαλε<br>τί ἀγαθὸν ποιήσω ἵνα<br>σχῶ ζωὴν αἰώνιον;<br>ὁ δὲ         εἶπεν αὐτῷ<br>τί με ἐρωτᾷς περὶ τοῦ ἀγαθοῦ;<br>εἷς ἐστιν ὁ ἀγαθός. | διδάσκαλε ἀγαθέ τί<br>         ποιήσω ἵνα<br>ζωὴν αἰώνιον κληρονομήσω;<br>ὁ δὲ Ἰησοῦς εἶπεν αὐτῷ<br>τί με λέγεις ἀγαθόν;<br>οὐδεὶς ἀγαθὸς εἰ μὴ εἷς ὁ θεός |

> Matthäus löst in seiner Textversion das Prädikat "gut" aus der Anrede und macht "das Gute" zum Gegenstand der Frage des Gesprächspartners Jesu. Eine entsprechende Änderung erfährt dann auch die Gegenfrage Jesu. Bei Markus lautet sie: Was nennst du mich gut (Vers 18a)? Matthäus formuliert um in: Was fragst du mich über das Gute (Vers 17b)? Auch die nachfolgende Aussage differiert bei Matthäus: Einer ist der Gute (Vers 17c). Markus dagegen hat: Niemand ist gut außer der eine Gott (Vers 18c).
> Durch die Änderung seiner Vorlage vermeidet Matthäus die Schwierigkeit, die Mk 10,18 bietet, wenn Jesus es ablehnt, als "gut" bezeichnet zu werden. Doch ist dem Seitenreferenten die Umarbeitung seiner Vorlage nur schlecht gelungen, "denn daß einer das Gute, eben den Willen Gottes tut, steht doch in keinerlei Widerspruch dazu, daß nur Gott selbst gut ist" (142).

Markus selbst gibt über das Zwischenspiel in Vers 18, das den kontinuierlichen Fortgang von Frage und Antwort im Grunde hemmt, keine weitere Auskunft. Es ist auch keinerlei Zusammenhang der Kritik Jesu an der Anrede mit der Aufzählung der Gebote im folgenden Vers 19 zu entdecken. Mehr noch: Vers 19 kommt nach Vers 18 abrupt; erst jetzt beschäftigt Jesus sich mit der Frage seines Gesprächspartners.
Markus wird hier aber nicht seine Hand im Spiel gehabt haben, denn er hätte den beginnenden Dialog zwischen Jesus und dem Fragesteller wahrscheinlich durchgängig gestaltet.
Die Verbalstatistik und Stilkritik bestätigen diese redaktionsgeschichtliche Sichtweise des Verses 17b:
* Die Anrede Jesu mit "guter Lehrer" ist einmalig im Neuen Testament.

* Die Stilfigur τί ποιεῖν ἵνα begegnet im Markusevangelium ebenfalls nur an dieser Stelle[143].
* Einmalig bei Markus ist auch der Ausdruck ζωὴν αἰώνιον κληρονομεῖν wobei κληρονομεῖν Hapaxlegomenon bei Markus ist[144].

Aber auch der Befund für Vers 18 weist in die Richtung der vormarkinischen Tradition:
* Die Formulierung τί με λέγεις ist singulär bei Markus.
* Das Adjektiv ἀγαθός scheint Markus nicht gerade zu bevorzugen. Es kommt neben 10,17f nur noch in 3,4 und dort sicher in der Tradition vor. Matthäus und Lukas dagegen führen das Wort ungleich häufiger in ihren Evangelien (17 und 16mal).
* Der Ausdruck εἰ μὴ εἷς ὁ θεός ist in wörtlicher Übereinstimmung noch einmal in der Perikope von der Heilung des Gelähmten in 2,7 anzutreffen und dort sicher traditionell.

Der erste Teil des Gesprächs Jesu mit dem nach dem ewigen Leben Fragenden in den Versen 17b-18 geht also ziemlich sicher zu Lasten der Tradition.


§ 19 Die Erweiterung des Katalogs der Gebote in Vers 19


1 Auffällige Merkmale des Gebotekatalogs

Ziemlich unvermittelt wird der Dialog in Vers 19 mit dem Hinweis Jesu auf die Gebote fortgesetzt. Die einleitende Bemerkung τὰς ἐντολὰς οἶδας ist traditionsverdächtig, da der Ausdruck im Markusevangelium ausschließlich an dieser Stelle anzutreffen ist.
Aber auch die Reihung der sechs Gebote erweckt den Anschein, vormarkinisch zu sein, da φονεύειν, κλέπτειν und ἀποστερεῖσθαι eine Ansammlung von nur einmal im Markusevangelium anzutreffenden Verben bildet. Doch mahnt die Beobachtung, daß es sich dabei teilweise um Wörter handelt, die im Dekalog zu finden sind und von dort übernommen worden sein könnten, zur Vor-

sicht bei der redaktionsgeschichtlichen Beurteilung der Gebotereihe, denn hier könnte auch Markus seine Hand im Spiel gehabt haben. Ein Textvergleich begründet die Zurückhaltung:

| Ex 20,12-15 | Dtn 5,16-19 | Mk 10,19 |
|---|---|---|
| τίμα τὸν πατέρα σου καὶ τὴν μητέρα | τίμα τὸν πατέρα σου καὶ τὴν μητέρα σου | s.u. |
| ἵνα ... | ὃν ... ἵνα ... | |
| οὐ μοιχεύσεις | οὐ μοιχεύσεις | μὴ φονεύσῃς |
| οὐ κλέψεις | οὐ φονεύσεις | μὴ μοιχεύσῃς |
| οὐ φονεύσεις | οὐ κλέψεις | μὴ κλέψῃς |
| οὐ ψευδομαρτυρήσεις | οὐ ψευδομαρτυρήσεις | μὴ ψευδομαρτυρήσῃς |
| | | μὴ ἀποστερήσῃς |
| s.o. | s.o. | τίμα τὸν πατέρα σου καὶ τὴν μητέρα |

Die Auswertung des Vergleichs erbringt folgendes:[145]

* Die negativ formulierten Verbote bei Markus sind entgegen den Dekalogrezeptionen der LXX mit μή verneinte Imperative Aorist, nicht futurisch formuliert und entsprechend in ihrer Abfolge der masoretischen Textfassung (=Codex Alexandrinus) von Ex 20,12-16.
* Bei Markus fehlen die Explikationen der LXX-Version zum 4. und 8.Gebot.
* Das positiv formulierte Gebot der Elternehrung ist bei Markus an den Schluß der Reihe gerückt.
* Das Gebot μὴ ἀποστερήσῃς ist in den Dekalogrezeptionen überhaupt nicht enthalten.

Diese Differenzen sowie das Fehlen der Dekaloggebote der ersten Tafel und des 10.Gebots machen deutlich, daß es sich in 10,19 nicht um eine Dekalogrezeption (auch nicht auszugsweise), sondern um eine soziale Reihe handelt, die allenfalls in großer Nähe zum Dekalog konstruiert worden ist. Die Zurückhaltung angesichts der redaktionsgeschichtlichen Beurteilung der gehäuft in dem Gebotekatalog anzutreffenden Hapaxlegomena des Markusevangeliums erweist sich somit als berechtigt. An der Zusammenstellung der Reihe in Vers 19 können nämlich durchaus verschiedene Redaktoren beteiligt gewesen sein.

Im folgenden sind zum einen die Schlußstellung des vierten Gebots und zum andern die im Dekalog nicht enthaltene Aufforderung, "nicht vorzuenthalten" einer weiteren Nachfrage unter redaktionsgeschichtlichem Aspekt wert. Das gilt um so mehr, als das auffällige Gebot, nicht vorzuenthalten, von den beiden Seitenreferenten nicht übernommen worden ist.

2   Die Gebote des Nicht-Vorenthaltens und der Elternehrung

Die Untersuchung der Bedeutung des Verbs ἀποστερεῖσθαι , das mit "berauben, entziehen, vorenthalten" übersetzt werden kann[146], trägt redaktionsgeschichtlich nichts aus. Hilfreicher scheint dagegen das nochmalige Auftreten des vierten Gebots in Mk 7,10 zu sein. Es steht dort im Zusammenhang mit der Kritik Jesu am Korbangelübde, durch das jemand seinen unversorgten alten Eltern den ihnen zustehenden Unterhalt auf die Weise entziehen konnte, daß er ihn als Opfergabe in den Dienst Gottes stellte[147], ohne darüber aber jemals einen Nachweis führen zu müssen. Das Festhalten der Pharisäer an dieser Institution der jüdischen Überlieferung läuft dem Gebot Gottes, Vater und Mutter zu ehren, zuwider und legalisiert seine Übertretung. Damit steht eine Menschensatzung gegen das Wort Gottes (vgl.7,13).

Wenn also die Leistung des Korbaneides in 7,8-13 mit Blick auf das Gebot der Elternehrung verboten wird, dann kann das Gebot des Nicht-Vorenthaltens in 10,19 durchaus in ähnlicher Absicht in die sich ansonsten in etwa am Dekalog orientierende Gebotereihe unter sprachlicher Angleichung an die übrigen Gebotsformulierungen eingefügt worden sein. Daß das ausgerechnet vor dem vierten Gebot geschah, hat seinen Sinn: die Kombination beider Gebote läßt sich nämlich inhaltlich damit erklären, daß das Nicht-Vorenthalten als Ergänzung der ausschließlich sozial ausgerichteten Reihe offensichtlich das 4.Gebot ausführen soll. Vor dem Hintergrund des positiv gefaßten Gebots der Elternehrung gewinnt das vorangestellte Verbot an Eindringlichkeit.

Daß diese Interpretation zutrifft, zeigt auch die traditionsgeschichtliche Untersuchung des vierten Gebots durch K.Berger, auf die hier zurückgegriffen werden kann[148]. Berger weist auf die in der Tradition stets lockere

Verbindung des Elterngebots zu den übrigen, mit ihm zu einer Reihe zusammengestellten Sozialgebote hin. Dabei werde das vierte Gebot "nie als nur ein Sozialgebot unter anderen aufgeführt"[149], womit sich auch seine Schlußstellung in 10,19 erkläre. Oft sei es "Anfang und Ausgangspunkt von Aufzählungen sozialer Pflichten und daher z.T. auch selbst sozial (als materielle Unterstützung) verstanden, so auch in Mk 7,10"[150]. Die gleiche soziale Bedeutung habe das 4.Gebot auch in Mk 10,19[151], hier besonders deutlich deshalb, weil die Aufforderung, nicht vorzuenthalten, vorausgeschaltet sei[152].

Die Vermutung, daß der Evangelist für diese Kombination der beiden Gebote zuständig ist, ist nicht nur von 7,8-13 her berechtigt. Die Perikope vom Reichen nimmt nämlich in den Versen 20-22 einen Fortgang, der die Einbringung des Gebotes Jesu, den Eltern ihren Unterhalt nicht vorzuenthalten bzw. zu entziehen, plausibel macht: der Fragesteller wird in Vers 21 von Jesus aufgefordert, alles, was er besitzt, zu verkaufen und den Erlös den Armen zu geben, dann habe er einen Schatz im Himmel. Anschließend fordert ihn Jesus auf zur Nachfolge.

In dieser Situation wird sich Markus dazu veranlaßt gesehen haben, seinen Lesern klarzumachen, daß der von Jesus geforderte Besitzverzicht eines Nachfolgers keinesfalls auch den Unterhalt für die zurückbleibenden Eltern, zu deren Versorgung der Nachfolger verpflichtet ist, einschließt. Die Sicherung des Lebensunterhaltes der Eltern ist die vornehmliche, sich aus dem vierten Gebot ergebende und damit von Gott gewollte Pflicht der Kinder. Wer also Jesus nachfolgen will, der soll nach der Ansicht des Evangelisten vorher für das Auskommen seines Vaters und seiner Mutter Sorge tragen[153], andernfalls verstößt er gegen Gottes Gebot, dessen Einhaltung die Voraussetzung für den Erhalt des ewigen Lebens darstellt.

Daher geht der Eintrag des μὴ ἀποστερήσῃς in Vers 19 mit großer Wahrscheinlichkeit auf Markus zurück.

## § 20 Der Nachfolgeappell Jesu in Vers 21c

### 1 Der Hinweis auf die Beachtung der Gebote in Vers 20

An der Zugehörigkeit der Entgegnung des Fragenden in Vers 20 zur Tradition dürfte kaum ein Zweifel bestehen:

ὁ δὲ ἔφη αὐτῷ· διδάσκαλε, ταῦτα πάντα ἐφυλαξάμην ἐκ νεότητός μου.

Der Satz enthält zwei Hapaxlegomena des Markusevangeliums, nämlich die Wörter φυλάσσειν und νεότης. Die Formel ταῦτα πάντα gibt es bei Markus nur noch einmal in 13,30[154]. Auf sie nimmt die Feststellung Jesu "eines fehlt dir noch ..." in Vers 21 offensichtlich Bezug.

Die Anrede Jesu mit "Lehrer" könnte hier in Anlehnung an die vormarkinische Form "guter Lehrer" in Vers 17 gesetzt worden sein. Zu dieser Vermutung gibt die Beobachtung Anlaß, daß mit Ausnahme von 10,2-9 (und dort wegen der Gegner als Gesprächspartner Jesu) Jesus auch in der zur vormarkinischen Sammlung in Mk 10 zählenden Zebedaidenperikope in 10,35-45 mit "Lehrer" angesprochen wird (vgl.Vers 35). Alle anderen nicht zur Sammlung nach H.-W.Kuhn gehörenden Stücke bieten anderweitige Titel Jesu[155]. Doch ist eine sichere Zuweisung der Anrede zur Redaktion nicht möglich, auch wenn Eduard Schweizer nach der Untersuchung der Begriffe "Lehre" und "lehren" im Markusevangelium mit breiter Zustimmung der Forscher zu dem Ergebnis kommt, daß für den Evangelisten Markus im Lehren Jesu das Typische seines Handelns liege und somit von einem "Gesamtphänomen des Lehrens Jesu"[156] bei Markus gesprochen werden könne. Mehr als eine Option für Markusredaktion läßt sich also für die Bezeichnung Jesu mit "Lehrer" in Vers 20 nicht erreichen.

### 2 Die Pointe der Perikope vom Reichen in Vers 21

Dagegen gestaltet sich die Situation in Vers 21a schon anders:

ὁ δὲ Ἰησοῦς ἐμβλέψας αὐτῷ ἠγάπησεν αὐτὸν εἶπεν αὐτῷ·

Zwar liefert die Beobachtung, daß in den drei Perikopen der vormarkinischen

Sammlung mit großer Regelmäßigkeit die Worte Jesu mit ὁ δε ('Ιησοῦς)
εἶπεν (εἶπαν) eingeleitet werden, während die nachfolgenden Jüngerbelehrungen ausnahmslos die Redeeinleitung καί bzw. ὁ δὲ ('Ιησοῦς) λέγει
vorweisen[157], nur einen winzigen Hinweis auf eine redaktionelle Bearbeitung der drei Jüngerbelehrungen, insofern der Evangelist sie auffällig einheitlich durch Verwendung des sonst ebenfalls von ihm bevorzugten Präsens
historicum, hier von λέγειν , geprägt hätte. Umgekehrt müßte dann die Redeeinleitung in Vers 21a wegen des fehlenden Präsens hist. der Tradition
zugewiesen werden. Doch reichen diese formalen Beobachtungen sicher nicht
aus, um Tradition und Redaktion in Vers 21 voneinander zu scheiden.
Hilfreicher dagegen ist das Verb ἐμβλέπειν , das schon in Vers 27
(vgl. zu περιβλέπειν in Vers 23) auf Markus zurückging. Es diente dem
Evangelisten dort dazu, den Höhepunkt der Katechese über die Gefahren des
Reichtums für das ewige Leben herauszustreichen und nachdrücklich an die
Adresse der Jünger zu richten. In 10,21 liegt der Fall ganz ähnlich, denn
dieser Vers bietet die Pointe der Perikope vom Reichen: Jesus fordert seinen Gesprächspartner zum Verzicht auf seinen Besitz und zur Nachfolge auf.
Es liegt also nahe, daß Markus diesen Höhepunkt durch Eintrag des Verbs
"anschauen" ebenfalls mit Absicht redaktionell verstärkt. Dafür spricht
auch die mit 10,27 gleiche grammatische Form des Partizips mit nachfolgen-
dem Verbum finitum[158] und die Tatsache, daß Markus das Wort viermal in
seinem Evangelium hat gegenüber je zweimal bei den Seitenreferenten.

'Αγαπᾶν , "liebgewinnen"[159], ist verbalstatistisch indifferent. Doch
gibt das Verb hier entgegen seinem sonstigen Gebrauch im Markusevangelium,
der einheitlich die Gottes- bzw. Nächstenliebe bezeichnet[160], eine Gemüts-
regung Jesu wieder. Diese ungewöhnliche Bedeutung des Wortes einerseits,
sowie die Beobachtung von Alfred Wikenhauser, daß Verben zur Bezeichnung
von Gemütsregungen Jesu im Markusevangelium verglichen mit den Evangelien
der beiden anderen Synoptiker relativ häufig und an mehreren Stellen sicher
redaktionell sind[161], lassen die Annahme zu, daß Markus das "Liebgewinnen"
hier mit dem von ihm bevorzugten "Anschauen" zu einer die Gipfelaussage
der Perikope akzentuierenden Partizipialkonstruktion zusammengefügt hat.

Man wird in seiner Vermutung bestärkt durch die Erkenntnis, daß auch ohne diese Konstruktion die einleitende Formulierung der Rede Jesu mit "eines fehlt dir noch" unmißverständlich zum Ausdruck bringt, daß jetzt die entscheidendste Handlungsanweisung auf die Frage nach dem ewigen Leben erfolgt. Daher wird das ἐμβλέψας αὐτῷ ἠγάπησεν αὐτὸν καί in Vers 21a wohl von Markus zusätzlich der Pointe der Perikope vom Reichen vorangestellt worden sein. Er hätte damit das Bemühen Jesu, den Mann, der ihn nach dem ewigen Leben fragt, für eine Nachfolge in Besitzlosigkeit zu gewinnen, unterstrichen. Jesu Zuneigung gilt seinem Gesprächspartner ganz eindeutig - auch wenn er unmittelbar darauf die Erfüllung seiner Forderungen verweigert, weil sein Reichtum ihn daran hindert. Unter Umständen darf man also auch bei der Schilderung der Abwendung des Reichen in Vers 22 mit markinischen Einträgen rechnen.

Die Formulierung des Verses 21b läßt keine Hinweise auf Markusredaktion erkennen:

ἕν σε ὑστερεῖ· ὕπαγε, ὅσα ἔχεις πώλησον καὶ δὸς τοῖς πτωχοῖς καὶ ἕξεις θησαυρὸν ἐν οὐρανῷ.

Ohne das steigernde "eines fehlt dir noch" würde der Erzählung die Spannung fehlen. Daß das Wort ὑστερεῖν Hapaxlegomenon im Markusevangelium ist, bestätigt zusätzlich die Traditionalität des Verses 21b. Auch die verbalstatistischen Ergebnisse für einen Teil des weiteren Wortbestands in diesem Vers signalisieren eine Vorlage des Markus:
* Der Ausdruck ὅσα ἔχειν als Bezeichnung des gesamten Besitzes kommt nur noch in 12,44 in sicher traditionellem Kontext vor.
* Πωλεῖν ist im Markusevangelium bei dreimaligem Auftreten sonst nur als Partizip anzutreffen.
* Διδόναι τοῖς πτωχοῖς kommt bei Markus neben 10,21 nur noch in 14,5 und dort in vormarkinischen Zusammenhang vor.
* Θησαυρός ist wiederum Hapaxlegomenon bei Markus.
* Den Dativ ἐν οὐρανῷ findet man nur noch in 13,32.

Der in Vers 21c folgende Nachfolgeruf Jesu, καὶ δεῦρο ἀκολούθει μοι scheint nachgetragen zu sein. Mit Vers 21 ist nämlich die Frage des Mannes

nach dem ewigen Leben vollständig beantwortet: wenn er das von ihm noch
Geforderte über die Beachtung der Gebote hinaus noch erfüllt und seinen
Besitz den Armen zur Verfügung stellt, dann hat er einen Schatz im Himmel, und das kann in diesem Zusammenhang nur das ewige Leben bedeuten.
Die Konjunktionen in Vers 21b.c tragen dieser Aussageintention Rechnung:
während man im καί vor dem ἕξεις θησαυρόν ἐν οὐρανῷ ein epexegetisches sehen muß, kann es sich bei dem zu Beginn des Verses 21c nur um ein
kopulatives handeln, mit dem der Nachfolgeruf Jesu nachträglich an die
Forderung zum Besitzverzicht angehängt worden ist.
Aber auch die Reaktion des Fragenden in Vers 22, sein Weggehen, weil er
sehr reich war, paßt genau genommen nur zur Forderung Jesu, auf den Besitz
zu verzichten, nicht aber zum Ruf in die Nachfolge.
Daß Markus aber Besitzverzicht und Nachfolge als ganzheitliche Leistung
des Jüngers Jesu ansieht und das in der redaktionellen Bearbeitung des
Kapitels 10 auch mit Nachdruck vertritt, zeigt der markinische Vers 28.
Daher ist es berechtigt, die exponierte Nachfolgeaufforderung Jesu in
der Perikope vom Reichen ebenfalls der Redaktion des Evangelisten zuzuschreiben[162].

Diese Entscheidung fällt noch leichter, wenn man das ermunternde "Komm!"
vor dem Nachfolgeruf ebenfalls als redaktionell identifizieren kann. Δεῦρο
ist zwar nur einmal bei Markus belegt, doch paßt das Adverb vor "nachfolgen" als Pendant zum ὕπαγε vor der Aufforderung zum Verkauf des Besitzes.
Ein Blick auf die Berufungsgeschichte in 1,16-20, die im Rahmen der vorliegenden Analyse schon mehrfach als Gestaltungsmuster bzw. -vorlage des
Evangelisten bei der Redaktion des Kapitels 10 erkannt werden konnte, beweist, daß Markus seine Hand im Spiel hat:

<u>in 1,17 heißt es:</u> δεῦτε ὀπίσω μου     <u>10,21 lautet:</u> δεῦρο ἀκολούθει μοι

<u>auf 1,17 folgt:</u> καὶ εὐθὺς ἀφέντες     <u>auf 10,21 folgt:</u> ὁ δὲ ... ἀπῆλθεν

1,17-21 demonstriert also das Beispiel einer gelungenen Nachfolgeaufforderung bzw. Jüngerberufung. Das dem δεῦτε in 1,17 ganz ähnlich klingende
und in der Bedeutung gleiche δεῦρο akzentuiert in 10,21 den Nachfolgeruf.

Die Reaktion des Berufenen aber ist genau gegenteilig. Der Zeichnung dieses Kontrastes wird man unter Einbeziehung der bereits vorgebrachten Argumente am ehesten Markusredaktion nachsagen dürfen.

3 Der Schluß der Erzählung in Vers 22

Für die redaktionsgeschichtliche Beurteilung des Verses 22 liegt bereits ein Ergebnis vor: das ἐπὶ τῷ λόγῳ konnte anläßlich der Analyse des Verses 24 schon für Markus verbucht werden[163].
Das zu diesem Dativobjekt in Vers 22 gehörende Verb στυγνάζειν ist zwar singulär im Markusevangelium, jedoch wird man zum einen seine enge inhaltliche Verbindung mit dem Ausdruck "über sein Wort" beachten und zum anderen die schon erwähnte Affinität des Verbs zum markinisch-redaktionellen Motiv des Jüngererschreckens in den Versen 24a.26a berücksichtigen müssen[164].
Es stellt sich daher die Frage, ob nicht erst Markus das στυγνάζειν in Vers 22 eingetragen hat, um damit eine ähnliche Wirkung wie mit dem Eintrag des Jüngererschreckens in der folgenden Jüngerbelehrung zu erzielen. Man darf dem Evangelisten in Kenntnis seiner redaktionellen Intention bei der Bearbeitung der Verse 23-31 wohl guten Gewissens unterstellen dürfen, daß er dem Leser die heilsentscheidende Wichtigkeit der Nachfolge in Armut vor Augen führen will. Diesem Anliegen würde eine redaktionelle Ausgestaltung der Verweigerung durch den Reichen in Vers 22 auf jeden Fall dienen. Aber mehr noch scheint der Evangelist im Zuge der thematisch zusammengehörenden Textfolge 10,17-31 darauf aus zu sein, das unterschiedliche Verhalten von Jüngern abgestuft zu beschreiben: 10,17-22 berichtet von einem Fall verweigerter Nachfolge. Sie scheitert am Reichtum. Die treffende Beschreibung des Verhaltens dieser verhinderten Jüngerschaft ist das Entsetzen des Berufenen bevor er weggeht. Auch das Traurigsein dürfte dem gleichen redaktionellen Zweck dienen und von Markus zugesetzt worden sein. In 10,23-27 wiederum macht Markus durch das Jüngererschrecken darauf aufmerksam, daß auch unter den bereits die Nachfolge Jesu praktizierenden Jüngern die Frage des Besitzes und Reichtums noch unbewältigt ist. Der Text steuert auf Vers 28 und die anschließende Lohnverheißung zu. Am Beispiel des Petrus demonstriert Markus hier, wie eine exemplarische

Nachfolge unter Besitzverzicht vom Jünger Jesu geleistet werden soll.
Zieht man diese in der Redaktion des Zusammenhangs in 10,17-31 vom Evangelisten angelegte Linie durch, dann erklären sich viele der vereinzelt angebrachten und vordergründig unwichtig erscheinenden redaktionellen Zutaten links und rechts der markinischen Sinnachse als überlegte und einer bewußten Konzeption des Markus dienende Notizen.
So muß vor dem Hintergrund des redaktionell verstärkten Höhepunkts der Perikope vom Reichen durch die Ausgestaltung des Verses 21a mit Gemütsregungen Jesu die ebenfalls breiter geschilderte Antwort des Reichen in Vers 22 ziemlich kraß ausfallen. Ein entsprechend starkes Licht fällt auf den Grund des ablehnenden Verhaltens, das Reichsein. Daran aber kann dem Markus nur gelegen sein, wie die Anschärfung der folgenden Jüngerbelehrung durch ihn zeigt. Für ihn ist der Reichtum die größte Gefahr für den Nachfolger auf dem Weg zum ewigen Leben.

Die vormarkinische Fassung der Perikope vom Reichen dürfte also mit der Bemerkung geendet haben, daß der Gesprächspartner Jesu weggeht, weil er sehr großen Grundbesitz hatte[165]. Ohne diesen Abschluß freilich bliebe die Erzählung farblos[166]. Das Hapaxlegomenon κτῆμα sowie das einmalige Vorkommen der Formulierung ἦν γὰρ ἔχων bei Markus bestätigen auch aus verbalstatistischer Sicht Tradition für den Erzählungsschluß.


§ 21  Zur Konzeption des weiteren Vorgehens


Nachdem das umfänglichste der drei von H.-W.Kuhn der vormarkinischen Sammlung in Mk 10 zugerechneten Stücke inklusive der Jüngerbelehrung analysiert worden ist, stellt sich jetzt das Problem der weiteren Organisation der Arbeit. Dazu ist festzuhalten, daß es methodisch gesehen ohne Bedeutung ist, wo und an welcher Stelle des Kapitels die Analyse fortgesetzt wird. An jedem Ort von Mk 10 kann die Sonde zur Diagnostizierung von Tradition und Redaktion in den Text gesenkt werden, denn vorerst geht es nur um diese Scheidung und nicht um eine exegetische Würdigung.

Es empfiehlt sich aber, im folgenden wieder in die angestammte Reihenfolge der Texte in Mk 10 zurückzusteigen, da sich auf den ersten Blick Vorteile, wie sie sich in 10,23-27 anboten, den anderen Texten des Kapitels nicht entnehmen lassen.

KAPITEL 4 : DIE STELLUNG JESU ZU EHESCHEIDUNG UND EHEBRUCH (10,1-12)

Einhellig wird die Erzählung von der Auseinandersetzung Jesu mit den Pharisäern in den Versen 2-9 als vormarkinisches Konstrukt angesehen. Bei der redaktionsgeschichtlichen Beurteilung der anschließenden Jüngerbelehrung in den Versen 10-12 jedoch teilen sich die Auffassungen. Die meisten Exegeten führen diesen Text auf die Redaktions- und Kompositionsarbeit des Evangelisten zurück, einige, unter ihnen H.-W.Kuhn und R.Pesch, halten ihn für vormarkinisch und nicht von Markus der Erzählung angefügt.
Damit ist die redaktionsgeschichtliche Problematik der Perikope und ihrer Jüngerbelehrung bereits in groben Zügen abgesteckt. Es steht dann aber noch der Vers 1 aus, der in der Forschung häufig als "Sammelbericht" bezeichnet wird[167] und dessen quellenmäßige Zuweisung umstritten ist.


§ 22 Die Reisenotiz in Vers 1

Zunächst ist der Frage nachzugehen, ob die Perikope von der Ehescheidung mit Vers 1 oder erst mit dem Hinzukommen der Pharisäer in Vers 2 beginnt. Dabei ist zu beachten, daß Vers 1 gegenüber den Versen 2-9 eine andere Szene eröffnet: im Mittelpunkt der Aussage des Verses steht neben der vagen Ortsangabe "er kommt nach Judäa und jenseits des Jordan" die Feststellung, daß sich wieder Volksmengen bei Jesus versammeln und er sie erneut in gewohnter Weise belehrt:

καὶ ἐκεῖθεν ἀναστὰς ἔρχεται εἰς τὰ ὅρια τῆς Ἰουδαίας καὶ πέραν τοῦ Ἰορδάνου, καὶ συμπορεύονται πάλιν ὄχλοι πρὸς αὐτόν καὶ ὡς εἰώθει πάλιν ἐδίδασκεν αὐτούς.

1. Wenn das Markusevangelium vom Lehren Jesu spricht, dann sind die Belehrten, soweit sie konkret benannt werden, das Volk oder die Jünger, nie aber die Pharisäer[168]. Darum paßt der Sachverhalt der Verse 2-9, die eine Auseinandersetzung Jesu mit seinen Gegnern wiedergeben, wie man sie ähnlich in anderen Streitszenen des Markusevangeliums antreffen kann[169], nicht zu der mit Vers 1 eröffneten Lehrsituation. Das Volk kommt, um von Jesus belehrt zu werden, die Pharisäer, um mit ihm zu streiten und dabei etwas herauszubekommen, was sich gegen ihn verwenden läßt[170]. Soviel läßt sich also bereits jetzt sagen: Vers 1 stellt nicht den Auftakt der Perikope von der Ehescheidung in 10,2-12 dar. Der Vers hat keinerlei inhaltliche Verbindung zu ihr.

2. Aber auch nach hinten ist Vers 1 isoliert. Zwar bezieht sich das verbalstatistisch offene ἐκεῖθεν[171] zurück auf den letzten Aufenthaltsort Jesu, Kafarnaum (9,33), doch wirkt der Versuch dieses Brückenschlages über eine so große Textstrecke, wie sie in 9,33-50 dazwischenliegt, wenig gelungen und rein äußerlich[172].

K.-G.Reploh, der Vers 1 genauer untersucht hat[173], interpretiert die Beziehungslosigkeit des Verses dahingehend, daß er "den Charakter einer Überschrift, die die Perikopen 10,2-31 zu einer Einheit zusammenfügt"[174],trägt. Schon eine solche prägende Art der Verknüpfung[175] aber weise auf den Evangelisten Markus als Redaktor hin.

Dieser Verdacht kann durch zusätzliche Beobachtungen bestätigt werden:

\* Die Einleitung der Perikope von der Begegnung Jesu mit der Syrophönikierin in 7,24-30 ist in Vers 24 ganz ähnlich wie 10,1 formuliert:

7,24:
ἐκεῖθεν δὲ
ἀναστὰς ἀπῆλθεν
εἰς τὰ ὅρια Τύρου

10,1:
καὶ ἐκεῖθεν
ἀναστὰς ἔρχεται
εἰς τὰ ὅρια τῆς Ἰουδαίας

Die jeweils wörtlich übereinstimmende Verbindung des ἐκεῖθεν mit dem Partizip Aorist ἀναστάς und der Ortsangabe εἰς τὰ ὅρια zu Beginn des jeweiligen Textabschnitts fällt ins Auge. Hier muß mit der gestaltenden Hand des gleichen Bearbeiters gerechnet werden, der beiden Texten den fast gleichen Wortlaut verliehen hat. Daß es sich dabei um Markus handelt, ist für 7,24 ziemlich eindeutig nachzuweisen: die topographische Notiz bildet den redaktionellen Rahmen der Perikope. Auf sie rekurriert die darauffolgende Erzählung von der Heilung des Taubstummen in 7,31-37. Da Jesus in der Syrophönikierin einer Heidin begegnet, dürfte Markus sich veranlaßt gefühlt haben, die Erzählung durch eine entsprechende vorgeschaltete Ortsangabe auch in heidnisches Gebiet zu verlegen[176].
Analog diesem Ergebnis wird man auch für 10,1 Markusredaktion annehmen können.

* Aus der letzten Ortsnotiz in 9,30, auf die Vers 1 zurückweist, ist ersichtlich, daß Jesus seine Reise durch Galiläa nicht publik lassen werden will. Verfolgt man den Stoff, der sich zwischen beiden Reisenotizen in 9,30 und 10,1 befindet, dann läßt dieser sich mit R.Pesch als eine in sich geschlossene Textfolge unter der Überschrift "Weisungen für die Gemeinde der Jünger Jesu"[177] zusammenfassen.
Das äußere Bild, das 10,1 vermittelt, sieht dagegen anders aus. Kaum daß von der Gegend Judäas und jenseits des Jordans die Rede ist, strömt eine große Volksmenge zu Jesus, die er wie gewohnt belehrt. Vers 1 zielt also offenkundig mit Absicht auf einen öffentlichen Rahmen des Lehrens Jesu ab, auch wenn sich die folgenden Stücke überwiegend an die Adresse der Jünger zu richten scheinen[178].

* Das Verb ἀνίστασθαι in Vers 1 bezeichnet bei 17maligem Vorkommen dreimal den Aufbruch Jesu zur Fortsetzung seines Weges, so neben 10,1 und 7,24 noch in 1,35, der topographischen und chronologischen Rahmenbemerkung einer Szene (1,35-39), in der das markinische Motiv des Jüngerunverständnisses zum ersten Mal im Markusevangelium neben weiterem typisch redaktionellen Sprachgebrauch des Evangelisten vorzufinden ist und die deshalb mit großer Wahrscheinlichkeit auf das Konto des Markus geht[179].

* Auch der Beobachtung der Markusredaktion in 9,33-50 will K.-G.Reploh Hinweise darauf entnehmen können, daß Markus Vers 1 formuliert hat, um die ihm im Vorangehenden gänzlich aus der Hand geratene Komposition wieder in den Griff zu bekommen[180]. Reploh fühlt sich dadurch bestätigt, daß sowohl der mit ἐκεῖθεν angesprochene Ausgangspunkt der Reise Jesu als auch ihr Ziel in 10,1 undeutlich und durch unbestimmte Ortsangabe definiert werden, denen man allenfalls eine Blickrichtung nach Jerusalem entnehmen könne[181].

3. Συμπορεύεσθαι und εἰώθεναι sind singulär bei Markus und deuten aus wortstatistischer Sicht eher Tradition an. Auch ὄχλος im Plural steht nur hier im Markusevangelium.

Dagegen ist das zweifache πάλιν meist einschlägig für Markus[182] und kann hier mit ziemlicher Sicherheit als Kennzeichen der Redaktion in Vers 1 gewertet werden.

Ansonsten gibt sich der Wortbestand des Verses 1 unauffällig, mit einer entscheidenden Ausnahme: Schon E.Schweizer hat überzeugend nachgewiesen, daß es sich bei dem Verb "lehren" um ein redaktionell verwendetes, dem Evangelisten Markus sehr wichtiges Wort zur Bestimmung der maßgeblichen Tätigkeit Jesu handelt. Im Lehren liegt nach Schweizer das typische Handeln Jesu, dessen Betonung im Markusevangelium der besondere theologische Beitrag des Evangelisten sei[183].

In der Tat hat man dem Lehrmotiv in Vers 1 die Funktion eines Angelpunkts zuzubilligen: unter dem Begriff des Lehrens werden die Inhalte der Textstrecke 9,33-50 ebenso zusammengefaßt, wie die kommenden Stücke in Mk 10 der Lehre Jesu zugeordnet werden[184]. Διδάσκειν ist also das entscheidende und den Aussageinhalt des Verses 1 tragende Verb. Ist dieses aber der Redaktion zuzurechnen, dann dürften auch die übrigen Angaben des Verses von Markus stammen.

Diese beiden Aspekte des Verses 1, Rückschau und Vorschau gleichermaßen unter einem Motiv, hier des Lehrens Jesu, zusammenzuschließen, stellen eines der Charakteristika der sog. "Sammelberichte" im Markusevangelium dar[185]. Allerdings sind sich die Forscher darin durchaus nicht immer einig und sehen je nach der von ihnen vertretenen Struktur des Markusevangeliums in den Sammelberichten entweder Einleitungen zu Hauptabschnitten[186] oder aber den verallgemeinernden Schluß des vorausgehenden Abschnitts[187].

4. Dieser Problematik sowie überhaupt dem Phänomen der Sammelberichte im Markusevangelium ist zuletzt Wilhelm Egger nachgegangen[188], so daß im folgenden auf dessen Arbeit zurückgegriffen werden kann.
Egger kommt zu dem Ergebnis, daß es sich bei den Sammelberichten um eine eigene Gruppe von Texten im Markusevangelium handelt, die drei feste Strukturmerkmale vorweisen kann:
- die Angabe über das Kommen Jesu,
- die Schilderung des Zusammenströmens der Volksmassen und
- die Beschreibung des Wirkens Jesu.

"Die einzelnen Elemente haben eine ziemliche Festigkeit, was die verwendeten Vokabeln, Themen, Satzkonstruktionen und Tempusgebrauch betrifft. Stilistisch läßt sich die Kompositionstechnik als Mosaiksteintechnik bezeichnen: die einzelnen literarischen Motive werden nämlich wie Mosaiksteine nebeneinandergesetzt"[189].
Der Wortgebrauch der Sammelberichte zeige sich aus statistischer Sicht als markinisch geprägt[190]. In 10,1 treffe man auf eine doppelte Ortsangabe, die häufig wiederkehrend auch in anderen Sammelberichten zu finden sei[191]. Auch ein mit σύν zusammengesetztes Verb (vgl. συμπορεύεσθαι in 10,1) sei nicht selten[192], ebenso das Ziel der Bewegung des Volkes, das mit πρὸς αὐτόν angegeben werde[193].
Das am häufigsten in Sammelberichten anzutreffende Wort zur Bezeichnung des Wirkens Jesu sei "lehren". Entsprechend viel Raum widmet Egger dann auch der Untersuchung der sog."Lehrsummarien"[194] und bestätigt die oben bereits besprochene Sichtweise E.Schweizers. Für 10,1 bedeutet das: der Sammelbericht ist als ein redaktionelles Lehrsummarium anzusehen[195], das seine Entstehung der Absicht des Markus verdankt, "ursprünglich getrennte traditionelle Elemente zu einem neuen Ganzen"[196] zu komponieren.

5. Diesem Ergebnis Eggers ist grundsätzlich zuzustimmen. Allerdings ist nicht einzusehen, warum sich Vers 1 als eine Art Überschrift bzw. Programm lediglich auf die Textstrecke 10,2-31 beziehen soll. Die Abgrenzung, die Egger scheinbar in Anlehnung an K.-G.Reploh vornimmt, ist nicht begründet und willkürlich, denn 10,32 ist kein neuer Sammelbericht, sondern lediglich eine Ortsnotiz, die die Abfolge der Stücke in Mk 10 formal gesehen nicht unterbricht. Außerdem taucht das Volk als Belehrungsobjekt in Vers 46

wieder auf. Die zwischen 10,32 und 10,52 liegenden Texte sind deshalb wie die in 10,2-31 angeordneten als Gegenstand und Inhalt des Lehrens Jesu anzusehen. Jedenfalls kann die Abgrenzung der Volksbelehrung mit 10,2-31 nicht damit begründet werden, daß sich ab 10,32 nur noch Belehrungen der Jünger bzw. der Zwölf in Mk 10 fänden. Denn schon in 10,32 scheint die Schilderung des Hinaufsteigens nach Jerusalem von einem größeren Kreis der "Nachfolgenden" auszugehen, als die Jünger oder Zwölf ihn repräsentieren. Die überaus großen Volksmengen in Begleitung Jesu in Vers 46 bestätigen diese Vermutung. Wahrscheinlich darf man zwischen Volk und Jüngern nicht in solch starkem Maße trennen, wie Egger und auch Reploh das getan haben.

Richtig dagegen hat Reploh gesehen, daß "eine gewisse Zielstrebigkeit ... an den Ortsnamen in dem Abschnitt 8,27-10,52 besonders zum Schluß hin nicht zu verkennen"[197] sei. Eine Textübersicht führt das deutlicher als bei Reploh vor Augen:

| | | |
|---|---|---|
| 8,27: | εἰς τὰς κώμας τῆς Φιλίππου | Galiläa |
| 9,30: | διὰ τῆς Γαλιλαίας | |
| 9,33: | εἰς Καφαρναούμ | |
| 10,1 : | εἰς τὰ ὅρια τῆς Ἰουδαίας κ. πέραν τοῦ Ἰορδάνου | |
| 10,32: | εἰς Ἰεροσόλυμα | |
| 10,46: | εἰς Ἰεριχώ - ἀπὸ Ἰεριχώ | |
| 11,1 : | εἰς Ἰεροσόλυμα εἰς Βηθφαγῆ καὶ Βηθανίαν | |
| 11,11: | εἰσελθεῖν εἰς Ἰεροσόλυμα | Jerusalem |

Diese geographische Linienführung[198] kann gut auf Markus zurückgehen. Der Inhalt des Kapitels 10 würde dadurch unter dem Vorzeichen der Lehre Jesu in das unmittelbare Vorfeld des Einzugs Jesu nach Jerusalem gerückt und stünde - besonders aufgrund der dritten Leidensweissagung, in der der Leidens- und Todesort Jesu zum ersten Mal im Markusevangelium definitiv genannt wird - schon ganz unter dem Eindruck des dort gewaltsam endenden Weges Jesu.

§ 23  Die Debatte über die Ehescheidung in 10,2-9

Die Perikope von der Ehescheidung in 10,2-9 hat schon immer ein reges Interesse bei den Forschern gefunden und gehört zu den besonders stark beharkten Texten des Markusevangeliums. Es ist also bereits viel vorgearbeitet worden, so daß sich im wesentlichen eine Beschränkung auf die divergent diskutierten Probleme empfiehlt, die der Text aufgibt.
Dazu ist vor allem die Frage zu rechnen, ob in den Versen 10-12, einer in einem Hause sich abspielenden Jüngerbelehrung, Markusredaktion nachweisbar ist.
Die Debatte Jesu mit den Pharisäern in 10,2-9 dagegen wird, wie eingangs schon erwähnt, allgemein der Tradition zugeschrieben[199].

1. Vers 2 berichtet mit dem nur einmal bei Markus belegten Ausdruck προσελθόντες Φαρισαῖοι, daß Pharisäer an Jesus herantreten. Einzigartig ist auch das Fehlen des Artikels vor Φαρισαῖοι[200] und die Formulierung ihrer Frage mit εἰ ἔξεστιν + Infinitiv Aorist, die auf die Erlaubtheit der Ehescheidung abhebt.
Die Berechtigung des Mannes zur Entlassung seiner Frau ist aber nach dem mosaischen Gesetz überhaupt nicht strittig, so daß folgerichtig die Frage der Pharisäer mit πειράζοντες αὐτόν ethisch qualifiziert wird. Darin kann unter Umständen mit Hinweis auf die gleichlautende Bemerkung zu Beginn der Szene von der Zeichenforderung durch die Pharisäer in 8,11 (vgl. zu 12,15) ein redaktioneller Nachtrag des Evangelisten gesehen werden.
Denn Jesus hat das Versucherische der Pharisäerfrage sofort erkannt und fragt in Vers 3 nach dem von Mose Gebotenen, nicht nach dem Erlaubten.
Das heißt, Jesus läßt sich auf den gesetzesspekulativen und ausschließlich an der formaljuristischen Erlaubnis der Ehescheidung interessierten Hintergrund der Gegnerfrage gar nicht erst ein, sondern hebt durch seine Gegenfrage die ganze Erörterung auf die Ebene einer Frage nach dem Willen Gottes, der sich in den Geboten des Mose präsentiert: "Was hat euch Mose geboten"? Dabei schafft das "euch" Distanz zwischen ihm und seinen Gegnern.
Mehr als eine Option wird man aber für das Versuchungsmotiv in Vers 2

in Richtung Markusredaktion nicht anmelden können.

Es wird deutlich, daß sich in der besprochenen Fragestellung der Streit der christlichen Gemeinde, die mit Jesus die Ehescheidung verwirft, mit den Vertretern des jüdischen Gesetzes, das die Ehescheidung erlaubt[201], widerspiegelt. Die Frage der Pharisäer setzt also Jesu Scheidungsverbot bereits voraus[202].

Aus verbalstatistischer Sicht ist wiederum zu vermerken, daß der Ausdruck γυναῖκα ἀπολύειν im Markusevangelium an die Ehescheidungsperikope gebunden ist (vgl.Verse 2.11). Ἔξεστιν taucht nur hier in einer indirekten Frage auf, sonst immer nur in direkten Reden[203], und das Verb ἐντέλλεσθαι scheint nicht gerade zum gebräuchlichen Wortschatz des Markus zu gehören, da es nur noch in 13,34[204] vorkommt.

2. Die prompte Antwort der Pharisäer, die Dtn 24,1 zitieren, belegt erneut, daß sie aus rein rechtlicher Perspektive gefragt haben. Die Gegenfrage Jesu haben sie überhaupt nicht verstanden: "Jesus fragt nach dem freien, gewissenhaften, Gottes Willen verpflichteten Verhalten, die Antwort zielt auf gesetzliche Dispens, auf Zugeständnisse"[205].

Darauf klagt Jesus seine jüdischen Gegner mit dem Vorwurf der Herzenshärte an (Vers 5). Σκληροκαρδία, das ebenso wie πρός mit Akkusativ in der Bedeutung "im Hinblick auf; wegen"[206] nur hier im Markusevangelium anzutreffen ist (vgl.Mt 19,8) und deshalb wieder für Tradition spricht, gilt als "ein Kennwort des Alten Testamentes"[207] für den Ungehorsam gegenüber Gottes Wort und Gebot.

Die Deutungen dieser Anklage differieren bei den Auslegern. Richtig dürfte diejenige sein, die von einer Erteilung des Scheidungsgebotes durch Mose <u>gegen</u> die Herzenshärte der Juden bzw. auf ihre Herzenshärte hin und die Starre ihrer Herzen betreffend spricht[208]. Die Frage der Pharisäer zeugt also von ihrer herzlosen, unmenschlichen, partnerschaftsfeindlichen und die Rechte des Mannes einseitig begünstigenden Einstellung. Das mosaische Gebot zur Ausstellung eines Scheidebriefes bedeutete für die entlassene Frau einen gewissen Schutz, insofern der Mann sie nicht mehr nach Lust und Laune wegschicken konnte, sondern unter Heranziehung von Zeugen ein Schriftstück ausfertigen mußte. "Die Frau aber konnte durch den

Scheidebrief vor anderen nachweisen, daß sie frei war, und wieder heiraten"[209].

Die Anspielung auf Dtn 24,1 in Vers 4 enthält durchweg traditionelles, bei Markus nur ein einziges Mal belegbares Sprachgut: βιβλίον, ἀποστάσιος, γράφειν im Infinitiv Aorist.

3. In den Versen 6-8 führt Jesus dann einen Schriftbeweis, der die Einheit und Unzertrennlichkeit der Ehe als von Gott gewollt darlegt und ganz vom Gesichtspunkt der Ehe, nicht aber der Ehescheidung her argumentiert. Der Schriftbeweis besteht aus einer Kontamination zweier Genesiszitate (1,27; 2,24) aus der LXX: "Von Anfang der Schöpfung aber 'männlich und weiblich schuf er sie' ... 'Deswegen soll (der) Mensch seinen Vater und die Mutter verlassen, .. und die zwei werden zu einem Fleisch'"[210]. Das artikellose geschlechtsunspezifische ἄνθρωπος läßt auf eine Gleichberechtigung der Ehepartner und somit einen hellenistischen Rechtshintergrund der Argumentation schließen.

Ἀπὸ δὲ ἀρχῆς κτίσεως ist ungebräuchlich bei Markus (vgl.noch 13,19). In Vers 9 folgt als Pointe der Beweisführung Jesu die Schlußfolgerung aus dem Schriftbeweis: "Was Gott verbunden hat, das soll der Mensch nicht trennen". Die Einheit von Mann und Frau in der Ehe ist das von Gott Gebotene und schöpferisch Bewirkte. Eine Trennung dieser Einheit läuft seiner Schöpfungsordnung zuwider und ist daher verboten[211].

Die Verben συζευγνύναι und χωρίζειν beweisen als Hapaxlegomena auch für diesen Vers wieder Tradition. Jesus gibt den Pharisäern keinen juristischen Bescheid. Vielmehr verkündet und interpretiert er ausschließlich den Willen Gottes und zeigt seinen Weg auf (vgl.zu 12,14), den die Menschen gehen sollen. Vers 9 ist also "auch als Regulativ (nicht Gesetz) für die Praxis verstanden"[212], wie an Vers 11f später noch zu zeigen ist. Die christliche Position zur Frage der Ehescheidung, die nach Ausweis der Verse 2-9 unter dem Andrang versucherischer und ihr widersprechender Auffassungen stand, ist am Schluß des Disputs in Vers 9 klar definiert und steht so dem Evangelisten vor Augen.

An keiner Stelle des Textes ließen sich Hinweise auf Markus ausmachen, der das Stück als Teil der älteren Sammlung vorgefunden hat.

§ 24 Die Jüngerbelehrung in 10,10-12

1 Die Einführung der Jüngerbelehrung

Ebenso überraschend wie in Vers 23 nach dem Gespräch Jesu mit dem Reichen tauchen in Vers 10 nach der Auseinandersetzung Jesu mit den Pharisäern wiederum die Jünger auf. Ihnen gelten die beiden Logien Jesu in 10,11.12. Das Stück in 10,10-12 ist demnach wie 10,23-31 eine Jüngerbelehrung. Natürlich stellt sich dann sofort der Verdacht ein, daß Markus für deren Ausbildung und Anfügung an 10,2-9 verantwortlich ist.

* Zunächst ist darauf hinzuweisen, daß gegenüber dem Streitgespräch in 10,2-9 die Verse 10-12 einen Szenenwechsel bringen. Jesus befindet sich jetzt auf einmal "in dem Haus", wo ihn die vorher noch nicht genannten Jünger "über diese Sache" erneut befragen (Vers 10). Aber auch der Inhalt der dann folgenden Worte Jesu in Vers 11f bringt völlig neue Gesichtspunkte gegenüber 10,2-9. Ging es dort um die Entlassung der Ehefrau durch ihren Mann, so ist in 10,11f zusätzlich vom Wiederheiraten, vom Ehebruch und von der Entlassung des Mannes durch seine Frau zu lesen. Das läßt den Schluß zu, daß es sich bei den beiden Logien in 10,11.12 um spätere, der Ehescheidungsperikope zugefügte Interpretamente handelt.

* Bei diesem Szenenwechsel, der die Konfrontation der Jünger mit dem soeben behandelten Thema zum Ziel hat und von deren Fragen und Belehrung berichtet, liegen so viele typische Merkmale markinischer Redaktion vor, daß man die gestaltende Hand des Markus hier mit ziemlicher Sicherheit nachweisen kann.

Die Jünger werden so in die neue Szene eingeführt, daß ihre Anwesenheit während des vorangegangenen Disputs Jesu mit seinen Gegnern für den Leser feststeht. Sie fragen Jesus nämlich rückschauend auf 10,2-9 "erneut über diese Sache"[213].

Πάλιν, hier sicheres Indiz für Redaktion[214], hat die Aufgabe, die Jüngerbelehrung mit 10,2-9 zu verknüpfen. Die gleiche verbindende Funktion des Wörtchens konnte schon in Vers 24 beobachtet werden, der zur Redaktion ge-

hört. In Vers 10 fällt die Verfugung der beiden Texte aber noch stärker aus durch das zusätzliche περὶ τουτού. Gleichzeitig wird klar, daß diese Art der Anbindung bzw. Überleitung nicht an einer Reproduktion des bereits in 10,2-9 Berichteten interessiert ist, sondern daß auf diesen Kenntnisstand aufbauend den Jüngern in 10,10-12 zusätzliche Lehrinhalte von Jesus mitgeteilt werden[215]. Dabei scheint das Gegenüber von Pharisäern und Jüngern durch die beide Male identische Frageformulierung mit ἐπηρώτων αὐτόν (vgl.Verse 2.10) beabsichtigt zu sein[216].
Daß die Jünger Jesus in Vers 10 "erneut" befragen, überrascht allerdings, denn die letzte dieser Befragungen in 9,33 liegt schon ziemlich weit zurück, spielte jedoch auch in einem Haus. Man wird das Befragungsmotiv in Vers 10 also eher unter kompositorischer Rücksicht zu verstehen haben. Für Markus darf man in diesen Fällen das Verb ἐπερωτᾶν verrechnen[217], das insgesamt achtmal das Fragen von Jüngern im Markusevangelium bezeichnet[218]. Wird man also das erneute Fragen der Jünger in Vers 10 als markinische Stilattitüde werten können, so gilt das in noch viel größerem Maße für die Szenerie des Hauses, in dem die Belehrung stattfindet[219]. Dieses Motiv der geheimen Jüngerbelehrung wird schon von R.Bultmann als redaktionell eingestuft, allerdings legt sich Bultmann nicht für eine bestimmte Redaktion, die des Markus oder der Tradition vor ihm, fest[220].
Seit William Wrede wurde dann die private Belehrung der Jünger der Anschauung vom redaktionellen "Messiasgeheimnis" im Markusevangelium zugeordnet[221] und in der Folge von den meisten Auslegern und neuerdings besonders von W.Schmithals übernommen[222].
Dagegen hat Heikki Räisänen mit seinen beiden Untersuchungen,"Die Parabeltheorie im Markusevangelium"[223] und "Das 'Messiasgeheimnis' im Markusevangelium'"[224],überzeugend Front gemacht und die verbreitete Vorstellung einer einheitlichen Geheimnistheologie bei Markus widerlegt. Das Motiv der geheimen Jüngerbelehrung habe nichts mit dem redaktionellen "Messiasgeheimnis" zu tun, wie Wrede behauptet[225]. In 4,10.34 sei das Motiv vormarkinisch, da diese Verse sprachliche Züge enthielten, die eindeutig auf einen Ursprung vor Markus hinwiesen[226]. Jedoch hätten diese Stellen dem Markus "als Modell gedient", nach dem er die übrigen esoterischen Jüngerbelehrungen in 7,17; 9,28; 13,3 und eben auch in 1o,10 ausgerichtet habe[227].

Räisänen hält also mit vielen anderen Auslegern vor ihm die esoterische Jüngerbelehrung in 10,10 für redaktionell[228].

Im Zusammenhang mit diesem Motiv tritt neben 10,10 mehrfach das "Haus" auf, in das Jesus sich mit seinen Jüngern zurückzieht, um ihre Fragen zu beantworten (vgl.7,17; 9,28; zu 9,33).

R.Bultmann meint dazu[229]: "Das Haus ist in der Regiekunst des Mk die typische Kulisse, wenn nach einer vor dem ὄχλος spielenden Szene eine geheime Jüngerbelehrung folgen soll"[230]. Zur Bestätigung dieser Annahme sollen die drei Stellen, an denen die zurückgezogene Sphäre eines Hauses der Belehrung der Jünger ihren esoterischen Charakter verleiht, miteinander verglichen werden:

| 7,17 | 9,28 | 10,10 |
|---|---|---|
| καὶ ὅτε εἰσῆλθεν εἰς οἶκον ἀπὸ τοῦ ὄχλου οἱ μαθηταὶ αὐτοῦ ---- ἐπηρώτων αὐτόν καὶ λέγει αὐτοῖς | καὶ εἰσελθόντος αὐτοῦ εἰς οἶκον οἱ μαθηταὶ αὐτοῦ κατ' ἰδίαν ἐπηρώτων αὐτόν καὶ εἶπεν αὐτοῖς | καὶ εἰς τὴν οἰκίαν οἱ μαθηταὶ περὶ τούτου ἐπηρώτων αὐτόν καὶ λέγει αὐτοῖς |

Das die Worte Jesu jeweils einleitende Motiv der esoterischen Jüngerbelehrung besteht stereotyp[231] aus folgenden Konstanten: "Absonderung vom Volk - Haus - Jünger - Jüngerfrage - Redeeinleitung zu den Worten Jesu". Solche Regelmäßigkeit des Stils über relativ große Textstrecken hinweg wird nur dem Evangelisten zuzutrauen sein, der die ihm vorliegenden Traditionsstücke zusammenstellte und sich dabei mehrfach des gleichen Topos der privaten Jüngerbelehrung[232] bei wörtlich und von den Einzelkonstanten her weitgehend übereinstimmender Darstellung bedient hat[233].
Die Stereotypie der Inszenierung läßt sich auch daran ablesen, daß die Angabe des Hauses bei allen drei verglichenen Jüngerbelehrungen stets völlig unvermittelt und überraschend erfolgt und der Hinweis auf ein ganz bestimmtes Haus durch Artikelsetzung in 1o,10 "angesichts der Reise Jesu ganz unglaubwürdig aussieht"[234]. Die Komposition des Markus deshalb als

"mechanisch" anzusehen, wie R.Pesch das tut, scheint aber überzeichnet zu sein[235].
Die stil- und motivkritischen Überlegungen sprechen also stark dafür, daß Markus für die Szenerie der privaten Jüngerbelehrung in 10,10 und dann natürlich auch für die kurze Redeeinleitung in Vers 11a[236] verantwortlich ist.

2 Das Doppellogion in den Versen 11 und 12

Wenn Markus die Überleitung zu den Worten Jesu in den Versen 11.12 formuliert und ihre Bedeutsamkeit durch Einbettung in eine private Jüngerbelehrung hervorhebt, dann gerät das Stück in 10,10-12 in den Verdacht, vom Evangelisten dem Streitgespräch in 10,2-9 angefügt worden zu sein. Doch ist auch der umgekehrte Fall denkbar, daß die beiden Logien bereits vor Markus mit der Erzählung verbunden worden sind. Fest steht auf jeden Fall, daß 10,11-12 der Perikope erst sekundär zugewachsen ist. Aufklärung über die Verantwortlichkeit für diese Anfügung wird die Analyse der beiden Logien erbringen.

* Das Logion in Vers 11 ist in der synoptischen Überlieferung noch mehrfach zu finden. Neben der matthäischen Rezeption des Verses in 19,9 trifft man auf den Spruch auch noch in der Logienquelle Q in Mt 5,32 und Lk 16,18. Ein Vergleich der verschiedenen Fassungen scheint sinnvoll zu sein:

| Mk 10,11                par                                  | Mt 19,9                               |
|---------------------------------------------------------------|---------------------------------------|
| ὃς ἂν ἀπολύσῃ<br>τὴν γυναῖκα αὐτοῦ<br><br>καὶ γαμήσῃ ἄλλην<br>μοιχᾶται ἐπ' αὐτήν | ὃς ἂν ἀπολύσῃ<br>τὴν γυναῖκα αὐτοῦ<br>μὴ ἐπὶ πορνείᾳ<br>καὶ γαμήσῃ ἄλλην<br>μοιχᾶται |

| Lk 16,18 | Mt 5,32 |
|----------|---------|
| πᾶς ὁ ἀπολύων<br>τὴν γυναῖκα αὐτοῦ<br><br>καὶ γαμῶν ἑτέραν<br>μοιχεύει.<br>καὶ ὁ ἀπολελυμένην ἀπὸ ἀνδρὸς<br>γαμῶν μοιχεύει | πᾶς ὁ ἀπολύων<br>τὴν γυναῖκα αὐτοῦ<br>παρεκτὸς λόγου πορνείας<br>ποιεῖ αὐτὴν<br>μοιχευθῆναι.<br>καὶ ὃς ἐὰν ἀπολελυμένην<br>γαμήσῃ μοιχᾶται. |

| Mk 10,12 | καὶ ἐὰν αὐτὴ ἀπολύσασα τὸν ἄνδρα αὐτῆς γαμήσῃ ἄλλον, μοιχᾶται |
|----------|--------------------------------------------------------------|

Die Textübersicht verdeutlicht:

* Alle vier Fassungen des Logions beinhalten den gleichen Grundgedanken: Wer seine Frau entläßt und eine andere heiratet, begeht Ehebruch.
* Das "gegen sie" in Mk 10,11 ist gegenüber der Matthäusrezeption des Spruchs überschießend (237) und stört den parallelen Aufbau des Satzes.
* Die Ausnahme "außer im Falle der Unzucht" in Mt 19,9 ist ein matthäischer Zusatz und trägt der Q-Fassung in Mt 5,32 Rechnung.
* Es ist nur Mk 10,11 mit den anderen Versionen des Spruchs vergleichbar, nicht aber Mk 10,12. Die zweiten Hälften der Q-Fassungen bei Lukas und Matthäus dagegen stimmen im großen und ganzen überein.

Dieses Bild läßt in redaktionsgeschichtlicher Hinsicht einige Schlußfolgerungen zu:

Wenn unter den vier, den gleichen Tatbestand des Ehebruchs bei Scheidung und Wiederheirat dokumentierenden Logien zwei verschiedene Q-Versionen anzutreffen sind, dann ist die Markus-Fassung in 10,11 auf jeden Fall älter als die Redaktion des Evangelisten. Eine redaktionelle Überarbeitung des Spruchs ist damit natürlich nicht auszuschließen.

* Der Zusatz "gegen sie" in 10,11, den Matthäus nicht rezipiert, kann sich nur auf die erste, von ihrem Mann verlassene Ehefrau beziehen[238], um die es auch im vorangehenden Disput in 10,2-9 ging.
Die Feststellung, daß ein Mann, der seine Frau entläßt und eine andere heiratet, an seiner ersten Frau die Ehe bricht[239], scheint aber formal gesehen überflüssig zu sein. Zum Verständnis des Verses 11 jedenfalls ist das "gegen sie" nicht unbedingt nötig[240], denn das Verb "ehebrechen" beschreibt hinreichend den Tatbestand und die Schuld des Mannes. Das belegt auch der Text des nachfolgenden Logions in Vers 12, in dessen Formulierung trotz gleichgelagerter, nunmehr auf die Frau bezogener Aussage, ein entsprechendes "gegen ihn" fehlt, ohne daß das Logion nicht den ersten, von seiner Frau verlassenen Ehemann meinen würde.
Aber auch die übrigen Textfassungen bei Matthäus und Lukas, die das "gegen sie" nicht vorweisen können und trotzdem den gleichen Sachverhalt wie Mk 10,11 zum Ausdruck bringen, zeigen, daß sich der Zusatz erübrigt und offenbar erst später dem Logion zugefügt worden ist.
Es liegt natürlich auf der Hand, die Zuständigkeit hierfür beim Evangeli-

sten zu suchen. Und in der Tat korrespondiert das "gegen sie" mit der Szene in 10,2-9, so daß sich sein Eintrag in Vers 11 erklären läßt: Die Position der Pharisäer ist nämlich dadurch bestimmt, daß sie die Ehescheidung allein aus der Sicht des Mannes beurteilen, der nach jüdischer Auffassung seine Frau entlassen konnte, wenn sie ihm nicht gefiel, weil er etwas Anstößiges an ihr entdeckt hatte (Dtn 24,1). Ein Scheidungsrecht besaß also ausschließlich der Mann.

Dagegen betont Jesus in seiner Stellungnahme (Verse 6-8) die Gleichberechtigung der Ehepartner und die Einheit ihrer Ehe (Vers 9) als die Form der von Gott gestifteten Verbindung zwischen Mann und Frau. Vers 11 zitiert nun unter Verwendung des gleichen, schon in der Frage der Pharisäer in Vers 2 benutzten Vokabulars ($\mathrm{\dot{\alpha}\pi o\lambda \acute{u}\varepsilon \iota \nu \; \tau \grave{\eta}\nu \; \gamma \upsilon \nu \alpha \tilde{\iota}\varkappa \alpha}$) den Tatbestand der Ehescheidung. Neu hinzugefügt wird das Faktum der Wiederheirat[241]. Der Vers gipfelt in der Aussage, daß solches Verhalten des Mannes Ehebruch sei. Damit hat sich Vers 11 ganz aus dem jüdischen Rechtsdenken gelöst, formuliert entsprechend der Willensrichtung Jesu und spiegelt eher die hellenistische Eheordnung. Die konditionale Satzform stellt das einseitige Recht des Mannes auf Scheidung infrage. Die monogame Ehe ist vorausgesetzt, denn das Eingehen einer zweiten Ehe, die nach jüdisch-polygamer Eheauffassung die Erstehe nicht bricht[242], wird als Ehebruch bezeichnet. Der Mann wird damit für ehebruchsfähig erklärt[243], sein ehebrecherisches Verhalten erfüllt den Tatbestand, der einer Übertretung des sechsten Gebotes (vgl. Ex 20,14; Dtn 5,18) gleichkommt und in jüdischer Sicht ein (todeswürdiges) Kapitalverbrechen darstellt.

Der Rechtshintergrund des Verses 11 deckt sich also mit der bereits in 10,2-9 von Jesus geäußerten Eheauffassung und schließt sich ganz eng an das Theologumenon in Vers 9 an, führt diesen Grundsatz aber unter Einbeziehung des Aspekts der Wiederverheiratung nach erfolgter Ehescheidung weiter aus[244]. Der Ehebrecher ignoriert schuldhaft das Fortbestehen der von Gott bewirkten ehelichen Bindung[245] an den verlassenen Partner.

Das "gegen sie" in Vers 11 unterstreicht nochmals die Einehe, und das besonders im Blick auf die jüdische Eheauffassung. Für diese "schärfste Ausprägung"[246] des Gedankens der Einehe und Integrität der Ehe ist Markus zuständig[247].

Man wird dem Evangelisten darüber hinaus eine Verstärkung des sozialkritischen Impetus konzedieren müssen, der in dem Vorwurf Jesu der Herzenshärte an die Adresse der Pharisäer mitschwingt, die die Frau zum bloßen Objekt männlicher Willkür herabwürdigen.

* Ein weiteres wird aus diesen Überlegungen deutlich: Die Verbindung zwischen Vers 11 und dem Stück in 10,2-9 ist so eng, und beide Texte sind so direkt inhaltlich aufeinander bezogen, daß man sich eine Anfügung des Verses 11 an die Perikope von der Ehescheidung durchaus schon auf vormarkinischer Überlieferungsebene vorstellen kann. Vers 11 ist dabei wahrscheinlich in praktischer Anwendung der theologischen Grundsatzregel aus Vers 9 formuliert worden[248].

Daß in der Tat nicht Markus derjenige ist, der für die sekundäre Anfügung des Verses 11 an 10,2-9 infrage kommt und damit - wie immer wieder behauptet - die praktische Regel dem theologischen Postulat zugeordnet hat, könnte aus der Tatsache hervorgehen, daß sich auch in der paulinischen Stellungnahme zur Ehescheidung in 1 Kor 7,10f die gleiche Abfolge von apodiktischem Verbot der Ehescheidung (vgl. 1 Kor 7,10 mit Mk 10,9) und praxisbezogener Regel ( vgl. 1 Kor 7,11b mit Mk 10,11) findet[249]. Man kann also mit einiger Sicherheit davon ausgehen, daß solche Art von Zuordnung in den urchristlichen Gemeinden schon lange vor Markus praktiziert worden ist[250].

* Es bleibt noch der Vers 12 zu untersuchen. Es handelt sich um ein parallel zu Vers 11 entworfenes Logion, wie obiger Textvergleich demonstriert. Das fehlende "gegen sie" wird man in Kenntnis der markinischen Intention stillschweigend voraussetzen dürfen: auch die Frau hat die Einheit der Ehe zu achten und macht sich des Ehebruchs schuldig, wenn sie ihren Mann verläßt und einen anderen heiratet.
In Vers 12 ist für Markus kein Anlaß mehr gegeben, der spezifisch jüdischen Privilegierung des Ehemannes redaktionell durch ein "gegen ihn" entgegenzutreten. Der Satz hat mit der jüdischen Eheauffassung nichts mehr gemeinsam, das es aus christlicher Sicht zu korrigieren gälte. Vielmehr werden Mann und Frau als gleichberechtigte und gleichverpflichtete Ehepartner angesehen. Man kann Markus die Übertragung der Aussage des vor-

markinischen Logions in Vers 11 in römisch-hellenistische Rechtsverhältnisse, die auch schon in der Argumentation Jesu in 10,2-9 durchschienen, auf jeden Fall zutrauen[251]. Er will damit offensichtlich den Eherechtsauffassungen seiner Gemeinde entsprechen. Dieses Vorhaben erklärt auch die Einkleidung der Logien von der Wiederheirat und dem Ehebruch in die Szenerie einer privaten Jüngerbelehrung. Aber auch die Distanzierung von den jüdischen Eheauffassungen läßt der esoterische Charakter dieser Belehrung schärfer hervortreten: die Pharisäer hätten die Worte Jesu in 10,11.12 sowieso nicht verstanden, da sie von ganz anderen, von der christlichen Gemeinde zu verwerfenden Rechtsgrundlagen ausgehen.

Rudolf Laufen bemerkt zur literarischen und theologischen Leistung des Markus in Vers 12: "Hier ist geradezu mit Händen zu greifen, daß Markus nicht die auf ihn gekommene Jesustradition konservieren und als 'ipsissima vox' weitergeben will, sondern daß es ihm darum zu tun ist, die Worte Jesu, die für ihn die Worte des auferstandenen und gegenwärtigen Herrn sind, auf die konkrete Situation seiner Gemeinde anzuwenden und für diese zu interpretieren"[252].

Das Ergebnis der redaktionsgeschichtlichen Analyse der Ehescheidungsperikope bestätigt den eingangs geäußerten Verdacht, daß Markus hier ähnlich redigiert hat wie in 10,23-31, indem er die Jünger in die Szene einbringt. Aber auch die Überlieferungsverhältnisse, die er in 10,2-9.11 angetroffen hat, waren ähnlich: der Erzählung folgte bereits vor Markus ein sekundäres Interpretament. Dieses Ergebnis wird für die Beurteilung der vergleichbar aufgebauten dritten zur Sammlung in Mk 10 zählenden Perikope von den Zebedaiden in 10,35-45 später von einiger Bedeutung sein.

# KAPITEL 5 : JESUS UND DIE KINDER: ZUSPRUCH UND ANNAHME DER GOTTESHERRSCHAFT (10,13-16)

## § 25 Die Einfügung des Verses 15 in die Erzählung

### 1 Die Zugehörigkeit des Logions zur Tradition

Als die bemerkenswerteste Aussage, auf die man bei der Lektüre der Perikope von der Kindersegnung in 10,13-16 trifft, ist die des Logions in Vers 15 zu bezeichnen:

ἀμὴν λέγω ὑμῖν
ὃς ἂν μὴ δέξηται τὴν βασιλείαν τοῦ θεοῦ ὡς παιδίον
οὐ μὴ εἰσέλθῃ εἰς αὐτήν.

Das gilt zunächst deshalb, weil der Spruch durch seine Amen-Einleitung aus der Erzählung hervorsticht. Hier liegt zweifellos die Spitzenaussage der Perikope.
Die Amen-Formel in Vers 15 läßt aus redaktionsgeschichtlicher Perspektive sogleich die Schlußfolgerung zu, die sich schon bei der Untersuchung des Amen-Wortes in 10,29f ergeben hatte, daß nämlich das Logion älter ist als Markus. Verschiedene weitere Beobachtungen ergänzen den Nachweis seiner traditionellen Bildung. So betont K.Berger die enge Beziehung zwischen der Einleitung "Amen, ich sage euch" und der Form des Logions als eines konditionalen Relativsatzes mit ὃς ἐάν [253]. Solche Sätze besäßen eine grosse Traditionalität. Das ist von dem Ergebnis der bereits analysierten vormarkinischen ὃς ἐάν-Logien in 10,11 und 29f her nur zu bestätigen.
Ein Kennzeichen für Tradition in Vers 15 ist aber auch der bereits als vormarkinisch erkannte Ausdruck vom Hineinkommen in das Reich Gottes (vgl. Verse 23b.25)[254]. Auch wenn im vorliegenden Fall nicht die gewohnte Prägung εἰς τὴν βασιλείαν τοῦ θεοῦ εἰσελθεῖν anzutreffen ist, so bezieht sich das εἰς αὐτήν im Nachsatz des Verses 15 ganz eindeutig auf die im Vordersatz genannte Basileia, so daß der gleiche Sinn gegeben ist.

## 2 Das Annehmen der Gottesherrschaft

Darüber hinaus spricht eine besondere aus dem Rahmen fallende Aussage in Vers 15 gegen eine Verfasserschaft des Markus: die Rede vom "Annehmen der Gottesherrschaft" ist einzigartig im Neuen Testament. Bietet dieses Schibboleth an sich schon allein eine sichere Gewähr dafür, daß das Logion älter ist als Markus, so signalisiert die Tatsache, daß das Verb "annehmen" bei noch zweimaligem Vorkommen im Markusevangelium[255] grundsätzlich in traditionellen ὃς ἄν -Sätzen steht, ebenfalls ein höheres Alter des Spruchs als das der Markusredaktion.

Das "Annehmen der Gottesherrschaft" unterscheidet sich - soll es sich nicht um eine Tautologie handeln - vom "Hineinkommen" in sie. Das Annehmen geht dem Hineinkommen nicht nur voraus, es ist auch eine bedingungsweise Voraussetzung. Gegenwart und Zukunft der Gottesherrschaft treffen also in diesem ungewöhnlichen Wort Jesu aufeinander und stehen in einem klaren Abhängigkeitsverhältnis zueinander.

Die Wendung vom Annehmen der Gottesherrschaft findet zwar "ihre nächste Parallele in der Gemeinde- und Missionssprache vom 'Aufnehmen des Wortes'"[256]. Von einem Annehmen des Wortes aber kann in 10,15 überhaupt nicht die Rede sein, wenn man diese Bedingung in Relation setzt zum "Hineingelangen in sie" in der hinteren Spruchhälfte. Die Gottesherrschaft in Verbindung mit "annehmen" ist die gleiche wie in Verbindung mit "hineingehen". Den Unterschied der Sichtweise bewirken dagegen die beiden Verben und ihr jeweiliger Bezug zur Basileia Gottes[257].

Zur Erklärung des hier strittigen Verbs δέχεσθαι und seiner Beziehung zur Basileia geht man am besten vom Inhalt der Basileiabotschaft Jesu selbst aus.

Helmut Merklein hat Ursprung und Eigenart dieser Botschaft herausgearbeitet[258] und interpretiert das Annehmen der Basileia Gottes in Vers 15 dahingehend, daß die Gottesherrschaft mit Jesus bereits in die Gegenwart hineinragt, "und zwar nicht nur in der Verkündigung selbst, sondern im gesamten Wirken Jesu, ja in der Person Jesu selbst, ohne daß man deswegen Jesus und Basileia identifizieren dürfte. Auf diese Wirklichkeit bezieht sich δέχεσθαι, das dann im Sinne des Sich-einlassens, des Akzeptierens zu verstehen ist"[259]. "Solches 'Annehmen' macht die Basileia nicht zu einem Eigentum des Annehmenden, der auch weiterhin noch Anwärter auf die kommende Gottesherrschaft ist; die Basileia bleibt eine Wirklichkeit außerhalb des Menschen, die aber doch im Annehmen wirksam wird und so als echtes Geschenk angenommen werden kann"[260].

Das Annehmen der Gottesherrschaft wird durch ein qualifizierendes ὡς παιδίον näher definiert. Hier wird man sofort aufmerksam, denn die Hauptpersonen in 10,13-16 sind die Kinder. Um ihretwillen scheint die ganze Geschichte überhaupt erst erzählt worden zu sein. Doch steht im Gegensatz zu den παιδία in Vers 13, die zu Jesus gebracht, in Vers 14b nochmals konkret mit τὰ παιδία benannt und in Vers 16 schließlich gesegnet werden, in Vers 15 das abstrakte, "das Kind" schlechthin im generischen Sinn bezeichnende artikellose παιδίον[261].

Daß hierbei gar nicht mehr an die konkreten, Jesus begegnenden Kinder aus der Segnungsszene gedacht ist, macht die Partikel ὡς vor παιδίον deutlich. Für die Übersetzung dieser Partikel spielt Josef Blinzler mehrere Möglichkeiten durch[262] und entscheidet sich mit anerkennenswerten Argumenten für diejenige "zur Einführung einer objektiv unwirklichen, bloß vorgestellten oder eingebildeten Eigenschaft"[263]. Die die Gottesherrschaft annehmen, sollen das so tun, als wären sie Kinder, als hätten sie die Eigenschaften eines Kindes. Dagegen paßt nach Blinzler ein ὡς zur Einführung eines Vergleichs "das Reich Gottes annehmen wie ein Kind" nicht. Mit Recht ließe sich fragen, wie denn Kinder die Gottesherrschaft annehmen und wer von den Zuhörern Jesu davon etwas weiß.

Die Übersetzung des ὡς mit "als wäre" trifft also am ehesten zu. Sie signalisiert dann aber ein übertragenes Verständnis des Kindes: Vers 15 richtet sich an Erwachsene, denen Jesus mit dem Bild vom Kind verständlich machen will, in welcher Weise und in welcher qualitativen Einstellung und Haltung sie als Erwachsene[264] die Gottesherrschaft annehmen müssen, um die Bedingung für das Hineinkommen in die zukünftige Basileia Gottes zu erfüllen. Das aber bedeutet: das Bildwort in Vers 15 kann nicht von Anfang an mit der konkreten Erzählung von der Kindersegnung verbunden gewesen sein. Es ist nachträglich in die Perikope eingeschoben worden. Der

dafür zuständige Bearbeiter der Erzählung hat das Logion offensichtlich
der Tradition entnommen und in Assoziation bzw. mit Hilfe vorgegebener
Anknüpfungspunkte wie "Basileia Gottes" in Vers 14c und "Kind" in den Versen 13.14 (vgl. zu Vers 16) eingetragen.

Das Interesse dieses Bearbeiters, unter dem man sich den Evangelisten Markus gut vorstellen kann, besteht also darin, der konkreten Szene von der
Segnung der Kinder eine an die Adresse Erwachsener - und hier der in Vers 13
genannten Jünger - gerichtete übertragene Bedeutung zu unterlegen. Jesu
Wort in Vers 14c wird auf diesem redaktionellen Wege über die den sicheren
Zugang zur Basileia für Kinder manifestierende Aussage hinaus auf die erwachsenen Gemeindemitglieder transferiert, von denen aber gleichzeitig
eine bestimmte Haltung des Annehmens der Gottesherrschaft gefordert wird,
die sich mit der eines Kindes generell umschreiben läßt.

3 Die redaktionelle Gestaltung des Verses 14c

Um die sprachlich durch das Wort παιδίον bereits gegebene bzw. hergestellte Verbindung zwischen Vers 15 und der Erzählung auch inhaltlich zu verstärken und dadurch das übertragene Verständnis von ὡς παιδίον in der älteren Geschichte besser zu verankern, dürfte auch eine entsprechende Umgestaltung des Verses 14c in der Zuständigkeit dieses Bearbeiters liegen.
Untersucht man nämlich die Bezeichnung der Kinder in 10,13-16, dann fällt
ganz deutlich die in Vers 14c aus dem Rahmen:

Vers 13a: παιδία - αὐτῶν
Vers 14b: τὰ παιδία - αὐτά
<u>Vers 14c: τῶν ... τοιούτων</u>
Vers 15 : παιδίον
Vers 16:: αὐτά - αὐτά

Der Gebrauch von τοιοῦτος deutet auf eine Sprachgepflogenheit des Evangelisten hin[265], zumindest spricht die Verbalstatistik dafür. Mit Recht fragt
man sich außerdem, warum in Vers 14c nicht mit Blick auf τὰ παιδία im gleichen Satz ein τῶν παιδίων oder zumindest ein τῶν αὐτῶν steht (vgl.das
αὐτά in Vers 14b). Dann wäre nämlich die Aussage des Verses nicht mit einer Zweideutigkeit belastet. Der Genitivus qualitatis τῶν..τοιούτων

bezeichnet nämlich im Gegensatz zu den konkret zuvor benannten Kindern einen "so beschaffenen", als "Träger einer bestimmten Eigenart"[266] vorgestellten Menschen. Mit anderen Worten: Der Ausdruck bringt schon in Vers 14c ein übertragenes, bildhaftes Verständnis von παιδίον zum Ausdruck und spricht bereits nicht mehr von den Kindern, sondern wie Vers 15 von Erwachsenen[267].
Damit aber ist die Funktion des Verses 14c mit seinem auffälligen Demonstrativpronomen klar: er soll das Bildwort in Vers 15 inhaltlich vorbereiten und seine Einbindung in die Erzählung erleichtern. Wer demnach Vers 14c auf diese Weise bearbeitet hat - und hier kam Markus bereits in den Blick - der hat auch das Logion in Vers 15 in die Szene eingefügt.
Solche redaktionelle Gestaltung kommt dem Evangelisten am ehesten zu[268].
Daß diesem im übrigen das übertragene, symbolhafte Verständnis eines Kindes nicht ganz fremd ist, zeigt auch 9,37, wenn dort die Formulierung ἓν τῶν τοιούτων παιδίων δέξηται transparent wird[269] für Jesus selbst durch die Erklärung ἐμὲ δέξηται. Geht man hingegen davon aus, daß die Perikope von der Kindersegnung abzüglich des sekundär von Markus eingetragenen Verses 15 ihre Pointe in Vers 14c in der heute vorliegenden Formulierung hat, so muß man erklären können, warum die Erzählung an ihrer entscheidenden Stelle aus ihrer konkreten Faktizität aussteigt und ihren Höhepunkt in bildhaft transformierter Sprache formuliert[270].
Viel plausibler dagegen ist die Annahme, daß Markus die Perikope aus ihrer faßbaren Realität herausgelöst hat, auf ein auf erwachsene Gemeindemitglieder gerichtetes Verständnis umsteigt und dabei das Kindsein in ein neues Bezugssystem zur gegenwärtigen und zukünftigen Gottesherrschaft einordnet. Die Adressaten der Worte Jesu sind zwar nach wie vor die in Vers 13 genannten Jünger. Diese sind aber jetzt nach der redaktionellen Veränderung des Verses 14c und dem Einschub des Verses 15 in die Erzählung direkt betroffen. Sie erhalten nicht mehr nur eine Anweisung, die ihr Verhalten gegenüber Kinder regeln soll, sondern jetzt ist ihre persönliche Haltung der Gottesherrschaft gegenüber der Gegenstand der in das Bild vom Kindsein eingekleideten Forderung Jesu in Vers 15. An den konkreten Kindern der vormarkinischen Perikope aber ist Markus scheinbar überhaupt nicht mehr interessiert.

Wenn der Evangelist so stark an dem Sinntransfer der konkreten Erzählsituation in 10,13-16 interessiert ist, dann ist die vorsichtige Frage erlaubt, ob das aus der Tradition entnommene Logion überhaupt schon die Qualifizierung "als wäre man ein Kind" enthalten hat. Vielleicht hat erst Markus dem Spruch zu seinem bildhaften Charakter verholfen? Erwähnenswert ist hier sicher das Muster der Redaktion des Evangelisten, das er auch in der Perikope vom Reichen angewendet hat, wenn er der Spitzenaussage der Perikope durch einen redaktionellen Zusatz seine eigene Aussagerichtung aufpfropft, d.h. die vorgegebene Erzählung an ihrer entscheidenden Stelle auf das ihm am Herzen liegende Thema der Jüngernachfolge umlenkt. In 10,13-16 könnte das gleiche Muster von Markus verwendet worden sein, da er auch hier in die Pointe der Erzählung redigierend eingreift. Hinsichtlich des Eintrags des Bildes vom Kindsein in Vers 15 aber ist über eine ungesicherte Vermutung nicht hinauszukommen.

§ 26 Weitere redaktionelle Einträge in 10,13-16

1. Der Anfang der Perikope in Vers 13 dürfte vormarkinisch sein. Dafür spricht, daß die Einleitung einer Erzählung im Markusevangelium häufig mit einem unpersönlichen Plural formuliert ist[271]. Aber auch der mit 10,13 sehr eng verwandte Beginn des Heilungsberichts in 8,22-26 deutet eher in die Richtung der vormarkinischen Tradition:

10,13
καὶ προσέφερον αὐτῷ
παιδία
ἵνα αὐτῶν ἅψηται

8,22
καὶ φέρουσιν αὐτῷ
τυφλόν
ἵνα αὐτῶν ἅψηται

Diese Einleitung scheint ein fester Topos der Tradition zu sein. Der Rest des Verses 13 ist verbalstatistisch unergiebig[272].

2. Für Vers 14 signalisiert ἀφιέναι, das im Aorist Imperativ Plural nur hier und in 14,6 auftritt, Tradition. Das trifft ebenso für das ungebräuch-

liche πρός με (vgl.9,24, dort ebenfalls mit παιδίον) und die futurische
Bedeutung des εἶναι [273] zu.

3. Jedoch können die beiden Verben ἀγανακτεῖν[274] und das zweimal bei Markus jeweils in den beiden Kinderszenen in 9,36 und 10,16 begegnende Verb ἐναγκαλίζεσθαι[275] redaktionell sein. Es war nämlich schon in Vers 21 beobachtet worden, daß der Evangelist durch den Eintrag von Verben, die Gemütsregungen Jesu wiedergeben, den Schwerpunkt seiner Redaktion flankierend hervorhebt. In der zur Diskussion stehenden Kindersegnungsperikope wirken diese beiden Verben ebenso: "ärgern" und "umarmen" stehen sich diametral gegenüber. Die eine Reaktion Jesu kritisiert das ablehnende Verhalten der Jünger gegenüber denen, die zu ihm kommen wollen, die andere unterstreicht das richtige Verhalten derer, die die Gottesherrschaft annehmen als wären sie Kinder. Es ist auch wohl nicht übertrieben, in den von Markus gesetzten Verben eine paränetisch motivierte Ermunterung zu dem in Vers 15 geforderten Verhalten gegenüber der Basileia Gottes zu erblicken. Eine derartig überlegte, fast didaktisch zu nennende Flankierung der Erzählungspointe können die Seitenreferenten übrigens nicht vorweisen, die akribiös die Gemütsregungen Jesu wie schon in Mk 10,21 aus ihrer Vorlage tilgen (vgl.Mt 19,14f; Lk 18,16).

4. Das Ergebnis der in 10,13-16 ermittelten Tradition und Redaktion wird durch den Vergleich der Perikope mit dem ganz ähnlich aufgebauten Text in 14,3-8 bestätigt, den Ludger Schenke durchgeführt hat:[276]

| Mk 10,13-16 | Mk 14,3-8 |
|---|---|
| καὶ προσέφερον αὐτῷ παιδία ἵνα αὐτῶν ἅψηται | ἦλθεν γυνὴ ...κατέχεεν αὐτοῦ τῆς κεφαλῆς ... |
| ἐπετίμησαν αὐτοῖς | καὶ ἐνεβριμῶντο αὐτῇ |
| Ἰδὼν δὲ ὁ Ἰησοῦς... εἶπεν | ὁ δὲ Ἰησοῦς εἶπεν |
| ἄφετε τὰ παιδία ἔρχεσθαι πρός με | ἄφετε αὐτήν· |
| μὴ κωλύετε αὐτά | τί αὐτῇ κόπους παρέχετε; |
| τῶν γὰρ αὐτῶν ἐστιν ἡ βασιλεία τοῦ θεοῦ | καλὸν ἔργον ἠργάσατο ἐν ἐμοί |

Von den Motiven her betrachtet ähneln sich die beiden Texte sehr stark.

Besonders wichtig ist aber in diesem Zusammenhang die Feststellung, daß die von Schenke ermittelte vormarkinische Struktur des Stücks in 14,3-8 entsprechend in 10,13-16 ebenfalls ganz im Bereich der Tradition liegt. Die markinischen Einträge in die Perikope von der Kindersegnung haben von ihren Motiven her keinerlei Parallelen mit der Geschichte von der Salbung Jesu in Betanien. Damit bestätigt sich das oben erarbeitete Dekompositionsmodell für 10,13-16.

§ 27  Die Perikope von der Kindersegnung als Bestandteil der vormarkinischen Sammlung in Kapitel 10

H.-W.Kuhn[277] schließt die Zugehörigkeit der Kindersegnungserzählung in 10,13-16 zu der in Mk 10 vorliegenden vormarkinischen Sammlung aus und verweist auf den zur konkreten Erzählsituation unpassenden Bildcharakter des Verses 15.

1. Es läßt sich aber aus Vers 15 nur dann ein Argument gegen eine Zuordnung der Perikope zur Sammlung gewinnen, wenn das Logion nicht erst durch Markus Eingang in die Erzählung gefunden hat. Genau diese Absicht aber vertritt Kuhn: selbst wenn Markus den Vers 15 in 10,13-16 eingefügt hätte, könne die Erzählung keinerlei Eignung zur Lösung eines Problems der urchristlichen Gemeinde vorweisen. Dazu käme, daß Vers 14c bereits von Kindern im übertragenen Sinn spreche.

Stellt man dieses Ergebnis Kuhns dem der vorliegenden Analyse gegenüber, dann wird die Ausschaltung der Perikope von der Kindersegnung aus der älteren Sammlung durch Kuhn fragwürdig. Vers 15 ist durch Markus in die Geschichte eingeschoben und durch die entsprechende Umformulierung des Verses 14c eingepaßt worden. Diese inhaltliche und in der sprachlichen Gestaltung angelegte Verzahnung sichert der Evangelist durch Verwendung von Verben der Gemütsregungen Jesu, die einerseits die kritisierte Handlung der Jünger, andererseits die von ihnen verlangte Haltung in katechetischer Absicht akzentuiert herausstreichen.

Auch nach Abzug der markinischen Redaktion verbleibt in 10,13-14.16 eine
Erzählung, die durchaus sinnvoll das Problem der Stellung der Kinder in
der Gemeinde behandelt. Galt es schon in 10,2-9, die christliche Position
zur Frage der Ehescheidung zu definieren, so kann man sich für 10,13-14.16
eine ebenfalls auf die Klärung der Stellung der Kinder in der christlichen
Gemeinde gegenüber der jüdischen Synagoge vorstellen. Dazu ist später im
Teil II dieser Studie noch einiges auszuführen.

2. Es stellt sich aber jetzt noch die Frage, ob die Kindersegnung überhaupt zu den übrigen drei Perikopen der angenommenen vormarkinischen Sammlung in Mk 10 paßt. H.-W.Kuhn geht dieser Frage in seiner Untersuchung natürlich auch nach und referiert verschiedene Lösungsvorschläge der Exegeten,
die er aber alle verwirft[278]. Diese werden jetzt wieder interessant, nachdem die Prämissen Kuhns weggefallen sind.
J.Jeremias bringt die Lösungsvorschläge in etwa auf einen Nenner, wenn er
sagt, daß in 10,1-31 "ein kleiner Katechismus" vorliegt, "der die Gemeinden
darüber unterwies, wie der Jünger Jesu stehen solle zu: Ehe,Kinder,Besitz"[279].
Auch Günther Kleins Bezeichnung "ethischer Katechismus"[280] trifft das Richtige. Hier hinein paßt die Kindersegnung. Besonders eng gestaltet sich aus
inhaltlicher Perspektive der Zusammenhang mit der vorangehenden Perikope
von der Ehescheidung, aber auch die Besitzthematik ordnet sich in dieses
mehr familiär ausgerichtete Überlieferungskompendium ein. Einbeziehen muß
man aber auch noch die Perikope von den Zebedaiden, das lehrt das ansonsten
überzeugende Ergebnis Kuhns.

3. Für die ursprüngliche Zugehörigkeit der Kindersegnungserzählung zur älteren Sammlung in Mk 10 können noch weitere Überlegungen ins Feld geführt
werden:
Die Geschichte weist am Anfang eine kleine Unstimmigkeit auf. Man könnte
nämlich das Subjekt des ursprünglichen "Herbeitragens" der Kinder in Vers 13
in den Jüngern in Vers 10 vermuten. Die aber gingen auf einen Eintrag des Markus
zurück, außerdem sind sie es auch wieder die Jünger(Vers 13), die die Kinder behindern. Diese Spannung ist nun plausibler damit zu erklären, daß Markus die
Erzählung bereits als Teil eines Perikopenverbundes vorgefunden hat, als
damit, daß er selbst sie in eine bestehende Sammlung eingeschoben hat.

Wäre letzteres der Fall gewesen, so hätte der Evangelist besonders den
Nahtstellen der zwischen zwei bereits vormarkinisch verbundenen Perikopen
eingeschalteten Erzählung sicher seine erhöhte Aufmerksamkeit geschenkt.
Hat er die Kindersegnungsperikope aber als Teil einer vorgegebenen Sammlung angetroffen, dann läßt sich bei dem ausgesprochenen Interesse des Markus an den Jüngern die Unebenheit in Vers 13 als ein Übersehen leicht erklären: Markus war bei der redaktionellen Bearbeitung der Sammlung stark
auf die Ausprägung der Jüngerbelehrung in 10,10-12 und die Umarbeitung der
Erzählung von der Kindersegnung in Vers 14c.15 auf eine auf die erwachsenen
Jünger bezogene Belehrung fixiert. Die Ränder der Perikope interessierten
ihn wegen der bereits bestehenden Verbindung mit den übrigen Teilen der Sammlung nicht so sehr.

4. Ein entscheidendes Argument gegen einen vormarkinischen Zusammenhang
der drei Perikopen in 1o,1-31 sieht Kuhn in ihrer "formalen/formgeschichtlichen Verschiedenheit ... Nur die erste und dritte Perikope sind mit einer
sekundären Jüngerbelehrung verbunden (V.10ff: V.23ff)"[281].
Dem ist entgegenzuhalten, daß die Jüngerbelehrungen im Anschluß an die
Perikopen von der Ehescheidung und dem Reichen keine vormarkinische
Schöpfung sind, sondern die des Markus. Den Perikopen sind lediglich vor
Markus bereits Interpretamente hinzugesetzt worden, die jeweilige Ausarbeitung zur Jüngerbelehrung aber geschah durch den Evangelisten.
Für die Perikope von der Kindersegnung kam eine solche gar nicht infrage.
Einerseits werden die Jünger bereits ganz zu Anfang der Erzählung in
Vers 13 genannt, anderseits wird die gesamte Erzählung durch Markus mit
dem Einschub des Verses 15 ganz auf die Situation der Jünger abgestimmt
und trägt im Verständnis des Evangelisten die gleiche Funktion einer
Jüngerbelehrung. Es wird an dieser Stelle sehr deutlich, daß die oben
geäußerte Kritik an der Tendenz Kuhns, die Jüngerbelehrungen ganz in die
Nähe der festen Formen der synoptischen Überlieferung zu rücken, ihre Berechtigung hat.

Die Zuordnung der Kindersegnung zu den Perikopen von der Ehescheidung,
dem Reichtum und den Zebedaiden ist also durchaus vertretbar und durch den
redaktionsgeschichtlichen Befund dieser Arbeit abgesichert. Zumindest läßt
sich kein restlos überzeugendes Gegenargument finden.

KAPITEL 6 :   DIE DRITTE LEIDENSWEISSAGUNG (10,32-34)


In 10,32-34 begegnet die dritte und letzte Leidensweissagung des Markusevangeliums, die sich im Abschnitt 8,27-10,52 findet. Die Forschung hat den drei Leidensweissagungen von jeher große Aufmerksamkeit entgegengebracht und die Frage diskutiert, inwieweit Markus für ihre jeweilige Formulierung zuständig ist.
Allgemeine Überzeugung der Exegeten ist es, daß der Evangelist Markus die drei Leidensweissagungen an ihren jetzigen Ort gestellt hat, daß Markus also für ihre Verteilung auf die Textstrecke 8,27-10,52 verantwortlich ist[282].
Für die dritte Leidensweissagung stellt sich neben der Frage nach dem Anteil des Markus an ihrer Formulierung zusätzlich die nach den Gründen für ihre Anordnung durch Markus zwischen die Perikope vom Reichen und die von den Zebedaiden. Für die Erklärung der Redaktion ist das von nicht zu unterschätzender Bedeutung, denn Markus verhilft seiner Aussageabsicht auch durch Zuordnung von Texten zum Ausdruck, wie man schon an Vers 1, den Jüngerbelehrungen in 10,10-12 und 10,23-31 sowie an den aus der Tradition entnommenen und in die Sammlung eingefügten Logien in 10,15.29f ablesen konnte.


§ 28  Sprachgebrauch und Dramaturgie in Vers 32


1  Die Situationsschilderung in Vers 32a

Vers 32a stellt die situationslose[283] eigentliche Leidensweissagung in den Versen 33.34 in einen Erzählzusammenhang. Jesus setzt seinen Weg (vgl.10,17a) mit seinen Begleitern hinauf nach Jerusalem fort:

Ἦσαν δὲ ἐν τῇ ὁδῷ ἀναβαίνοντες εἰς Ἱεροσόλυμα, καὶ ἦν
προάγων αὐτοὺς ὁ Ἰησοῦς, καὶ ἐθαμβοῦντο, οἱ δὲ ἀκολουθοῦντες
ἐφοβοῦντο.

Vers 32a gibt eine in der Exegese viel verhandelte Schwierigkeit auf. Es
wird nicht klar, welche Personengruppen Jesus auf seinem Weg nach Jerusalem begleiten. Haben die beiden Verben des Erschreckens, φοβεῖσθαι und
θαμβεῖσθαι das gleiche Subjekt? Wer ist mit den αὐτούς gemeint? Und wie
ist die Partikel δέ zu bewerten, die die ἀκολουθοῦντες scheinbar von den
αὐτούς und den δώδεκα in Vers 32b absetzt?

Unsicherheit im Verständnis dokumentieren auch D it, wenn die Nachfolgenden, die sich fürchten, hier einfach ausgelassen werden. "Der Text sieht
sehr geflickt und zurecht gemacht aus"[284]. Die überwiegende Zahl der Forscher unterscheidet zwischen den Zwölf und der übrigen Gefolgschaft, andere lassen die Bestimmung der beiden Gruppen mehr offen, wieder andere
vermuten eine einzige Gruppe[285], die Jesus begleitet.

* Zunächst ist es wenig wahrscheinlich, daß in Vers 32a völlig unvermittelt
eine spezifische Aufgliederung der Gefolgschaft Jesu in drei verschiedene
Personengruppen ins Auge gefaßt sein soll.
Das Verb "nachfolgen" geht sicher wie schon in den Versen 21 und 28 auf
Markus zurück. Wen aber meint der Evangelist mit den "Nachfolgenden"?
Die bisher gewonnenen Erkenntnisse zur Markusredaktion warnen davor, den
Kreis der Nachfolger Jesu zu eng anzusetzen. In 10,1-31 konnte man vom
Zusammenströmen der Volksmengen (Vers 1) ebenso lesen, wie von Jüngern,
die zur Problematik der Ehescheidung belehrt werden (10,10-12) und von
verschiedenen Jüngergruppierungen, die sich hinsichtlich ihrer Nachfolge
voneinander unterscheiden (1o,23-31). Daraus ist zu schließen, daß Volk
und Jünger in Mk 10 im Verständnis des Evangelisten einen großen und weitgefaßten Kreis von Menschen in der Nachfolge Jesu repräsentieren, in dem
alle Schattierungen spezifischen Nachfolgeverhaltens und -fehlverhaltens
zusammengefaßt sind und der in Vers 32a von Markus summarisch mit οἱ
ἀκολουθοῦντες bezeichnet wird[286].
Liest man den Text über Vers 32a hinaus, so begegnen beim Auszug aus
Jericho in Vers 46, also noch auf dem Weg hinauf nach Jerusalem, wiederum

die Jünger und eine überaus große Volksmenge. Der Evangelist öffnet also in Vers 32a den Kreis der Begleiter Jesu. Scheinbar beabsichtigt er, einen neuen Akzent in seiner Darstellung zu setzen.

Der Vers besitzt aber auch noch ein strukturelles Merkmal, das die eben vorgetragenen Überlegungen absichern hilft. Ähnlich den Versen 24a.26a folgen in Vers 32a zwei Verben des Erschreckens unmittelbar aufeinander. In 10,24a.26a handelt es sich um das von Markus in den Text eingetragene Motiv des Jüngererschreckens[287]. Daher kann in Vers 32a eine vergleichbare redaktionelle Stilfigur vorliegen. Diesen Schluß bestätigt die Auswertung eines Textvergleichs:

Vers 32a                                  Verse 24a.26a

καὶ             ἐθαμβοῦντο           οἱ δὲ μαθηταὶ ἐθαμβοῦντο
οἱ δὲ ἀκολουθοῦντες ἐφοβοῦντο         οἱ δὲ περισσῶς ἐξεπλήσσοντο

Dem θαμβεῖσθαι in Vers 32a folgt das φοβεῖσθαι, während in den Versen 24a.26a das θαμβεῖσθαι ein ἐκπλήττεσθαι nach sich zieht. Φοβεῖσθαι hat die Bedeutung "in Furcht geraten, Angst haben"[288]. Das Erschrecken geht also in das In-Angst-Geraten der Nachfolgenden über. Die beiden Verben des Erschreckens in 10,32a stehen mit denen in 10,24a.26a auf der gleichen inhaltlichen und zeitlichen Ebene (Imperfekt). Auch in Vers 32a bleibt wie in der vorangehenden Jüngerbelehrung das Erschrecken der Beteiligten in seiner Schroffheit und Schärfe stehen. In den Versen 24a.26a verdeutlichte das Motiv den totalen Anspruch Jesu an die bedingungslose Armut seiner Nachfolger bzw. Jünger und dokumentierte gleichzeitig deren unzulängliche Haltung gegenüber dem Reichtum und Besitz.
Zwar wird das zweite Erschreckensmotiv in 10,32a vom Evangelisten nicht auf eine genau benannte Personengruppe beschränkt, doch die Tatsache, daß in 10,24a.26a das Erschreckensmotiv ausschließlich auf die Jünger bezogen war, warnt davor, es in 10,32a zu zerreißen und unterschiedlichen Gruppen zuzuweisen. Das Erschreckensmotiv dient bei Markus nicht zur Differenzierung der Nachfolgenden, sondern ausschließlich zur Beschreibung ihres spezifischen Nachfolgeverhaltens. Es ist also auch in Vers 32a nur eine einzige Gruppe von Nachfolgern angesprochen. Das substantivierte Verb "nachfolgen" zeigt, daß die Nachfolger schlechthin, also im generischen Sinn gemeint sind, die Markus hier im Auge hat.

Mit dieser Erkenntnis des markinischen Redaktionsverfahrens erklärt sich
die Partikel δέ vor οἱ ἀκολουθοῦντες in Vers 32a. Wenn sich beide Verben
des Erschreckens auf die eine Gruppe der Nachfolgenden beziehen, kann die
Partikel hier keine adversative Bedeutung haben. Vielmehr trägt sie die
Funktion einer "Übergangspartikel ohne irgendwie bemerkbaren Gegensatz"[289]
und dient eher noch der Steigerung des nachfolgenden Verbs des Erschreckens.

Zu den "Nachfolgenden" gehören aber auch die Zwölf, die Jesus in Vers 32b
dann beiseite nimmt und denen Vers 33 noch einmal das mit Jesus gemeinsame
Hinaufsteigen nach Jerusalem attestiert. In Vers 32a wird also nicht zwischen Jüngern und den Zwölf unterschieden, sondern der große Kreis von
Nachfolgern ist gemeint und in dem Sammelbegriff οἱ ἀκολουθοῦντες vom
Evangelisten angesprochen. Das aber bedeutet, daß Markus auch den zwölf
Jüngern ein Unverständnis ihre Nachfolge betreffend bescheinigt.

\* Gerade noch hatte Markus am Beispiel des Repräsentanten und Sprechers der
Jünger, Petrus, in Vers 28 auf die Beispielhaftigkeit ihrer Nachfolge unter
Besitzverzicht aufmerksam gemacht, da entwirft er unter dem Eindruck des
Weges nach Jerusalem in Vers 32a schon wieder ein ganz anderes Bild.
Die Herausstellung der Jünger einerseits und die Schilderung ihres Unverstandes andererseits gehen Hand in Hand. Dieses durch die Redaktion bewirkte Nebeneinander begegnet sofort in Vers 32b gegenüber Vers 32a noch einmal, wenn Jesus die Zwölf absondert, um sie über sein bevorstehendes Leiden
und seinen Tod zu unterrichten.

G.Schmahl beurteilt 10,32 richtig, wenn er sagt: "An einer genauen Unterscheidung zwischen μαθηταί und δώδεκα scheint dem Evangelisten wenig gelegen zu sein. Und doch könnte ihn eine besondere Absicht leiten, wenn er
die Zwölf als Adressaten der dritten Leidensweissagung vorstellt"[290].
Die Funktion der Zwölf bestehe nämlich in der offiziellen Verkündigungstätigkeit, im Weitertragen und der Verwirklichung der "Sache Jesu"[291].
Daneben stehe die Nachfolge der Jünger, wobei "Jünger" und "Zwölf" derselben Sache dienten. So gebe die besondere Belehrung der Zwölf in 10,33f
zu verstehen, daß hier "erneut auf die grundsätzliche Verkündigungsfunktion
der Zwölf mitangespielt" werde[292].

* Die Gründe für das Erschrecken der Nachfolgenden in Vers 32a sind der dortigen Situationsschilderung zu entnehmen, die im folgenden einer detaillierten Analyse unterzogen werden soll.

Zunächst kann das Weg-Motiv in Vers 32a analog zu dem redaktionell in Vers 17a verwendeten dem Evangelisten zugeschrieben werden[293]. In 10,32a knüpft das Motiv an 10,17a an und setzt den Weg Jesu über 10,52d hinaus nach Jerusalem fort[294]. Die Verteilung der Weg-Motive auf Mk 10 gibt zu erkennen, daß der Inhalt des Kapitels auf diese Weise in die Reiseschilderung der Wanderung Jesu von Galiläa nach Jerusalem eingespannt wird. Zum ersten Mal seit Antritt des Weges definiert 10,32a sein Ziel mit Jerusalem. Die Stadt wird durch den Inhalt der Leidensweissagung in den Versen 33-34 als der Ort des Leidens, des Todes und der Auferstehung des Menschensohns identifiziert. Von der dritten Leidensweissagung her steht der Weg Jesu unter dem Eindruck der bevorstehenden Passion und der mit ihr verbundenen Ereignisse. Ist der Leser ab 10,32 darüber informiert, daß der Weg Jesu in Kürze sein gewaltsames Ende in Jerusalem finden wird, so wirft dieses Geschehen seine Schatten in den in 8,27-10,52 wiederholt von Markus eingebrachten Weg-Motiven voraus.

Es verwundert deshalb gar nicht, daß man ὁδός zur Bezeichnung des Leidensweges Jesu gerade auch in den beiden anderen Leidensweissagungen in 8,31; 9,31 antreffen kann, die den Namen der Stadt Jerusalem aber noch nicht nennen[295].

Man kann also bei der dritten Leidensweissagung einerseits eine weitreichende Wirkung auf den Kontext des Evangelienabschnitts in 8,27-10,52 feststellen, andererseits signalisiert die Situationsschilderung in Vers 32a deutlich, daß die Passion Jesu unmittelbar bevorsteht und sich die Lage für Jesus und diejenigen, die mit ihm auf dem Weg sind, gefährlich zuspitzt. Gerade das aber ist der Grund dafür, daß die Nachfolgenden in Angst und Schrecken geraten.

Die geographische und theologische Bestimmung des Weg-Motivs durch die dritte Leidensweissagung in 10,32-34 bewirkt auch eine Umprägung des jüdischen Wallfahrtsterminus' vom "Hinaufsteigen zum Fest nach Jerusalem"[296], der sehr eng mit dem redaktionellen Weg-Motiv verbunden ist. Das belegt auch der erneute Hinweis Jesu auf das mit den Zwölfen gemeinsame Hinaufsteigen nach Jerusalem in Vers 33a. Diese Verbindung stellt somit eine bemerkenswerte Ausprägung des Leidensweg-Motivs im Markusevangelium dar[297]. Entsprechend stark und sich steigernd fällt die Reaktion der Nachfolgenden aus, denen klar wird, daß sie vom Schicksal Jesu mitbetroffen sind, wenn sie in seiner Gefolgschaft verbleiben. Mit ihm zusammen ziehen sie hinauf in die Stadt, die Leiden und Tod bedeutet.

Es ist weiterhin in Vers 32a auf die periphrastischen Konstruktionen ἦσαν...ἀναβαίνοντες und ἦν προάγων aufmerksam zu machen[298]. Wegen der Häufigkeit solcher Konstruktionen im Markusevangelium gelten sie meist als typisch markinisch[299]. Sie bewirken zusammen mit dem Weg-Motiv eine Dehnung des Zuges nach Jerusalem[300].

Markus scheint augenfällig daran interessiert zu sein, mit dem einleitenden δέ anstelle des sonst bei ihm üblichen καί "den Beginn von etwas Neuem, eine Wende zu markieren"[301]. Diese grammatisch auffällig gestaltete Situationsschilderung der dritten Leidensweissagung in Vers 32a paßt also ganz zu der Dramatik der neuen Lage, die sich mit der Leidensansage direkt vor den Toren Jerusalems einstellt.

Προάγειν ist verbalstatistisch unergiebig, das parataktische καί hingegen deutet auf Redaktion[302]. Jesus geht seinen Nachfolgern voran, eine Schilderung, die sonst nur noch in 16,7 (vgl. 14,28) anzutreffen ist[303]. Das Vorangehen Jesu vor seinen Nachfolgern "ist das Gegenstück zu 14,28;16,7: jetzt geht er ihnen voraus von Galiläa nach Jerusalem, dann wird er ihnen vorausgehen von Jerusalem nach Galiläa. Nur bei Mk wird diese Gegenbewegung herausgestellt"[304] und ist deshalb zur Redaktion des Evangelisten zu rechnen.

Wieder ist eine Gestaltung des Makrokontextes des Markusevangeliums von der dritten Leidensweissagung aus zu verzeichnen.

In Kapitel 10 bildet das Vorangehen Jesu in Vers 32a auch sehr pointiert das formale Gegenüber zum Nachfolgen[305]. Diese Korrelation beider Begriffe will offensichtlich die Reihenfolge Jesus-Nachfolger auf dem Leidensweg nach Jerusalem festschreiben und paßt gut zu den von Markus bisher in 10,1-31 eingetragenen Hinweisen auf die Nachfolge (vgl. 10,21.28)[306]. Auch im Voranschreiten Jesu auf dem Weg, das der Evangelist hier zur Beschrei-

bung der Entschlossenheit Jesu, Leiden und Tod auf sich zu nehmen, dargestellt hat, ist also ein Grund dafür zu sehen, daß die Nachfolgenden erschrecken und in Angst geraten.
Markus liegt scheinbar daran, diese Angst herauszuarbeiten[307], die vom Unverständnis gegenüber dem bewußt in den Tod schreitenden Jesus und Besorgtsein um das eigene irdische Leben zeugt. Diese Atmosphäre der Angst macht auch die Dramatik des Weges nach Jerusalem aus. Das Imperfekt beider Verben des Erschreckens verdeutlicht, daß diese Stimmung fortdauert[308].

Markus hat es verstanden, einen Vorspann zur dritten Leidensweissagung zu entwerfen, in dem "schon die ganze Leidensansage lebendig"[309] wird und der das Mitbetroffensein der Jesusnachfolger von Leiden und Tod, aber auch den ängstlichen Widerstand aufgrund mangelnden Verständnisses für die Nachfolge zum Ausdruck bringt.

2 Die Einleitung der Leidensweissagung in Vers 32b

In Vers 32b sind ebenfalls mehrere Anzeichen markinischer Sprachgewohnheiten feststellbar, die darauf hindeuten, daß auch dieser Versteil dem Konto des Evangelisten gutzuschreiben ist.
Mit dem genuin markinischen καὶ πάλιν [310] wird die folgende indirekte Rede Jesu an die Situationsschilderung in Vers 32a angeschlossen. Die Seitenreferenten lassen diese Verbindungsform aus (vgl. Lk 18,31; Mt 20,17b).

Die Zwölf als feste Jüngergruppe gelten allgemein als redaktionell im Markusevangelium[311]. Jesus sondert sie ab. Das Verb "beiseite nehmen" gibt verbalstatistisch nichts her, doch ist bemerkenswert, daß bei sechsmaligem Gebrauch dreimal davon die Rede ist, daß Jesus die zu den Zwölf zählende Dreiergruppe Petrus, Jakobus und Johannes beiseite nimmt, um sie zu Zeugen eines wichtigen Geschehens werden zu lassen (vgl. 5,40; 9,2; 14,33).
Die Form des Partizips jedoch, verbunden mit dem verbum finitum ἄρχεσθαι und das dazwischenstehende πάλιν geben eindeutig eine redaktionelle Formulierung zu erkennen.
Πάλιν weist zurück auf die Verklärungsszene in 9,2, wo das Verb "beiseitenehmen" zuletzt auftrat. Dort werden aber nur die drei genannten Jünger

von Jesus abgesondert und nicht wie in 10,32b der gesamte Zwölferkreis. Klemens Stock folgert daraus, daß sich πάλιν παραλαμβάνειν in 10,32 wahrscheinlich auf die in 9,35 genannten Zwölf bezieht[312]. Auf den Rangstreit der Jünger erfolgte dort eine wichtige Belehrung über die rechte Nachfolgehaltung der Zwölf. Das könnte Markus durch das gleiche Stilmittel in Vers 32b ebenfalls anzeigen wollen.

Man gewinnt auch den Eindruck, daß Markus die Zwölf immer dort einsetzt, wo es ihm darum geht, dem Leser bzw. der Gemeinde Garanten für die Tradierung und Aktualisierung der Worte Jesu anzubieten.

Ohne das formale Element überbewerten zu wollen, scheint es doch nicht zufällig zu sein, daß παραλαμβάνειν in 9,2 (Verklärungsszene) und 14,33 (Getsemaneszene) in Textstücken begegnet, deren Erzählschlüsse jeweils Elemente der Passion vorweisen können, die auch in der dritten Leidensweissagung wieder anzutreffen sind: die Auslieferung des Menschensohnes (vgl. 14,41 und 10,33b) sowie seine Auferstehung von den Toten (vgl. 9,9 und 10,34). Diese Aussagen der Passion kennzeichnen Anfang und Ende des Leidesweges Jesu. Markus könnte das Verb παραλαμβάνειν mit diesem spezifischen Verständnishintergrund absichtlich in 10,32b verwendet haben, da das Wort ein Passionsterminus der Urkirche ist[313].

Ἄρχεσθαι + Infinitiv λέγειν war als typisch markinische Konstruktion bereits in Vers 28 erkannt worden[314], ist also auch hier wieder als redaktionell anzusehen.

Das dem Vers 33f vorangestellte Summarium τα μέλλοντα αὐτῷ συμβαίνειν fällt auf. Μέλλειν + Infinitiv bringt dem Futur vergleichbar das Bevorstehende zum Ausdruck[315] und rückt es in die Gegenwart. Αὐτῷ bezieht dieses Bevorstehende ganz offen auf die Person Jesu, während die folgende Leidensweissagung vom "Menschensohn" spricht. Das Jesus sich ankündigende Leidensschicksal greift bereits Platz in der aktuellen Gegenwart und Situation des Hinaufziehens nach Jerusalem.

Diese überlegte Gestaltung des Vorspanns zur eigentlichen Leidensweissagung wird man auch unter Anrechnung der übrigen oben vorgetragenen Argumente dem Evangelisten Markus zuschreiben können.

## § 29 Das Programm der Leidensnachfolge nach Vers 33f

### 1 Das gemeinsame Hinaufsteigen nach Jerusalem

Mit einer Wiederholung der Ortsangabe aus Vers 32a setzt die Rede Jesu in Vers 33a ein. Die Verbindung des ὅτι-recitativum mit ἰδού fällt ins Auge[316]. Sie scheint das vorangehende Summarium aus Vers 32b (indirekte Rede!) nun ausführen zu wollen[317]. Die Seitenreferenten hatten dieses Summarium bei Markus übergangen und sind daher auch nicht genötigt, den Beginn der nun folgenden direkten Rede Jesu besonders zu markieren. Um so mehr fällt der kräftige Hinweis mit "siehe" auf. Es begegnete schon einmal in Vers 28 und war dort als markinisch identifiziert worden[318]. Dann könnte e hier ebenfalls von Markus stammen.

Eine zweite Besonderheit des Verses 32a ist darin zu sehen, daß nur an dieser Stelle bei Markus und den abhängigen Seitenreferenten Jesus im Indikativ der 1.Person (Plural) von sich selber und den Zwölfen spricht[319]. Was Markus also in Vers 32 bereits andeutete, das bringt er jetzt in Vers 33a klar zum Ausdruck: Jesus nimmt "zuerst Bezug auf das gegenwärtige Geschehen, auf den Aufstieg nach Jerusalem. Er bringt diesen aktuellen Aufstieg mit der Vorhersage zusammen und holt sie damit in eine unausweichliche und erschreckende Nähe. Dabei spricht er nicht nur von seinem eigenen Tun, sondern stellt durch das einmalige 'wir' fest, daß die 12 gerade hier dabei sind und diesen Weg mit ihm teilen"[320].

Für das Verständnis der markinischen Redaktion in Kapitel 10 ist diese Beobachtung von entscheidender Bedeutung. Die Zwölf, die sich in der Nachfolge Jesu befinden, haben Anteil an seinem Schicksal. Ihre Nachfolge soll konkret darauf aufmerksam machen, daß die Gefolgschaft Jesu Leiden und Tod bedeutet, daß Nachfolge Jesu die Nachfolge in das Martyrium ist.

Wie diese Leidensnachfolge konkret aussieht, schildert Vers 33f auf die Person Jesu bezogen recht drastisch.

## 2 Die Schilderung des Leidens Jesu

\* Gegenüber der ersten und zweiten Leidensweissagung in 8,31; 9,31 ist die dritte am ausführlichsten[321]. In sechs Stationen, die bis in den Wortlaut hinein die wesentlichen Elemente der Passionsgeschichte (14,43-16,8) wiedergeben[322], wird das Geschick des Menschensohnes vorwegnehmend skizziert:[323]

καὶ ὁ υἱὸς τοῦ ἀνθρώπου παραδοθήσεται τοῖς ἀρχιερεῦσιν καὶ τοῖς
                                                                           γραμματεῦσιν
καὶ κατακρινοῦσιν αὐτὸν θανάτῳ
καὶ παραδώσουσιν αὐτὸν τοῖς ἔθνεσιν
καὶ ἐμπαίξουσιν αὐτῷ
καὶ ἐμπτύσουσιν αὐτῷ
καὶ μαστιγώσουσιν αὐτὸν
καὶ ἀποκτενοῦσιν

καὶ μετὰ τρεῖς ἡμέρας ἀναστήσεται.

Alle Aussagen erfolgen im Futur, offenbar eine absichtlich gewählte Zeitstufe, "um den Charakter der Voraussage herauszustellen..."[324]. Es stellt sich nun die Frage, ob nach der Schaffung der Situationsschilderung und Einleitung zur dritten Leidensweissagung in den Versen 32.33a die Redaktion des Markus auch in Vers 33f, der eigentlichen Leidensansage, auszumachen ist.

\* Zunächst sticht das zweimal auftretende Verb "ausliefern" hervor[325], das die Abfolge der dargestellten Ereignisse in Vers 33f gliedert[326].
Im ersten Fall wird es passivisch verwendet. Ein Subjekt ist nicht zu erkennen. Im zweiten Fall sind es die Hohenpriester und Schriftgelehrten, die Empfänger der ersten Auslieferung sind und damit handelndes Subjekt der weiteren Auslieferung an die Heiden.
Das Passiv παραδοθήσεται läßt an ein passivum divinum denken[327]. Dagegen spricht aber, daß das Wort "im Passionsbericht des Markus terminus technicus für die Auslieferung Jesu"[328] ist. Paul Hoffmann beobachtet richtig, daß sich die passive Form von "ausliefern" in 14,21.41 "jeweils in Gegenüberstellung zu Aussagen" findet, "die das menschliche Subjekt des Auslieferns benennen. Ähnliches läßt sich auch in 10,33 beobachten, denn die Differenzierung zwischen den zwei Akten der Auslieferung macht deutlich,

daß in der ersten Aussage die Tat des Judas gemeint ist. Auch bei der passiven Formulierung wird also auf die Auslieferung durch Judas Bezug genommen"[329].

Warum aber wird dann nicht in Vers 33 der Name des Judas offen genannt? Die Hohenpriester und Schriftgelehrten werden als diejenigen, die Jesus an die Heiden ausliefern, doch auch konkret bezeichnet.

Der absolute Gebrauch des Verbs "ausliefern" ohne eine nähere Angabe verrät "eine Distanzierung vom historischen Subjekt Judas"[330], so daß die Wendung auch einen theologischen Sinngehalt hat. Daher dürfte die in der Forschung immer wieder behauptete Auslieferung Jesu durch Gott[331] mit dem absoluten Passiv ebenfalls intendiert sein, das Wort also hier bei Markus eine mehrdimensionale Bedeutung haben. "Die drei Bedeutungen des griechischen Wortes 'verraten, dem Gericht übergeben, ausliefern (in einem theologischen Sinn)' fließen zusammen und sind geeignet, über das Zusammenspiel von tückischer Bosheit und harter Aktion der Menschen mit dem unbegreiflichen Gewährenlassen Gottes, hinter dem doch sein Heilsplan steht, nachdenken zu lassen"[332].

Kann man diese von P.Hoffmann als "künstlich" bezeichnete Sinngebung[333] in der Intention und Redaktion des Markus unterbringen?

Ein Blick zurück auf die Textstrecke 10,1-31 zeigt, daß Markus grundsätzlich hinter der "historisch-vordergründigen Seite einen göttlichen Hintergrund"[334] sieht. Hier sei an die Zurechtweisung des fragenden Reichen erinnert: "Niemand ist gut, außer der eine Gott"(10,18).
Gott ist es auch, der Mann und Frau in der Ehe miteinander unzertrennbar verbindet (vgl. 10,6-9). Gott bietet seine Herrschaft sogar den Menschen in der Gegenwart an, sie muß nur in der rechten Weise entgegengenommen werden (vgl. Vers 15). Über den Zugang zum ewigen Leben entscheidet allein Gott und ist niemandem gegenüber verantwortlich in seiner Allmacht (vgl. 10,27). Gott ist es auch, der darüber entscheidet, wer bei ihm Erster und Letzter ist (vgl. Vers 31) und der den diesseitigen Lohn und das ewige Leben schenkt (vgl. Vers 29f).
Für die Zeichnung dieses "göttlichen Hintergrundes", vor dem die konkreten Belehrungen des Markus ihre Konturen gewinnen, ist in 10,1-31 weitgehend der Evangelist verantwortlich. In dieser Aussagehinsicht dürfte dann auch

die dritte Leidensweissagung stehen. Man kann daher das zweimalige Auslieferungsmotiv in Vers 33 guten Gewissens auf die Redaktion des Markus setzen.

\* Als Objekt des Auslieferns nennt Vers 33 den "Menschensohn". Der Titel begegnet in Kapitel 10 hier zum ersten Mal[335]. In Vers 32b sprach Jesus noch von dem Schicksal, daß "ihm" bevorstehe. Nunmehr redet er von sich in der dritten Person und unter Verwendung des Menschensohnnamens.
Sollte das ein literarkritisches Indiz für eine Uneinheitlichkeit des Textes sein oder wird die Bezeichnung "Menschensohn" hier mit bewußter Gestaltungsabsicht eingeführt?
Das von Markus zweifach gesetzte Verb "ausliefern" weist auf die letztere Lösungsmöglichkeit hin. Für den Evangelisten steht "die personale Identität zwischen Menschensohn und Jesus außer Zweifel"[336]. Den Menschensohn charakterisieren in Vers 33f zwei Merkmale: er wird getötet, und er steht von den Toten wieder auf. Im Menschensohntitel kommen also hier "die Hoheit des Menschensohnes und die Verwerfung durch die Menschen zum Ausdruck[337]. Gerade dieser Inhalt des Titels aber paßt hervorragend zur Aussageabsicht des Markus, deren Richtung bisher erkannt werden konnte. Die Hoheit des Menschensohnes und seine Macht sind es, die in seinem Voranschreiten auf dem Weg in den Tod den Nachfolgenden Angst und Schrecken einflößen.
Aber der Evangelist ist nicht primär an einer Prädikation Jesu mit einem christologischen Titel interessiert. Vor dieser Annahme bewahrt die Erkenntnis der markinischen Aussage im redaktionellen Vers 32. Hier stellt Markus die Bindung der Nachfolger an den bewußt vorausgehenden Jesus pointiert heraus. Die weitere dramatische Gestaltung des Zuges nach Jerusalem betont die Härte dieser Nachfolge, die Markus mit dem Erschrecken und der Angst der Nachfolger kommentiert. So geht es ihm bei der Verwendung des Menschensohntitels in Vers 33b eher um eine auf den Gedanken der Leidensnachfolge gerichtete effektive Christologie. Das wird durch das Fehlen jeglicher Soteriologie in der dritten Leidensweissagung[338] gegenüber dem Menschensohnlogion in Vers 45 unterstrichen. Markus will die Jünger zur gleichen Leidensbereitschaft in der Nachfolge anhalten, wie Jesus, der

Menschensohn, sie ihnen beispielhaft vorlebt.

\* Auf die Gliederung der Leidensansage durch die beiden redaktionellen Auslieferungsbemerkungen war bereits hingewiesen worden. Zwischen diesen beiden stehen als Empfänger des ausgelieferten Menschensohnes und Verantwortliche für seine erneute Übergabe an die Heiden die Hohenpriester und Schriftgelehrten[339]. Die Rahmung dieser Personengruppe durch die beiden Auslieferungsvermerke läßt eine absichtliche Akzentuierung der Gegner Jesu durch Markus vermuten:

... καὶ ὁ υἱὸς τοῦ ἀνθρώπου παραδοθήσεται τοῖς ἀρχιερεῦσιν
καὶ τοῖς γραμματεῦσιν καὶ κατακρινοῦσιν αὐτὸν θανάτῳ
            καὶ παραδώσουσιν αὐτὸν τοῖς ἔθνεσιν...

Diese Herausstellung der Gegner und ihres Handelns tritt noch deutlicher hervor, wenn man sieht, daß die Abfolge der Verben "ausliefern-verurteilen-ausliefern" durch die Gegnerbezeichnung eigentlich nur gestört wird:

... παραδοθήσεται
τοῖς ἀρχιερεῦσιν καὶ τοῖς γραμματεῦσιν
καὶ κατακρίνουσιν ...
καὶ παραδώσουσιν

Der schwerwiegendere Anteil an Verantwortung für den Tod Jesu wird also den Hohenpriestern und Schriftgelehrten angelastet. Sie nehmen den Ausgelieferten in Empfang, verurteilen ihn zum Tode und liefern ihn in die Hände seiner Mörder aus. Sie nehmen also auf das Schicksal Jesu entscheidend Einfluß.

Dieses Ergebnis deckt sich mit dem Verlauf der Passionsgeschichte. Für eine entsprechende Gestaltung in der dritten Leidensweissagung wird man am ehesten den Evangelisten verantwortlich machen können[340].

\* Die Aufzählung der Leidensstationen in Vers 34 trägt wesentlich zur Ausführlichkeit und zum größeren Umfang der dritten Leidensweissagung gegenüber den beiden anderen bei. Während ἐμπαίζειν und ἐμπτύειν aus der Passionsgeschichte in Mk 14f bekannt sind, begegnet μαστιγοῦν nur hier in 10,34 . Das Verb ist aber gleichbedeutend mit dem in 15,15 in der Pas-

sionsgeschichte anzutreffenden φραγέλλουν[341].
Untersucht man die Abfolge der Verben aus Vers 34 im Rahmen der Passionserzählung, dann ergibt sich folgendes Bild:

ἐμπτύειν nach der Verurteilung Jesu zum Tode in 14,65,
φραγελλεῖν zum Ende des Pilatusverhörs in 15,15,
ἐμπτύειν während der Verspottung durch die Römer in 15,19,
ἐμπαίζειν zum Schluß der Verspottung durch die Römer in 15,20,
ἐμπαίζειν zum Abschluß des Kreuzigungsberichts durch die Hohenpriester
      und Schriftgelehrten.

Dem widerspricht auf den ersten Blick die Reihenfolge in Vers 34 mit den Verben ἐμπαίζειν - ἐμπτύειν - μαστιγοῦν.

G.Strecker begründet die Differenz damit, daß "der Redaktor nicht sklavisch an seine Vorlage gebunden ist"[342]. Dieses Argument ist aber eine reine Verlegenheitslösung. Und sollte es zutreffen, was allerdings noch nicht nachgewiesen ist, daß nämlich Vers 34 von Markus formuliert worden ist, dann muß darauf hingewiesen werden, daß der Evangelist bisher in Kapitel 10 an keiner Stelle irgendwelche schriftstellerischen Ambitionen zur Variation seines Ausdrucks oder seines Umgangs mit der Tradition hat erkennen lassen. Ihm geht es allein um die Sache. Selbst kleinere Einfügungen, Umstellungen oder Erweiterungen der Redaktion gaben sich bei näherem Hinsehen als Äußerungen eines Gestaltungswillens zu erkennen, der auf die Vermittlung handfester theologischer Aussagen abzielte. Stammt aber die Abfolge der Leidensstationen in Vers 34 von Markus, so ist dort auch ein redaktionell gesetzter theologischer Schwerpunkt des Evangelisten anzunehmen.

P.Hoffmann vermutet, die Umstellung der Verben in Vers 34 diene "der Steigerung"[343]. Es fragt sich aber, ob überhaupt eine Steigerung vorliegt. Was sollte hier wohin gesteigert werden?

Ähnlich argumentiert Ferdinand Hahn[344] und meint, daß es der Reihenfolge "um eine in dem 'Töten' ausmündende Klimax" gehe, die so am besten vom Evangelisten erreicht werden konnte. Das ist jedoch nicht einzusehen. Die am eindrucksvollsten dargestellte Klimax des Passionsgeschehens ist doch wohl in der Leidensgeschichte in Mk 14f selbst zu sehen. Gerade der aber

widerspricht die Anordnung des Leidensgeschehens in 10,34.
Für R.Pesch ist die "mangelnde terminologische Abstimmung ... und vom späteren Verlauf abweichende Raffung und Reihenfolge"[345] Anlaß, Vermutungen über eine markinisch-redaktionelle Abfassung des Verses 34 als unangebrachte Spekulation zu verurteilen. Pesch begründet seine Behauptung zwar nicht, sie ergibt sich aber aus der bekannten Skepsis des Kommentators der Literarkritik gegenüber. Für ihn reichen die in einer Vielzahl zitierten Traditionen vom leidenden Gerechten aus, um eine Orientierung der Leidensmotive in Vers 34 an diesen zu behaupten und damit Tradition zu postulieren. Für J.Gnilka[346] dagegen ist die Übereinstimmung der Leidensweissagung mit der Terminologie der Passion "frappierend" und Grund genug, sie als Schöpfung des Evangelisten anzusehen. Auf die Abfolge der einzelnen Leidensstationen und des sich damit stellenden Problems geht Gnilka nicht ein.

\* Um zu einem redaktionsgeschichtlichen Ergebnis kommen zu können, ist es am besten, zunächst einmal die einzelnen Passionstermini zu untersuchen:

ἐμπαίζειν

Das Verb begegnet neben 10,34 noch in 15,20.31 und bedeutet "mit jemandem seinen Mutwillen bzw. Spott treiben"[347]. Es verlangt nach einer Konkretion, die bei seiner Verwendung innerhalb der Passionsgeschichte zu finden ist.

> In 15,20 schaut das Wort zum Abschluß der Verspottung durch die Soldaten zurück auf die einzelnen Torturen, denen man Jesus unterzogen hatte. Hier bilden die Beschreibungen von den Schlägen auf den Kopf, dem Anspucken und den verspottenden Huldigungen durch Kniebeugen den Inhalt des Spotts, der mit Jesus getrieben wird.
>
> In 15,31 wiederum treiben die Hohenpriester und Schriftgelehrten ihren Mutwillen mit dem Gekreuzigten, ebenso die vorübergehenden Leute. Im voranstehenden Vers 29f finden sich ebenfalls verschiedene Erniedrigungen Jesu wie Verspottung, Kopfschütteln und höhnische Zurufe, die den Inhalt des Verbs "mit jemandem seinen Spott treiben" auf seiten der Hohenpriester und Schriftgelehrten ausmachen.

In der Passionsgeschichte werden also einzelne Foltern, die man Jesus zufügt, mit ἐμπαίζειν resümiert. Dann dürfte das Wort in 10,34 eine ähnliche Funktion besitzen. Offenbar ist es ganz bewußt den Leidensstationen "anspucken" und "geißeln" summierend vorangestellt worden[348]. Diese Vermutung bedarf aber noch einer Absicherung durch die Untersuchung der beiden

Summanden:

ἐμπτύειν

Das Wort ist noch in 14,65 und 15,19 zu finden. Während es in 15,19 die Erniedrigungen beschreibt, die Jesus von den römischen Soldaten zugefügt werden, schildert das Verb in 14,65 zum Schluß des Prozesses vor dem Hohen Rat die ersten Reaktionen der Richter auf die soeben erfolgte Verurteilung Jesu zum Tode.

μαστιγοῦν

Das Verb ist ein Hapaxlegomenon bei Markus und gleichbedeutend mit dem Verb φραγελλοῦν (vgl. Mk 15,15 par Mt 27,26)[349], das im Neuen Testament gebräuchlicher zu sein scheint. Die Geißelung "bezeichnet die nach römischem Recht mit der Exekution verbundene verberatio"[350] und stellt den Abschluß des Verhörs Jesu vor Pilatus dar.

Aus der Verwendung der beiden Verben in der Passionsgeschichte wird deutlich, daß sie jeweils die Endpunkte des Prozesses vor dem Hohen Rat und dem Verhör Jesu durch Pilatus kennzeichnen. In 10,34 werden diese beiden Stationen inhaltlich durch ein vorangestelltes ἐμπαίζειν zusammengefaßt. Während sich die Abfolge der beiden Verben in der Passionserzählung durch den Verlauf des Geschehens ergab, scheint es sich in 10,34 um eine Konstruktion zu handeln, die die ganz bestimmte Absicht verfolgt, die zwei Hauptereignisse, die zur Hinrichtung Jesu geführt haben, nämlich der Prozeß vor dem Hohen Rat und das Pilatusverhör, repräsentiert in den beiden Verben "anspucken" und "geißeln", miteinander zu verbinden.

Ein Blick auf den Verlauf der Passion zeigt, daß der Evangelist in 15,1 sehr bemüht ist, eine Überleitung von der nächtlichen Gerichtssitzung des Hohen Rates zum anschließenden Pilatusverhör zu formulieren. Er will beide Ereignisse offensichtlich eng miteinander verknüpfen[351]. In 10,34 wird das gleiche Bemühen aus der Konstruktion des Satzes sichtbar, so daß man den Evangelisten für die Formulierung des Verses verantwortlich machen darf.

\* Für die beiden Verben "töten" und "auferstehen" weist F.Hahn darauf hin, "daß sich ἀποκτείνειν und ἀναστῆναι von den in sonstigen Passionsformeln

geläufigen Termini ἀποθνῄσκειν und ἐγερθῆναι unterscheiden[352].
'Αποκτείνειν ist ein geprägter Terminus, der "im Zusammenhang mit der im Spätjudentum ausgebildeten Tradition von der 'Tötung' der Propheten einen besonderen Aussagegehalt gewonnen" hat. "Auch bei ἀναστῆναι dürfte durch die Wortwahl eine bewußte Stilisierung vorgenommen worden sein ... anders als bei dem ἐγερθῆναι liegt der Ton nicht auf dem göttlichen Handeln beim Ostergeschehen, vielmehr geht es um die Macht des Menschensohnes, selbst vom Tode wieder aufzustehen. Dem Ausgeliefertsein und der Hinrichtung steht das souveräne Handeln des Auferstandenen gegenüber"[353]. Auch hierin darf man eine besondere redaktionelle Absicht des Markus erblicken, auf den die dritte Leidensweissagung in 10,32-34 insgesamt zurückgeht[354].

Damit steht aber auch fest, daß der Evangelist den Zusammenhang der vormarkinischen Sammlung in Kapitel 10 durch den Einschub seiner Leidensweissagung unterbricht. Warum er sich für diesen Eintrag gerade die Nahtstelle zwischen den Perikopen vom Reichen und den Zebedaiden ausgesucht hat, bleibt noch zu klären.

KAPITEL 7: JESUS UND DIE ZEBEDAIDEN (10,35-45)

§ 30  Das Gespräch Jesu mit Jakobus und Johannes in 10,35-40

1 Das Herantreten der Zebedaiden an Jesus

Die Darstellung des Gesprächs Jesu mit Jakobus und Johannes beginnt in Vers 35a mit der einleitenden Bemerkung:

καὶ προσπορεύονται αὐτῷ ’Ἰάκωβος καὶ ’Ἰωάννης οἱ υἱοὶ Ζεβεδαίου λέγοντες αὐτῷ·

Mit Blick auf die Absonderung der Zwölf in Vers 32b unmittelbar zuvor ist
das erneute Hinzutreten der beiden Jünger aus dem Zwölferkreis unpassend
und entbehrlich[355].

Aber auch wenn weiter unten in Vers 41 davon berichtet wird, daß die Zehn
das Gespräch zwischen Jesus und den beiden mit angehört haben, spricht das
eigentlich gegen eine neuerliche Annäherung des Jakobus und Johannes an Jesus.
Denn Vers 41 hat ja wieder die "alte" Belehrungssituation aus der dritten
Leidensweissagung im Auge. Offenbar werden aber die beiden Zebedaiden mit
Absicht aus dem bereits versammelten Zwölferkreis in Vers 35a herausge-
rückt.

Diese Überlegung macht es unwahrscheinlich, daß der Evangelist beim Einschub der dritten Leidensweissagung in die vormarkinische Sammlung in Mk 10
die sich ergebende Unstimmigkeit an der Randstelle zur Zebedaidenperikope
lediglich übersehen hat. Vielmehr steht Markus im Verdacht, an der Gestaltung der Perikopeneinleitung beteiligt gewesen zu sein.

Gegen diese Vermutung könnte eingewendet werden, daß προσπορεύεσθαι
ein Hapaxlegomenon im Neuen Testament ist. Die Erfahrungen, die bisher zum
Umgang des Markus mit nur einmal in seinem Evangelium vorkommenden Wörtern
gesammelt werden konnten, lassen vor einem vorschnellen Schluß in Richtung
Tradition warnen. Immerhin ist beachtenswert, daß der Evangelist die meisten Komposita von πορεύεσθαι in seinem redaktionellen Sprachschatz favori-
siert: ἐκπορεύεσθαι[356], εἰσπορεύεσθαι[357], παραπορεύεσθαι[358].

Das παραπορεύεσθαι in 10,35a wäre also für den Evangelisten trotz seines
singulären Auftretens im Markusevangelium wahrscheinlich erschwinglich,
das Hapaxlegomenon συμπορεύεσθαι in Vers 1 war es auch. Dazu kommt, daß
ἐκπορεύεσθαι in Vers 17a ebenfalls redaktionell war. Hier in Vers 35
könnte προσπορεύεσθαι an der exponierten Stelle des Erzählungsanfangs sogar mit besonderer Absicht vom Evangelisten ausgesucht und plaziert worden
sein.

Die Notiz des erneuten Herantretens der Zebedaiden an Jesus bewirkt, daß
Jakobus und Johannes aus dem Kreis der Zwölf herausgelöst werden und das
Gespräch mit ihnen eine Hervorhebung erfährt. Man gewinnt den Eindruck,
auf diese Weise werde von einer privaten Sonderbelehrung der Zwölf zu einem

Privatissime-Gespräch übergeleitet, ohne daß Wert auf eine Abgrenzung beider Szenen voneinander gelegt wird. Im Gegenteil: Die Kombination der so gestalteten Einleitung der Zebedaidenperikope mit der Bemerkung über die Vervollständigung des Zwölferkreises um die übrigen Zehn in Vers 41 deutet auf einen bewußt angestrebten engen Zusammenhang der dritten Leidensweissagung mit der nachfolgenden Perikope hin.

Dieser Beobachtung wird man später noch weiter nachgehen müssen, wenn es um die Klärung der Frage geht, warum Markus das Stück in 10,32-34 vor die Zebedaidenperikope gesetzt hat.

Die Gestaltung des Verses 35a wird man dem Evangelisten auf jeden Fall zutrauen können. Das gilt um so mehr, wenn im Verlauf der Analyse der Vers 41 als redaktionell nachgewiesen werden kann, wofür bereits wichtige Überlegungen sprechen.

2  Das Gespräch Jesu mit den Zebedaiden

Es herrscht in der Forschung Einigkeit darüber, daß das Gespräch Jesu mit Jakobus und Johannes in 10,35b-40 eine vormarkinische Bildung ist, wenn sich auch gegenüber einem älteren Textbestand noch die Spuren eines sekundären vormarkinischen Einschubs nachweisen lassen[359]. Die Hand des Markus ist hier nirgends festzustellen[360], dafür sprechen die Verbalstatistik und mehr noch die Stilkritik eine deutliche Sprache:

* Die Identifizierung des Jakobus und Johannes als "die Söhne des Zebedaios" in Vers 35a ist einmalig bei Markus[361].
* Wie schon in Vers 20 muß für die Anrede Jesu mit "Lehrer" auch in Vers 35b die redaktionsgeschichtliche Entscheidung offen bleiben[362].
* Die Konstruktion der Zebedaidenfrage in Vers 35b ist ziemlich umständlich und erweckt nicht gerade den Eindruck einer redaktionellen Bildung. Ἵνα ὃ ἐάν ist absolut singulär im Markusevangelium. Ähnlich konstruiert wie Vers 35b ist die sicher vormarkinische Rede des Herodes in 6,22:

  6,22  : αἴτησόν με ὃ ἐὰν θέλῃς καὶ δώσω σοι
  10,35b: θέλομεν ἵνα ὃ ἐὰν αἰτήσωμέν σε ποιήσῃς ἡμῖν[363].

* Auch die Gegenfrage Jesu ist eher eine traditionelle Stilfigur, wie ihre

ähnlich lautenden vormarkinischen Varianten in 10,51 und 15,12 belegen:

10,36b: τί     θέλετέ με ποιήσω ὑμῖν
10,51 : τί σοι θέλεις με ποιήσω
15,12 : τί οὖν θέλετε     ποιήσω[364]

* Δίδομι im Aorist Imperativ Singular war schon in Vers 21 vormarkinisch[365]. Der Ausdruck δὸς ὑμῖν ἵνα ist zudem nur hier bei Markus anzutreffen.
* Ἀρίστερος ist Hapaxlegomenon im Markusevangelium.
* Auch das ἐν τῇ δόξῃ σου in Vers 37b kommt nur an dieser Stelle vor (vgl. zu ἐν τῇ δόξῃ τοῦ πατρὸς αὐτοῦ in 8,38).
* Das Logion vom Bechertrinken und Getauftwerden ist mit Sicherheit älter als Markus.
* Εὐωνύμων kommt nur noch in der (traditionellen) Kreuzigungsszene in 15,27 vor.
* Die Formulierung οὐκ ἔστιν ἐμόν ist wiederum einmalig bei Markus.

Als Ergebnis der wort- und stilkritischen Überprüfung von 10,35-40 kann festgehalten werden, daß nur die Einleitung des Verses 35a auf den Evangelisten Markus zurückgeht.


§ 31  Die redaktionelle Überleitung zu den Sprüchen in 10,42b-45


In den Versen 41.42a lassen sich markinische Spracheigentümlichkeiten nachweisen, die für eine von Markus geschaffene Überleitung vom Zebedaidendialog in 10,35-40 zu den Logien in 10,42b-45 sprechen.

1  καὶ ἀκούσαντες

Die Vorliebe des Evangelisten für Einleitungen von Textstücken mit der Konjunktion καί und anschließendem Partizip ist bekannt[366]. Sie begegnet wörtlich übereinstimmend mit Vers 41 noch in 3,21; 6,29 und mit οἱ δέ in 14,11³⁶⁷.

Ähnlich dem καὶ περιβλεψάμενος im redaktionellen Vers 23a erreicht Markus mit dieser Einleitung einen Einbezug der übrigen zehn Mitglieder des Zwölferkreises in das Gespräch Jesu mit den Zebedaiden und damit in die aufgeworfene Problematik des Rangstreits. Das gleiche redaktionelle Muster konnte neben 10,23 aber auch noch in 10,10 beobachtet werden. Immer ging es dem Evangelisten darum, den Kreis der von Jesus Belehrten auf die Jünger auszudehnen: in 10,10 läßt er die Jünger Jesus über das Zurückliegende befragen, Vers 23a richtet er so ein, daß Jesus auf die schon vorher anwesenden Jünger schaut, in Vers 41 schließlich bringt er die restlichen zehn Jünger des Zwölferkreises dadurch mit dem in 10,35-40 verhandelten Thema in Kontakt, daß er sie "zuhören" und "sich ärgern" läßt.

2 οἱ δέκα

Die Bezeichnung "die Zehn" ist bei Markus singulär. Dagegen kommen "die Zwölf" als typisch markinische Größe³⁶⁸ insgesamt neunmal³⁶⁹ vor gegenüber fünfmal bei Matthäus und sechsmal bei Lukas.
Sind aber die Zwölf markinisch, dann auch ein bestimmter Teil von ihnen (man beachte den Artikel οἱ), nämlich die Zehn: "... the concept of the twelve is envisaged"³⁷⁰.
Die Zwölf wurden zuletzt im redaktionellen Vers 32b genannt. In 10,35-41 wird demnach die Belehrungssituation aus der dritten Leidensweissagung auf der Ebene des Markus konstant durchgehalten. Das geschieht dadurch, daß Markus die Ellipse³⁷¹ in Vers 41 durch die erneute und etwas umständlich wirkende Nennung des Jakobus und Johannes³⁷² sprachlich wieder auffüllt.

3 ἄρχεσθαι c. Infinitiv

Die Konstruktion ἄρχεσθαι c. Infinitiv des Redens ging in Vers 28 schon auf Markus zurück³⁷³. Wenn auch "ärgern" kein Verbum des Redens ist, so bewirkt die Konstruktion in Vers 41 doch das gleiche wie die in 10,28: der Evangelist signalisiert mit ihr den Neuansatz der Behandlung des vorangegangenen Themas. Dazu kommt, daß ἀγανακτεῖν in Vers 14 schon einmal redaktionell war[374] und deshalb auch hier markinisch sein dürfte[375].

4 'Ἰάκωβος καὶ 'Ἰωάννης

Die Zehn ärgern sich über ihre beiden Mitjünger Jakobus und Johannes. Da alle übrigen Satzteile des Verses 41 bereits für Markus verbucht werden konnten, wird das "Objekt" des Ärgers der Zehn auch redaktionell sein[376]. Das läßt sich schon aufgrund ihrer nach Vers 35 nochmaligen, auffällig unbeholfenen Nennung in Vers 41 vermuten, ist aber auch noch durch eine genaue Untersuchung zu bestätigen:

| Stelle | Namen | Namenszusätze | Bemerkungen |
| --- | --- | --- | --- |
| 1,19 | Jakobus und Johannes | den d.Zebedaios seinen Bruder | --- |
| 1,29 | Jakobus und Johannes | --- | u.Simon u.Andreas (Vierergruppe) |
| 3,17 | Jakobus und Johannes | den d.Zebedaios seinen Bruder | --- |
| 5,37 | Jakobus und Johannes | -------- d.Bruder d.Jak. | und Petrus (Dreiergruppe) |
| 9,2 | Jakobus und Johannes | --- | und Petrus (Dreiergruppe) |
| 10,35 | Jakobus und Johannes | d.Söhne des Zebedaios | --- |
| 10,41 | Jakobus und Johannes | --- | --- |
| 13,3 | Jakobus und Johannes | --- | u.Petrus u.Andr. (Vierergruppe) |
| 14,33 | Jakobus und Johannes | --- | u.Petrus (Dreiergruppe) |

An der Übersicht läßt sich ablesen:

* Die Zebedaiden werden ausschließlich in der Namensabfolge "Jakobus und Johannes" genannt (377).

* Erläuternde Namenszusätze oder die gemeinschaftliche Nennung der Zebedaiden mit anderen Jüngern des Zwölferkreises in Dreier- oder Vierergruppen erfolgen nur in 10,41 nicht (378).
* "Jakobus und Johannes" in 10,41 ist offensichtlich eine Wiederaufnahme aus 10,35a. Da seit ihrer Berufung durch Jesus in 1,20 im Markusevangelium klar ist, wessen Söhne die Zebedaiden sind, Markus also eigentlich kein Interesse an dem Zusatz "die Söhne des Zebedaios" in 10,35 haben kann, ist der Namenszusatz dort mit größter Wahrscheinlichkeit vormarkinisch und fehlt folgerichtig im markinischen Vers 41.

Damit dürfte feststehen, daß Vers 41 der Redaktion des Markus entstammt. Mit ihm holt der Evangelist die zwischen Jesus und den Zebedaiden spielende Szene in den Zwölferkreis herein, schafft damit eine Anbindung an die dritte Leidensweissagung und verknüpft gleichzeitig den Zebedaidendialog mit den in 10,42b-45 folgenden Logien.

Die Frage, wie H.-W.Kuhn sie sich gegen Ende seiner Analyse des Verses 41 stellt aber offen läßt, ob nämlich "die Zehn" vielleicht erst auf Markus zurückgehen[379], kann nunmehr ziemlich sicher positiv beantwortet werden[380].

5  καὶ προσκαλεσάμενος αὐτοῦς

Besonders das "Zusammenrufen" steht im Dienste der Verknüpfung von 10,35-40 mit 10,42b-45. Das eröffnende καί+ Partizip ist wieder einwandfrei redaktionell (vg.Verse 41.23)[381]. Καὶ προσκαλεσάμενος ist bei Markus noch häufig anzutreffen:

* am Satzanfang in 3,23[382]; 7,14; 8,34; 12,43,
* ohne καί im Satzanfang in 8,1 und
* ohne καί im Satz in 15,44.

Als Akkusativobjekt werden einmal die Gegner Jesu genannt (3,23), häufiger aber die Zwölf (3,13;6,7) bzw. die Jünger (8,1;12,43), das Volk (7,14) oder Jünger und Volk zusammen (8,34). Bis auf 15,44[383] ist es Jesus, der seine Jünger zusammenruft. Καὶ προσκαλεσάμενος wird also auf verschiedene Personengruppen angewendet, die zur Belehrung durch Jesus zusammengerufen werden, vorzugsweise die Jünger und das Volk. Man wird gerade im Hinblick auf 3,13 (Sammlung von Jüngern zur Konstituierung des Zwölferkreises), 6,7 (Sammlung der Zwölf zur Aussendung in die Mission), aber auch 8,34 (Sammlung von Jüngern und Volk zur Belehrung über die Kreuzesnachfolge) der Formulierung in Vers 42a die spezifische Funktion, Menschen zur Belehrung durch Jesus zusammenzuführen, nicht absprechen können. Damit erhält die Partizipialkonstruktion den schematischen und formelhaften Charakter einer typischen Ein- bzw. Überleitungsformulierung[384], die sich an einen größeren Kreis von Zuhörern richtet.

Daß es sich bei Vers 42a um eine markinische Formulierung handelt, läßt sich zusätzlich daran erkennen, daß das Zusammenrufen der αὐτούς ja eigentlich auch wieder überflüssig ist (vgl.zu 10,35a). Es sind bereits die Zwölf seit Vers 41 wieder bei Jesus versammelt. Nur auf der Ebene der Redaktion läßt sich die nochmalige Sammlung der Zuhörer Jesu sinnvoll erklären: das προσκαλεῖν soll offenbar einerseits die folgenden Worte Jesu herausstreichen und deren Anschluß an die Szene in 10,35-40 enger gestalten, andererseits scheint Markus an einem größeren Auditorium interessiert zu sein, an das sich die folgenden Logien richten.

Dieser redaktionelle Zug des Verses 42a entspricht aber ganz dem von Markus in Vers 32 geschilderten Hinaufziehen Jesu mit einer großen Nachfolgerschar nach Jerusalem. Auf diese große Gruppe in Begleitung Jesu dürfte der Evangelist mit den in Vers 42a genannten αὐτούς ebenso schauen wie auf die Zehn und die Zebedaiden in Vers 41. Dazu kommt, daß das Volk direkt im Anschluß an die Logien in 10,42b-45 in Vers 46 zu Beginn der nächsten Perikope wiederum genannt wird, dazu die Jünger Jesu. Der Kontext der Zebedaidenperikope kennt also ein größeres Publikum als die Zwölf, und darauf dürfte Markus mit der redaktionellen Redeeinleitung in Vers 42a reflektieren.

Auch die Logien in den folgenden Versen 42b-45 bestätigen diese Sicht der Markusredaktion. Sie holen durch ἐν ὑμῖν sowie ὑμῶν und πάντων ebenfalls weiter aus und betreffen einen großen Zuhörerkreis[385], unter dem man sich wahrscheinlich die Gemeinde vorzustellen hat.

Vers 42a geht also ziemlich sicher zu Lasten des Evangelisten Markus. H.-W.Kuhn nähert sich diesem Ergebnis, wenn er "am ehesten" das καὶ προσκαλεσάμενος für Markus anführen können will[386].

6   ὁ δὲ 'Ιησοῦς λέγει αὐτοῖς

Im überaus häufigen Gebrauch des Präsens historicum im Markusevangelium erkennt J.C.Hawkins[387] "a notable characteristic of Mk". Die auf seinen Listen und Tabellen aufbauende und genauere Untersuchung von Max Zerwick kommt für die Verwendung des historischen Präsens zu einem weiterführenden Ergebnis: "die Begriffe des Kommens, Bringens, Führens, sich Versammelns erscheinen bei Mk am Anfang der Perikope präsentisch markiert, wenn mit ihnen für den Schriftsteller das Neue beginnt ..."[388].
Eine weitere Sonderstellung des Präsens hist. λέγει in der Einleitung zur direkten Rede, wie sie auch in Vers 42b vorliegt, läßt Zerwick fragen, ob sich bei Markus "nicht doch vielleicht wenigstens für die so oft wiederkehrenden, formelhaften Einführungen der direkten Rede gewisse individuelle Regelmäßigkeiten feststellen lassen, zumal bei Mk und seiner unmittelbaren, unreflektierten Art"[389]. Für die Redeeinführung in Vers 11a traf das bereits zu, analog dürfte der Fall dann in Vers 42a liegen.
Gerade auch die Verbindung des λέγειν als verbum finitum zum voranstehenden markinischen Partizip καὶ προσκαλεσάμενος spricht natürlich stark für die Hand des Markus. Bereits bei der Analyse von 10,23-27 waren die Konstruktionen "Partizip + Präsens hist. λέγει + Objektsdativ" auffällig und auf den Evangelisten zurückzuführen gewesen[390]. Vergleicht man sie mit der Form des Verses 42a, dann fallen Gemeinsamkeiten auf:

```
Vers 23a: καὶ                περιβλεψάμενος    ὁ 'Ιησοῦς λέγει τ.μαθηταῖς αὐτοῦ
Vers 24b: ὁ δὲ 'Ιησοῦς πάλιν ἀποκριθεὶς                 λέγει αὐτοῖς
Vers 27a:                    ἐμβλέψας αὐτοῖς  ὁ 'Ιησοῦς λέγει
Vers 42a: καὶ                προσκαλεσάμενος  ὁ 'Ιησοῦς λέγει αὐτοῖς
                                                                αὐτοῦς
```

Alle vier Partizipialkonstruktionen leiten eine direkte Rede Jesu ein, die sich an die Jünger richtet, und stehen in der gleichen Zeitform des Aorists. Darüber hinaus beginnen die Verse 23a.42a mit einem parataktischen, für Markus sprechenden καί und bilden die Einleitung einer redaktionell angelegten Jüngerbelehrung. Aus diesen Beobachtungen folgt, daß die Übergänge der Reichtums- und der Zebedaidenperikope zu ihren jeweiligen Jüngerbelehrungen von einer Hand gestaltet worden sein dürften. Dafür kann nur Markus infrage kommen, wie schon seine Redaktion in den Versen 10.11a.23a

gezeigt hat. Daher sind die Verse 41.42a als markinische Überleitung von
10,35-40 zu 10,42b-45 und als redaktionelle Eröffnung einer Jüngerbelehrung anzusehen[391].

## 7 Bilanz

Markus gibt durch die Gestaltung der Nahtstelle zwischen der Zebedaidenperikope und den sich anschließenden Logien zu verstehen, daß er beide Textstücke als Einheit verstanden wissen will. Die Frage, ob der Evangelist zwei in seiner Vorlage noch getrennte Texte miteinander verbunden hat, die Verse 41.42a also ausgesprochene Klammerfunktion haben oder lediglich eine bereits vormarkinisch vorhandene Verbindung zwischen 10,35-40 und 42b-45 erklären, kann hier noch nicht beantwortet werden. Dazu bedarf es zuerst der Untersuchung der Logien in 10,42b-45, die jetzt in Angriff genommen wird.

## § 32 Die markinische Verstärkung der Jüngeradresse in den Versen 42b-45

### 1 Sichere Merkmale der Tradition

Die redaktionsgeschichtliche Befragung von 10,42b-45 wird dadurch erleichtert, daß man dem Text sofort sehr auffällige Kennzeichen entnehmen kann, die auf das Vorliegen von Tradition hindeuten. Sie können daher bei der Suche nach eventuellen redaktionellen Bearbeitungsspuren als negative Ausscheidungskriterien benutzt werden.

Vers 42b: Das Wort von den scheinbaren Herrschern und Großen der Völker ist ein für Sätze der mündlichen Überlieferung charakteristischer Parallelismus membrorum[392] und wohl älter als Markus. Das bestätigen vor allem auch die beiden die Sinnachse des Logions tragenden Verben κατακυριεύειν und κατεξουσιάζειν, die Hapaxlegomena bei Markus sind.
Die Bezeichnung der Herrscher mit οἱ δοκοῦντες ἄρχειν und οἱ μεγάλοι

sind ebenfalls einmalig bei Markus. Diese Ansammlung singulärer Wörter und Ausdrücke in einem einzigen Vers aber ist ein relativ sicherer Indikator für Tradition.

Verse 43.44: Beide Logien sind ortlos und aufgrund ihres fünffachen Vorkommens bei den Synoptikern in jeweils unterschiedlichem Kontext[393] klassische Wanderlogien[394]. Dazu tritt die bereits gewonnene Erkenntnis, daß konditionale Relativsätze in der ὅς ἐάν -Form dem Evangelisten wahrscheinlich schon vorgegeben waren[395]. Als Dublette taucht Vers 43 darüber hinaus noch im Spruchgut der Logienquelle in Lk 9,48b und Mt 23,11 auf, was den Eindruck einer vormarkinischen Bildung nur noch verstärkt.

Vers 45: Der Gebrauch des Menschensohnnamens und die Form des Logions in Vers 45a (ἦλθον -Wort) sprechen auf jeden Fall gegen Markus. Völlig unerschwinglich jedoch dürfte die in Vers 45b enthaltene soteriologische Deutung des Todes Jesu für den Evangelisten gewesen sein, die ähnlich nur noch in der sicher traditionellen liturgischen Überlieferungseinheit in 14,22-25 zu finden ist und zudem nicht zum Inhalt der von Markus geschaffenen dritten Leidensweissagung in 10,32-34 paßt. Diese kann keinerlei soteriologische Aussage vorweisen.

Alle Logien in 10,42b-45 sind durch Stichwortverbindungen miteinander zu einem Logienkompendium verzahnt. So schließt sich an οἱ μεγάλοι (Vers 42b) das μέγας in Vers 43b an. Die Verse 43b.44 bilden einen inhaltlich und von seiner Struktur her kaum mehr aufzulösenden Doppelspruch, der wiederum durch das Stichwort διάκονος mit Vers 45a und durch πάντων mit dem in Vers 45b verbunden ist.
Vers 45b scheint aber erst sekundär der Spruchreihe zugefügt worden zu sein[396], denn die Begründung des Dienens in der Jüngergemeinschaft durch das Beispiel Jesu in Vers 45a ist entgegen der Begründung in Vers 45b für die Jünger nachvollziehbar. Der Nachtrag in Vers 45b ist außerdem im Vergleich zur voranstehenden Spruchgruppe überschießend.
Die Zusammenfügung der einzelnen Logien in 10,42b-45 wird kaum erst durch Markus vorgenommen worden sein[397]. Das belegt auch die 10,41-45 parallele Lukasversion in Lk 22,24-27. Gegen einige wenige Forscher sieht die große

Zahl der Exegeten in dem lukanischen Textstück keine Rezeption der Markusvorlage in 10,41-45, sondern vermutet eine je eigene Tradition mit eigenständiger Überlieferungsgeschichte[398]. In Lk 22,24-27 fehlt ein Mk 10,45b entsprechender Satz, was für dessen sekundäre Anfügung an Vers 45a spricht.

Obwohl bereits die ersten Überlegungen zur redaktionsgeschichtlichen Analyse der Spruchreihe in den Versen 42b-45 deutlich für ein vormarkinisches Kompendium sprechen, ist nicht ausgeschlossen, daß Markus noch redigierend in den Text eingegriffen hat. Auch die Frage, ob 10,42b-45 schon vor Markus an 10,35-40 hing oder erst vom Evangelisten angeschlossen worden ist, bedarf noch einer Klärung.

2 Die Schilderung weltlicher Machtverhältnisse in Vers 42b

Die zwei in den beiden Sätzen tragenden Verben κατακυριεύειν und κατεξουσιάζειν stechen wegen ihres scharfen Klangs (κατα-) ins Auge[399]: Kennzeichen der Situation in der Welt sind Unterdrückung durch die Herrschenden und Gewaltausübung durch die Großen gegen ihre Völker, Mißbrauch, Eigennutz gegenüber dem Wohlergehen des Volkes, Machtgewinn auf seine Kosten.

Das Mißbräuchliche an der Machtausübung der Herrscher wird unterstrichen durch das Partizip δοκοῦντες, in dem Kritik steckt. Die Herrschaft der Großen in der Welt wird als Scheinherrschaft entlarvt. Die Position aber, aus der heraus Jesus so spricht, kann nur die der wahren Gottesherrschaft sein. Vers 42b ist demnach als eine eschatologisch begründete Kritik an den Machtverhältnissen in der Welt zu verstehen.

Die Diagnose der Zustände in der Welt wird mit der plakativen Aussage "ihr wißt, daß" eröffnet, den Angesprochenen damit eine bekannte und erfahrbare Tatsache ins Bewußtsein gerufen. Die nachfolgenden Logien knüpfen an diesen Erfahrungshorizont der angesprochenen Jünger an. Man hat den Eindruck, daß Jesus seine Zuhörer mit der Bestandsaufnahme dort abholt, wo sie stehen und Machtmißbrauch, Gewalt und Unterdrückung in ihrem Leben selbst erleiden (vgl. zu μετὰ διωγμῶν in Vers 30), um sie in den folgenden Ausführungen, die in Vers 43 mit dem kategorischen Satz: "So aber soll es bei euch nicht sein, sondern ..." beginnen, für eine völlig andere, den Weltverhältnissen genau entgegenstrebende Lebensweise zu gewinnen.

Zu dem οἴδατε ὅτι in Vers 42b findet sich das negativ formulierte Gegenstück in Vers 38b: Jesus wirft den um bevorzugte Machtpositionen in der doxa bittenden Zebedaiden völliges Unverständnis vor. Für die doxa sei allein Gott zuständig (Vers 40). Durch die Korrespondenz der beiden οἴδα-Motive werden die Textstücke in 10,35-40 und 41-45 auf der Ebene inhaltlicher Argumentation miteinander verbunden. Eine ähnliche Klammerfunktion kommt dem θέλειν in den Versen 43b.44 und 35b zu. Möglicherweise ist auch von einem Zusammenhang zwischen dem διδόναι in Vers 45b und dem in den Versen 37b.40 auszugehen.

Jedenfalls wird man einen beabsichtigten inhaltlichen Bezug beider Textstücke aufeinander nur schwerlich bestreiten können. Damit aber ist ein wichtiger Ansatzpunkt zur Beantwortung der Frage gegeben, ob 10,35-40 bereits vormarkinisch mit dem Logienkompendium in 10,42b-45 verbunden gewesen ist.

Nach den bisherigen Untersuchungen spricht alles dafür, daß der Erzählung vom Machtstreben der Zebedaiden nach eschatologischen Herrschaftspositionen schon vor Markus ein Text gegenübergestellt worden ist, der nachhaltig das Dienen untereinander und aneinander betont dagegensetzt und mit dem Beispiel des zum Dienen gekommenen Menschensohnes begründet und verdeutlicht.

3 Die Logien vom Dienen in der Versen 43-45

Die Dienstregel in den Versen 43b.44, die durch das energische, fast einem Verbot gleichkommende "so aber soll es unter euch nicht sein!" eingeleitet wird und die den Verhältnissen in der Welt strikt widerspricht, ist ganz auf Vers 42b hin entworfen worden. Diesen argumentativen Zusammenhang verdeutlicht ein Vergleich der entsprechenden Verse:

Vers 43b:                           Vers 44:

ὃς ἂν θέλῃ                          ὃς ἂν θέλῃ
μέγας γενέσθαι ἐν ὑμῖν              ἐν ὑμῖν εἶναι πρῶτος
ἔσται ὑμῶν διάκονος                 ἔσται πάντων δοῦλος

Es stehen sich gegenüber:

μέγας γενέσθαι - ἔσται διάκονος
εἶναι πρῶτος   - ἔσται δοῦλος

also: <u>Vorrangkategorien</u> und <u>Dienstkategorien</u>

Form und Inhalt der beiden Logien verleihen ihnen den Charakter einer Regel[400]. In paradoxer Weise wird der Ersatz der Vorrangkategorien durch die Einnahme einer entgegengesetzten Haltung gefordert. Die Logien verkörpern so das Gesetz der Umkehr[401].

Auffällig ist der Wechsel von διάκονος zu δοῦλος in den Nachsätzen der Sprüche. In beiden Fällen handelt es sich zwar um Kategorien des Dienens, die aber dennoch eine feine und differenzierte Steigerung erkennen lassen könnten. Denn "in διάκονος drückt sich die Natur des Dienstes aus: er geschieht in personaler Zuwendung zum anderen ... In δοῦλος wird die Bindung an diesen Dienst unterstrichen: sie können nicht wählen, ob sie dienen wollen oder nicht, sie sind diesem Dienst 'versklavt'"[402].

Vergleicht man Vers 42b mit dem Doppelspruch in den Versen 43.44, so sieht man zunächst die bereits oben erwähnte Stichwortverbindung durch μέγας (Vers 43b) und μεγάλοι (Vers 42b). Es beziehen sich daher folgende Satzglieder aufeinander:

Vers 42b: οἱ δοκοῦντες ἄρχειν - κατακυριεύουσιν
Vers 44 : πρῶτος εἶναι        - δοῦλος ἔσται

Vers 42b: μεγάλοι              - κατεξουσιάζουσιν
Vers 43b: μέγας                - διάκονος εἶναι

Es wird deutlich, "daß sich die Sätze nicht nur global, sondern auch in den Einzelheiten gegenüberstehen"[403]. Daraus folgt, daß Jesus die in den Versen 41.42a angesprochenen Jünger bzw. die Gemeinde mit den weltlichen

Herrschern vergleicht. Sieht man, daß es in Vers 42b um den Mißbrauch weltlicher Macht geht, so kann das tertium comparationis nur dahingehend interpretiert werden, daß es auch in der Gemeinde das Problem des Macht- und Vorrangstrebens gab. Das unterstreicht ein strikt zu Ende geführter Vergleich: die weltlichen Herrscher stehen ihren Völkern gegenüber, analog der Gemeinde offenbar einige nach vorrangigen Stellungen strebende Gemeindemitglieder[404].

Es bestätigt sich also, was oben gerade schon vermutet wurde, daß nämlich das Positionsstreben der Zebedaiden um Plätze in der doxa Jesu in 10,42b-45 in Bezug gesetzt wird zu dem Machtkampf,wie er innerhalb der Gemeinde offensichtlich stattfindet.

Dem Text liegt daran, die völlige Andersartigkeit der christlichen Gemeinde gegenüber den Machtstrukturen in der Umwelt zu betonen. Mit äußerster Eindringlichkeit werden die von Markus in 10,41.42a eingeführten Jünger und Zuhörer Jesu auf das Modell einer völlig herrschaftsfreien, ausschließlich am Dienst füreinander orientierten Gemeinschaft verpflichtet. Diese Konzentration der Logien kann man an dem in 10,43-44 ständig repetierten ἐν ὑμῖν bzw. ὑμῶν ablesen, das schon immer von einigen Exegeten als sekundär angesehen worden ist[405]. Für seinen Eintrag in die betreffenden Logien kann Markus verantwortlich sein, denn ihm liegt an der Schaffung eines umfassenden Auditoriums, an das Jesus die Dienstlogien richten kann. Auf vormarkinischer Textebene würde sich diese Unterweisung allein an die beiden Zebedaiden aus 10,35-40 richten, und dann hätte die Dienstregel keinesfalls mit ἔσται ὑμῶν διάκονος (Vers 43b) formulieren können. Solche Ausdrucksweise ist erst nach der redaktionellen Ausweitung des Zuhörerkreises Jesu sinnvoll. Daher wird das "unter euch" bzw. "euer" in 10,43a.b.44 vom Evangelisten stammen.

4 Das Logion in Vers 45

Schon eingangs war darauf hingewiesen worden, daß Vers 45 in der Tradition wahrscheinlich kein zusammenhängend überlieferter Spruch war,sondern Versteil b erst sekundär an Versteil a angehängt worden ist. Es bleibt die Frage zu beantworten, ob das bereits vor Markus geschehen ist oder erst durch den Evangelisten.

Vers 45a paßt als Begründung der Gemeinderegel in den Versen 43b.44 zur vorangehenden Katechese und ist mit ihr durch das zweimalige Stichwort διακονεῖν eng verbunden. Der für Hinweise auf das Vorbild Jesu stilgemäße Anschluß mit καὶ γάρ[406] begründet den Anspruch der Gemeinderegel. Die Jünger sollen sich am Vorbild Jesu orientieren. Vers 45a gibt also den Maßstab und zugleich die Begründung für das Verhalten der Gemeindemitglieder ab. Der Vers zeigt keine markinischen Eingriffe. Er verhilft dem vormarkinischen Spruchkompendium zu seiner inneren Geschlossenheit[407].

Vers 45b dagegen durchbricht "die klare Entsprechung zwischen Tun der Jünger und Tun Jesu"[408]. Die Hingabe des Lebens "als Lösegeld für viele" ist für die Jünger nicht nachvollziehbar. Die christologisch-soteriologische Interpretation des Verses 45b kann nur eine sekundäre Erweiterung sein[409], die mit epexegetischem καί an Vers 45a angefügt worden ist[410]. Jesus stellt seine Lebenshingabe als "letzte und radikale Verwirklichung"[411] seines Dienstes dar und deutet seinen Tod als Sühnetod.

Gegen eine Anfügung des Versteils 45b an 45a durch den Evangelisten spricht die Beobachtung, daß Markus den Menschensohntitel nie mit einer soteriologischen Aussage in Verbindung bringt und eine soteriologische Deutung des Todes Jesu im Markusevangelium nur noch in 14,25 in sicher traditionellem Kontext zu finden ist. Insbesondere fehlt sie aber auch in den drei Leidensweissagungen, speziell der voranstehenden in 10,32-34. Markus wird also weder Vers 45b an Vers 45a angeschlossen noch Vers 45b selber formuliert haben[412].

Die Wortstatistik zeigt zusätzlich, daß es sich bei Vers 45b um einen vormarkinischen Vers handelt. Weder λύτρον noch δοῦναι τὴν ψυχήν noch ἀντί lassen sich bei Markus finden[413]. J.Jeremias[414] und Eduard Lohse[415] haben den palästinischen Sprachcharakter des Verses herausgearbeitet, der gegen Redaktion spricht[416]. Allerdings dürfen auch die Einwände gegen den semitischen Ursprung der verwendeten Motive in Vers 45b, die etwa C.K.Barret[417], G.Dautzenberg[418] und R.Pesch[419] vorbringen, nicht außer acht gelassen werden. Sie führten zu weiteren exegetischen Diskussionen, die bis heute nicht abgeschlossen sind[420].

Die bisher vorgetragenen Arbumente dürften bei weitem ausreichen, um Vers 45b der Tradition zuzuweisen. Er ist als urchristlicher Bekenntnissatz der Spruchfolge in 10,42b-45 vor Markus angefügt worden.


KAPITEL 8 : GLAUBE UND NACHFOLGE DES BARTIMAIOS (10,46-52)


Die Stellung der Perikope von der Heilung des blinden Bartimaios am Schluß des Kapitels 10 in den Versen 46-52 ist in der Exegese schon immer als auffällig bezeichnet worden. K.-G.Reploh meint, nach dem mächtigen Abschlußvers 45 und vor Beginn des Einzugs Jesu in Jerusalem wirke die Perikope "etwas verloren"[421]. L.Schenke konzediert der Erzählung aus dem gleichen Grund eine exponierte Stellung[422]. In der Tat möchte man die Bartimaiosperikope, die als angeblicher Heilungswunderbericht so gar nicht zu den übrigen Texten in Mk 10 passen will, lieber zum Bestand des folgenden Kapitels 11 rechnen, wie das nicht wenige Kommentatoren auch tun[423].

Andere Forscher wiederum weisen der Erzählung eine überleitende Funktion zu und rechnen sie im Grunde weder zu Kapitel 10 noch zum folgenden Evangelienabschnitt, der in Mk 11 beginnt. Mehr aus einer Verlegenheit erklärt H.-W.Kuhn die Perikope zu einem Ersatz für ein eigentlich erwartetes Summarium[424].

Wie man es auch nimmt: Die Bartimaiosperikope wird in den wenigsten Kommentaren als das bezeichnet, was sie formal gesehen ist, nämlich der Abschluß des Kapitels 10, sondern sie wird entweder wie ein Fremdkörper behandelt oder als das Ergebnis der übergreifenden Komposition des Markus angesehen, der mit den beiden Blindenheilungen in 8,22-26 und 10,46-52 angeblich zwei Hauptabschnitte seines Evangeliums beschließt.

Man wird die umfassende Frage nach dem Standort der Bartimaiosperikope, nach ihrer inhaltlichen Funktion im Kontext des Kapitels 10 und ihrer Herkunft nur durch eine konsequente Quellenscheidung beantworten können.


§ 33 Die Ein- und Auszugsnotiz in Vers 46


1 Die zweimalige Nennung Jerichos in Vers 46

Vers 46 berichtet in einem Atemzug vom Ein- und Auszug Jesu aus Jericho:
καὶ ἔρχονται εἰς Ἰεριχώ
καὶ ἐκπορευομένου αὐτοῦ ἀπὸ Ἰεριχώ
Man erwartet nach der Einzugsnotiz eigentlich die Entfaltung der Erzählung. Statt dessen stellt gleich darauf Vers 46b fest, daß Jesus die Stadt wieder verläßt[425]. Zwischen Ankunft und Abreise Jesu ereignet sich keinerlei Handlung. Der eigentliche Bericht von der Heilung des Blinden schließt sich erst an die Schilderung des Auszugs Jesu mit seiner Begleitung in Vers 46b an.
Dieser ungewöhnliche Anfang der Erzählung veranlaßte die meisten Exegeten zu literarkritischen Operationen: sie weisen entweder die Einzugsformulierung in Vers 46a der Redaktion zu und die vom Auszug in Vers 46b der Tradition[426] oder verfahren umgekehrt[427].
Die scheinbare Entbehrlichkeit einer der beiden Notizen läßt sich mit dem Argument erklären, daß so nur jemand erzählt, "der ein Interesse daran hat, Jesus als 'auf dem Wege' darzustellen"[428]. Diese Akzentuierung des Unterwegsseins Jesu nach Jerusalem aber geschieht nach Ausweis des redaktionellen Verses 32 durch niemand anderen als den Evangelisten Markus. An einem Aufenthalt Jesu in Jericho kann Markus also keinesfalls gelegen sein. Deshalb wird die Notiz vom Auszug aus Jericho in Vers 46b nicht vormarkinisch sein, denn dann müßte man annehmen, der Evangelist sei für die Einzugsnotiz in Vers 46a zuständig. Durch diese aber wäre die Kontinuität des Weges Jesu unterbrochen worden.
Außerdem wird man W.Schmithals zustimmen müssen, daß eine selbständige

Überlieferung kaum mit dem Bericht vom Auszug Jesu aus Jericho begonnen haben kann[429]. Ein solcher Perikopeneinsatz widerspräche auch "dem Prinzip der Geschlossenheit der kleinen mündlichen Einheit"[430].
Es muß aber in jedem Fall eine Bewegungsnotiz am vormarkinischen Anfang der Erzählung gestanden haben. Wie sonst ließe sich erklären, daß der am Weg sitzende blinde Bartimaios in Vers 47 hört, daß "es Jesus ist", wenn nicht vorher von einem Unterwegssein Jesu die Rede gewesen ist.
Dann trifft die Vermutung zu, daß der Evangelist einer bereits vor ihm vorhandenen Beschreibung des Einzugs Jesu in Jericho in Vers 46a eine Auszugsnotiz nachgesetzt hat, um den Zug Jesu nach Jerusalem in Bewegung zu halten[431].

Auffälligerweise kommt dann aber der Name der Stadt Jericho in Vers 46 gleich zweimal vor. Daß er sehr stark an der Erzählung haftet und Bartimaios und die Lokalisierung seiner Heilung in Jericho fest in der Tradition verankert sind, ist in der Forschung ausnahmslos anerkannt[432].
Markus wird in der redaktionellen Auszugsnotiz "Jericho" nicht ohne Grund nochmals namentlich genannt haben. Einerseits bringt gerade das Nebeneinander der gleichen Ortsbezeichnungen verbunden mit dem Ein- und Auszug Jesu die kontinuierliche Bewegung zum Ausdruck, an der dem Evangelisten seit Vers 32 liegt. Jericho steht also ganz im Zeichen des Übergangs.
Andererseits erreicht Markus durch die Nachschaltung des Verses 46b, daß sich die Heilung des Blinden jetzt nicht in Jericho, sondern außerhalb der Stadt am Weg hinauf nach Jerusalem ereignet. Nach erfolgter Heilung ist dem Leser klar, daß Bartimaios sich auf diesem Weg Jesus durch seine Nachfolge anschließt (Vers 52d).

Der singulär gefaßte vormarkinische Vers 46a zeigt, daß die in Vers 46b aufgezählte Begleitung Jesu erst später - von Markus - hinzugefügt worden ist. Liest man die Bartimaiosperikope im Zusammenhang mit der vorangehenden Perikope von den Zebedaiden, dann hätte Vers 46a im Plural formulieren müssen. Man kann daran noch die ursprüngliche Isoliertheit der Erzählung erkennen (vgl. 1,21; 5,1; 5,18.21; 11,15; 11,27). Wahrscheinlich hat erst Markus sie an ihren jetzigen Platz gestellt.

## 2 Sprachgebrauch und Stil des Markus in Vers 46

Der bisher entwickelte Lösungsvorschlag für Vers 46 läßt sich verbalstatistisch und stilkritisch erhärten. Im Falle des Verses 46a fällt das zwar schwer, da die "beinahe formelhafte Überleitung"[433] καὶ ἔρχονται, die 22mal im Markusevangelium sowohl in der Redaktion (vgl. 10,1) als auch in der Tradition auftritt, keine sichere Identifizierung ermöglicht. Doch ἐκπορεύεσθαι in Vers 46b läßt eine sichere Entscheidung für Markus zu, da es gern vom Evangelisten benutzt wird[434] und außerdem der Genitivus absolutus am Perikopenbeginn stets seine Wertschätzung findet[435]. Daher ging schon die mit 10,46b gleichlautende Eröffnung der Perikope vom Reichen in Vers 17a auf Markus zurück[436].

## 3 Die Begleitung Jesu beim Verlassen Jerichos

Es liegt auf der Hand, daß alle übrigen Satzteile, die zu der Genitivus-absolutus-Konstruktion des Markus in Vers 46b gehören, ebenfalls redaktionell sind:

καὶ ἐκπορευομένου αὐτοῦ ἀπὸ Ἰεριχώ
καὶ τῶν μαθητῶν αὐτοῦ
καὶ ὄχλου ἱκανοῦ

Die "Jünger" ließen sich schon in den Versen 10 und 23a als markinische Einträge nachweisen. Zwar werden sie nach 10,23 nicht mehr expressis verbis genannt, immer aber ist dem Leser klar, daß sie zum Gefolge Jesu in Vers 32 gehören und mit Sicherheit auch zu den zur Belehrung in Vers 42a Zusammengerufenen zählen. Wenn die Jünger in Vers 46 wieder gemeinsam mit überaus großen Volksmengen genannt werden, dann paßt das ganz in das Bild eines großen Kreises von Nachfolgern, die Jesus nach Jerusalem begleiten. An diesem Bild arbeitet Markus seit Vers 32.

Die Ausdrucksweise ὄχλος ἱκανός ist zwar einmalig im Markusevangelium und läßt an Tradition denken. Doch auch der einmalige Plural ὄχλοι in Vers 1 erregte ursprünglich diesen Verdacht, der sich anschließend als unbegründet erwies. Gemeinsam fehlt beiden Volksbezeichnungen der Artikel. Damit ist schon ein deutlicher Hinweis darauf gegeben, daß Markus die

Volksmengen ganz bewußt am Anfang und Ende des Kapitels 10 ausdrücklich als diejenigen erwähnt, die zu Jesus kommen, um von ihm belehrt zu werden, und die Zeugen seiner Taten sind.
L.Schenke dagegen rechnet mit einer Nennung des Volkes schon in der vormarkinischen Einleitung der Bartimaiosperikope. Das Volk gehöre zum Stil von Wundererzählungen, zu denen 10,46-52 zählt, und werde in Vers 48f vorausgesetzt[437]. Nur um die πολλοί in Vers 48 zu rechtfertigen, hätte aber kein vormarkinischer Redaktor das Volk am Anfang der Szene einbauen müssen. Die stilgemäße Funktion des Volkes würden die "Vielen" auch so übernehmen, wenn es sich bei der Erzählung in 10,46-52 überhaupt um einen Wunderbericht handelt. Daran läßt das Fehlen wesentlicher Motive der Form einer Wundererzählung stark zweifeln[438].
Viel näher liegt es, das Volk auf Markus zurückzuführen, der es mit Absicht und im Blick auf Vers 1 in die Exposition der Erzählung eingebracht hat. Man gewinnt den Eindruck, daß der Evangelist zu Ende des Kapitels 10 noch einmal unter Aufbietung aller Personen, die mit Jesus zusammenkommen, einen kräftigen Schlußakkord setzen will, der gleichzeitig die Szenerie für das letzte in Kapitel 10 berichtete Geschehen bildet.

## § 34 Der Eintrag des Nachfolgemotivs in Vers 52d

Wenn "Weg" und "nachfolgen" maßgebliche Termini des Evangelisten sind und ihr Gebrauch in 10,1-45 bisher eine redaktionelle Verwendung immer wieder bestätigt hat, dann kann Vers 52d nur markinisch sein[439].

1. Ἀκολουθεῖν begegnet redaktionell in 10,21.28.32. "Es dürfte kein Zweifel sein, daß ἀκολουθέω hier" in Vers 52d "wie in 1,18; 2,14; 8,34 u.a. 'in dem spezifischen Sinne der christlichen Nachfolge' verwendet wird"[440]. Das durative Imperfekt stellt die Nachfolge des Geheilten in ihrer Dauerhaftigkeit dar[441].

2. Dem Nachfolgemotiv korrespondiert das des Weges[442]. Es läßt rückschauend auf Vers 32, wo es ebenfalls im Verein mit "nachfolgen" zuletzt auftrat,

eine Definition der Nachfolge des Geheilten zu, wie Markus sie verstanden wissen will: Bartimaios folgt Jesus auf dem Weg in Leiden und Tod[443].

3. Der von Markus formulierte Vers 46b erhält jetzt seine volle Funktion: einerseits dient die Aufzählung der großen Begleiterschar Jesu dazu, die spontane Nachfolge des geheilten Bartimaios einem möglichst weitgefaßten Kreis von Zeugen zu demonstrieren und diese zur Nachahmung anzuregen, andererseits pointiert die von Markus aufgebotene große Gefolgschaft Jesu den redaktionell unter Kapitel 10 gesetzten Schlußpunkt der Eingliederung des Bartimaios in die Schar derer, die Jesus begleiten. Dem Schlußsatz der Perikope ist also ein gewisses Achtergewicht nicht abzusprechen. Es ist in Vers 52d auch das letzte Mal im Markusevangelium, daß von dem Eintritt eines Menschen als Jünger Jesu in dessen Nachfolge berichtet wird.

4. Unübersehbar ist der Zusammenhang dieser redaktionell gesetzten Pointe der Bartimaioserzählung, die die schon in der überlieferten Textfassung zurücktretende Heilung des Blinden vollends in den Hintergrund drängt, mit der dritten Leidensweissagung in 10,32-34. Der den Evangelisten leitende Gedanke ist seit Vers 32 die Nachfolge Jesu unter dem spezifischen Aspekt des Leidens. In 10,46-52 hat Markus ein Stück gefunden, mit dessen Hilfe er diese Nachfolge am Beispiel des Bartimaios noch einmal der ganzen Gemeinde vor Augen führen kann. Daher erklären sich die große Abmessung des Publikums (Vers 46b) und die Nachfolgenotiz in Vers 52d. Mit beiden redaktionellen Einträgen spannt Markus die Perikope inhaltlich in seine Schilderung des Weges Jesu nach Jerusalem ein.

Der Anschluß des Bartimaios an Jesus als Jünger bestätigt weiterhin die Periodizität der Aufzählung der Begleitung Jesu in Vers 46b: es geht unaufhaltsam weiter hinauf nach Jerusalem.

§ 35 Die Erzählung von der Heilung des Bartimaios

Rudolf Schnackenburg[444] hält die "erzählerischen Akzente der Geschichte"

für markinische Redaktionsarbeit, ohne sich aber genauer festzulegen. Christian Burger[445] behauptet für die Verse 47b-49a Redaktion, Vernon K.Robbins[446] für die Verse 48.49 und den Titel "Sohn Davids" (Vers 47b). Jürgen Roloff[447] sieht Tradition in den Versen 47-52 vorgegeben. L.Schenke wiederum plädiert für Markusredaktion in den Versen 48.52b.d sowie für den Titel "Sohn Davids" in Vers 47b[448].
Keine markinische Redaktion in den Versen 47-52b können Dietrich-Alex Koch[449], Karl Kertelge[450] und Earl S.Johnson[451] feststellen. Die Hand des Markus in der gesamten Perikope nicht nachweisen kann Rudolf Pesch[452].

Die divergierenden Ergebnisse der Forscher lassen sich auf eine unterschiedliche Aufteilung der Perikope in eine ältere, eine sekundäre und eine markinische Textebene zurückführen. Man wird also bei der Beurteilung der literarkritisch feststellbaren Uneinheitlichkeiten, die immer wieder aufgezählt werden, Vorsicht walten lassen müssen:

* das Schweigegebot in Vers 48 störe die Geschlossenheit der Erzählung[453],
* die zweifache Anrufung Jesu durch Bartimaios mit dem Titel "Sohn Davids" (vgl. Verse 47b.48c) weise auch auf zwei verschiedene Redaktionsebenen hin[454],
* der Titel "Rabbuni" in Vers 51d kollidiere mit dem Titel "Sohn Davids"[455],
* die Verse 48 und 49 enthielten Unklarheiten: Wer sind die "Vielen", und an wen richtet Jesus die Aufforderung, den Blinden zu sich zu rufen[456]?
* Das Verhalten der Menge widerspreche sich, denn zuerst behindern sie den Blinden, dann ermutigen sie ihn[457].

1 Die Begegnung Jesu mit dem Blinden in den Versen 46b-48

Zu Anfang der Erzählung wird der blinde Bettler Bartimaios, der "am Weg" sitzt, ausführlich vorgestellt (Vers 46b)[458]. ὁδός ist hier nicht aus der vormarkinischen Szenerie herauslösbar[459]. Doch muß der "am Weg" sitzende Bettler dem Evangelisten sicher willkommen gewesen sein, ist es doch der gleiche Weg, den Jesus aufgrund redaktioneller Ausrichtung seit Vers 32 und durch Jericho hindurch (vgl. zu Vers 46b) beschreitet. Damit erhält das παρὰ τὴν ὁδόν in Vers 46b die "hintergründige Bedeutung" des Leidensweges Jesu[460].

Die Bezeichnung Jesu mit "der Nazarener" (vgl. 1,24; 14,67; 16,6) identifiziert ihn als den, der aus Nazaret stammt, und geht ziemlich sicher nicht auf Markus zurück. Denn auch an den übrigen Stellen steht diese Anrede grundsätzlich in traditionellem Kontext.

Der Ausdruck ἄρχεσθαι + Infinitiv ging zwar in 10,28.41 auf den Evangelisten zurück, hier jedoch gehört das Schreien des Bettlers zur Erzählung. Nur so kann er sich Jesus gegenüber bemerkbar machen und den Leuten einen Grund für ihre abwehrende Reaktion bieten[461].

Das zusätzliche καὶ λέγειν hat offenbar die Funktion, neben dem Schreien den Ruf des Blinden zu unterstreichen: Sohn Davids, Jesus, erbarme dich meiner (Vers 47)!

Die Anrede Jesu mit "Sohn Davids" sticht wegen ihrer Wiederholung hervor. Sie ist nur hier bei Markus zu finden. Mit dem traditionsgeschichtlichen Hintergrund des Titels setzen sich mit je unterschiedlichen Konzepten und Ergebnissen F.Hahn[462], Philipp Vielhauer[463] sowie K.Berger[464] auseinander, die übereinstimmend keine redaktionelle Verwendung des Titels in der Bartimaiosperikope sehen können. Markus dürfte ihn also wohl hier vorgefunden haben[465].

Für diese Annahme sprechen weitere Beobachtungen:
"Von der Davidssohn-Bezeichnung macht Markus nirgends von sich aus Gebrauch"[466]. Auch ließe sich nicht die doppelte, aber innerhalb der gleichen Erzählung unterschiedliche Verwendung des Titels - einmal "Sohn Davids, Jesus", dann "Sohn Davids" - begründen[467].

Aus dem traditionellen Stück 12,35b-37 hat Markus entnehmen können, "daß 'Sohn Davids' auch zu den messianischen Titeln zählt", und Bartimaios demnach "Jesus mit einem messianischen Titel anredet"[468].

Da man das Hinderungsmotiv in Vers 48 keinesfalls als ein mit dem Messiasgeheimnis verbundenes Schweigegebot interpretieren darf, denn hier liegt der einmalige Fall im Markusevangelium vor, daß die Menge zum Schweigen auffordert und nicht Jesus, muß man der Meinung von H.Räisänen beipflichten, "daß Markus nicht bestrebt war, die Vorstellung von strenger Geheimhaltung der Identität Jesu konsequent durchzuführen"[469].

'Επιτιμᾶν konstituierte auch in 10,13 das Hinderungsmotiv der vormarkinischen Perikope von der Kindersegnung[470].

Eine sofortige Reaktion Jesu auf den Hilferuf des Blinden erfolgt nicht. Es geht der Erzählung vorerst nur um die Person des Bartimaios. Das läßt sich auch an der Reaktion der "Vielen" ablesen, die ihn daran hindern wollen, sich Jesus gegenüber bemerkbar zu machen.

Aus dem wiederholten Ruf des Blinden spricht sein Glaube, der ihm den Mut und die Beharrlichkeit verleiht, sich gegen Widerstände durchzusetzen und der schließlich zu seiner Heilung führt (Vers 52b). Zuletzt ist die Steigerung πολλῷ μᾶλλον einmalig bei Markus und weist in Richtung Tradition[471].

2 Die Ermutigung des Blinden in Vers 49b.c

In Vers 49 bleibt Jesus stehen und erteilt den πολλοί den Auftrag, Bartimaios herbeizurufen: φονήσατε αὐτόν.
Die gleichen Leute, die den Blinden zuerst daran hinderten, Zugang zu Jesus zu erhalten, erfüllen jetzt ihren Auftrag übereifrig, indem sie Bartimaios nicht nur zum Aufstehen auffordern, sondern ihm zusätzlich Mut zusprechen und ihm bedeuten, Jesus habe ihn gerufen.
In Entsprechung zur vormarkinischen Exposition in Vers 46b, die davon zu berichten weiß, daß der blinde Bettler "am Weg" sitzt[472], paßt in Vers 49d nur die Aufforderung zum Aufstehen. Zur Ermutigung des Blinden ist niemand angewiesen worden. Im Gegenteil: Großer Mut spricht ja bereits aus dem Verhalten des Bartimaios, der sich beharrlich zu Jesus durchgekämpft hat und fest an das Erbarmen des Sohnes Davids glaubt. Jesus hat den Blinden auch nicht selber gerufen, wie die Leute behaupten.
Man kann diese literarkritisch auffälligen zusätzlichen Aktivitäten der Leute gut in die Linie der redaktionellen Bearbeitung der Bartimaiosperikope durch Markus einreihen. Wichtig ist die Erkenntnis, daß es sich dabei nicht um Aussagen des Evangelisten über Bartimaios handelt, sondern um eine Charakterisierung der Leute, die Markus in Vers 46b eingetragen hatte.
Es liegt Markus offenkundig daran, dem negativen Verhalten der Jesus be-

gleitenden Leute bei der Zurückweisung des Blinden nunmehr bewußt ein positives gegenüberzustellen. Die katechetische Abzweckung dieses Vorhabens ist schwerlich zu übersehen: zur Nachfolge gehört wegen der Sendung durch Jesus die ständige gegenseitige Ermutigung und Erinnerung an das Gerufensein von ihm[473].

3 Das Gespräch zwischen Jesus und Bartimaios in den Versen 50-52

Vers 50 verrät durch zwei Hapaxlegomena bei Markus, ἀποβάλλειν und ἀναπηδᾶν, daß er nicht vom Evangelisten stammt. Auch die Wendung ἦλθεν πρὸς τὸν Ἰησοῦν ist einmalig. Präsentisch und im Plural formuliert begegnet sie nur noch in 5,15. Die beiden Partizipien und das verbum finitum ἔρχεσθαι bilden einen zusammenhängenden Satz, in den Markus nicht eingegriffen hat. Doch dürfte ihm sein Inhalt durchaus gepaßt haben. Im Abwerfen des Mantels durch Bartimaios könnte Markus nämlich das im Zuge seiner Nachfolgetheologie profilierte Motiv des völligen Besitzverzichts erblickt haben[474].

Jesus fragt den Blinden in Vers 51, was er ihm tun solle. Ähnlich formuliert wurde diese Frage schon im vormarkinischen Vers 36 angetroffen. Man wird sie daher auch in Vers 51 besser zur Tradition rechnen.

Die Anrede Jesu mit "Rabbuni" ist mit "Sohn Davids" in den Versen 47b.48c gleichursprünglich, wie R.Pesch[475] gegenüber Exegeten festhält, die beide Anredeformen je unterschiedlichen Redaktionsebenen zuordnen wollen[476]. Auf jeden Fall aber ist die Anrede nicht redaktionell und absolut singulär bei Markus.

In Vers 52 wird das zur Nachfolge des Geheilten angeblich in Spannung stehende ὕπαγε von L.Schenke dahingehend interpretiert, daß der Imperativ ein Rudiment eines ursprünglichen, von Markus verdrängten Heilungswortes Jesu sei. Der Evangelist habe dafür das "dein Glaube hat dich gerettet" wie schon wörtlich in 5,34, so auch hier in Vers 52b redaktionell eingetragen. Gegen diese Dekomposition ist einzuwenden, daß der Eintrag der Rettungsformel durch Markus in zwei ältere Erzählungen ein unbewiesenes Postulat ist. Gerade die Bartimaiosperikope verlangt in ihrer ganzen erzählerischen An-

lage nach einem Wort Jesu, das das aus Glauben gegen alle Widerstände erflehte Erbarmen des messianischen Sohnes Davids als Rettung erweist.
Es ist auch fraglich, ob man die Aufforderung "geh!" unbedingt in einen solchen Kontrast setzen muß zur Nachfolge des Geheilten. Markus könnte die Ermunterung und Bewegung, die dieser Zuruf auslöst, durchaus auf sein Nachfolgemotiv bezogen wissen wollen.
Eine letzte Überlegung zum Glaubensmotiv, das im zweifachen Ruf des Bartimaios um Erbarmen bereits anklingt, so daß Vers 48 "in der Tendedenz mit Vers 52c und dem πίστις-Motiv in Vers 52b"[477] korrespondiert, spricht für eine Zugehörigkeit der Perikope schon vor Markus[478]: wenn das Hinderungsmotiv entgegen der Annahme L.Schenkes in Vers 48 vormarkinisch ist und im Dienste einer Prononcierung des Glaubensmotivs steht, dann wird letzteres auch traditionell zur Perikope dazugehört haben.
Dieses Ergebnis läßt annehmen, daß Markus das vormarkinische Verb "retten" in dem gleichen Sinn wie in Vers 26 verstanden hat, nämlich nicht einfach als "gesund werden", sondern auch als Erlangung von Heil[479]. Denn gerade die totale Armut des Bartimaios und seine unbedingte Nachfolge stellen ihn ja nach Auffassung des Markus in die Reihen derer, denen die Verheißung ewigen Lebens in Vers 29f gilt.

4 Die Herkunft der Bartimaiosperikope

Nachdem Tradition und Redaktion in 10,46-52 sichtbar gemacht worden sind, kann über das eingangs aufgeworfene Problem der exponierten Stellung der Perikope am Schluß von Mk 10 nachgedacht werden. Es mehrten sich bereits Anzeichen dafür, daß Markus die Erzählung in das Kapitel 10 eingebracht hat.
Zur vormarkinischen Sammlung paßt die Perikope nicht. Die Sammlung ist nämlich mit dem Wort Jesu in Vers 45 massiv abgeschlossen worden. Zumindest wird man ihre sinnvolle durchgehende Interpretation unter Einbezug der Perikope in 10,46-52 nicht erreichen können.
Erst die markinische Bearbeitung der Sammlung ermöglicht es, sie in Zusammenhang mit der Bartimaioserzählung zu verstehen. Deshalb kann man die

Frage nach der Herkunft der Perikope nur damit erklären, daß Markus sie der
Tradition entnommen und an die ihm vorliegende Sammlung angefügt hat. Daß ihn
dazu nicht nur die traditionelle Ortsgebundenheit der Erzählung veranlaßt hat[480],
sondern er konkrete theologische Ziele verfolgte, ließ sich an der Bearbeitung der Perikope selbst und ihrem Zusammenhang mit der dritten Leidensweissagung eindeutig ablesen.

An Jericho selbst war Markus weniger interessiert. Der Name der Stadt mag
in seine Reiseschilderung gepaßt haben, viel wichtiger aber war dem Evangelisten der Zug des Vorwärtsdrängens Jesu nach Jerusalem, das zeigt seine
Redaktion in Vers 46b[481].

Einige Forscher verweisen immer wieder auf eine angebliche Verwandtschaft
zwischen dem Vokabular und den Motiven der Perikope vom Einzug Jesu in
Jerusalem, die unmittelbar auf 10,46-52 folgt[482]. Von einer literarischen
Abhängigkeit beider Texte auf vormarkinische Ebene aber kann überhaupt
nicht die Rede sein. Mit 11,1 setzt eine neue Erzählung ein, die weder
inhaltliche Bezüge noch Voraussetzungen zur voranstehenden Bartimaiosperikope vorweisen kann[483]. Auch wird Bartimaios dort nicht mehr genannt.
Die "Vielen" in 11,8 sind Teil der Stilfigur πολλοί - ἄλλοί, sie gehen also
nicht auf 10,48 zurück. Auch eine Verbindung durch das Verb "nachfolgen"
besteht nicht, da das Wort in 11,9 weder der bekannte redaktionelle Nachfolgeterminus des Markus ist noch aus der festen Figur "Nachfolgende-
Vorausgehende" herauslösbar ist. "Sohn Davids" aus der Bartimaiosperikope
korrespondiert auch nicht dem Ausdruck "das Reich unseres Vaters David",
da sich in 11,9 nur das "der da kommt im Namen des Herrn" auf Jesus beziehen kann.

Es zeigt sich abschließend, daß die Verbindungslosigkeit der Bartimaiosperikope ebenfalls dafür spricht, daß Markus sie als Schlußstein des von ihm
redigierten Kapitels 10 verstanden und angeordnet hat[484].

**TEIL II : DER UMGANG DES EVANGELISTEN MIT DER**

**VORMARKINISCHEN SAMMLUNG**

KAPITEL 9 :  DIE VORMARKINISCHE REDAKTIONSEBENE HINTER MARKUS 10

§ 36  Zur Begrenzung der Aufgabe

Nach Abzug der markinischen Redaktion stellt sich jetzt die Aufgabe, die hinter Mk 10 liegende Redaktionsebene darzustellen und durchgehend zu analysieren. Es ist noch einmal zu betonen, daß es bei diesem Arbeitsschritt nicht um eine sukzessive Exegese der vormarkinischen Sammlung geht. Vielmehr wird die kommende Untersuchung nur so weit gehen, die Sammlung sichtbar zu machen.
Ihre inhaltlichen Schwerpunkte müssen erkannt und beschrieben, die Konsistenz ihres Zusammenhangs aufgezeigt und die Sinnhaftigkeit ihrer Darstellung nachgewiesen werden.
In formgeschichtlicher Hinsicht interessiert weiterhin, welche Formen für die Einzelstücke und die komplette Sammlung festzustellen sind. Daraus können Rückschlüsse auf die Träger des Formwillens und ihre geschichtlichsoziale Lage gezogen und der "Sitz im Leben" der Sammlung bestimmt werden.

Die genaue Zeichnung dieses Portraits der älteren Sammlung in Mk 10 ist unabdingbare Voraussetzung für die vollständige Erfassung der Redaktionsarbeit des Evangelisten, die Gegenstand der Untersuchung im folgenden Kapitel sein wird. Das heißt : Die Scheidung von Tradition und Redaktion ermittelte lediglich den Umfang der beiden Textschichten. Sie reicht aber nicht dazu aus, Aufschluß über die Beweggründe des Markus, seine theologischen Absichten und Implikationen beim redaktionellen Umgang mit seiner Vorlage zu geben, die er an ausgewählten Stellen bearbeitet. Nur wenn so das sachliche Gefälle zwischen vormarkinischer Tradition und markinischer Redaktion aufgezeigt werden kann, erhalten der Evangelist und seine Redaktion das ihnen entsprechende prägnante Profil.

§ 37  Der Text der vormarkinischen Sammlung[485]

1  Die Perikope von der Ehescheidung

<u>2</u> Καὶ προσελθόντες Φαρισαῖοι ἐπηρώτων αὐτὸν εἰ ἔξεστιν ἀνδρὶ γυναῖκα ἀπολῦσαι πειράζοντες αὐτόν. <u>3</u> ὁ δὲ ἀποκριθεὶς εἶπεν αὐτοῖς· τί ὑμῖν ἐνετείλατο Μωϋσῆς; <u>4</u> οἱ δὲ εἶπαν· ἐπέτρεψεν Μωϋσῆς βιβλίον ἀποστασίου γράψαι καὶ ἀπολῦσαι. 5 ὁ δὲ Ἰησοῦς εἶπεν αὐτοῖς· πρὸς τὴν σκληροκαρδίαν ὑμῶν ἔγραψεν ὑμῖν τὴν ἐντολὴν ταύτην. <u>6</u> ἀπὸ δὲ ἀρχῆς κτίσεως ἄρσεν καὶ θῆλυ ἐποίησεν αὐτούς· <u>7</u> ἕνεκεν τούτου καταλείψει ἄνθρωπος τὸν πατέρα αὐτοῦ καὶ τὴν μητέρα, <u>8</u> καὶ ἔσονται οἱ δύο εἰς σάρκα μίαν· ὥστε οὐκέτι εἰσὶν δύο ἀλλὰ μία σάρξ. <u>9</u> ὃ οὖν ὁ θεὸς συνέζευξεν ἄνθρωπος μὴ χωριζέτω. <u>11</u> ὃς ἂν ἀπολύσῃ τὴν γυναῖκα αὐτοῦ καὶ γαμήσῃ ἄλλην μοιχᾶται.

2  Die Perikope von der Kindersegnung

<u>13</u> Καὶ προσέφερον αὐτῷ παιδία ἵνα αὐτῶν ἅψηται· οἱ δὲ μαθηταὶ ἐπετίμησαν αὐτοῖς <u>14</u> ἰδὼν δὲ ὁ Ἰησοῦς εἶπεν αὐτοῖς· ἄφετε τὰ παιδία ἔρχεσθαι πρός με μὴ κωλύετε αὐτά· τῶν (παιδίων/αὐτῶν) ἐστιν ἡ βασιλεία τοῦ θεοῦ. <u>16</u> καὶ κατευλόγει τιθεὶς τὰς χεῖρας ἐπ' αὐτά.

3  Die Perikope vom Reichen

<u>17</u> (Καὶ)προσδραμὼν εἷς καὶ γονυπετήσας αὐτὸν ἐπηρώτα αὐτόν· διδάσκαλε ἀγαθέ τί ποιήσω ἵνα ζωὴν αἰώνιον κληρονομήσω; <u>18</u> ὁ δὲ Ἰησοῦς εἶπεν αὐτῷ· τί με λέγεις ἀγαθόν; οὐδεὶς ἀγαθὸς εἰ μὴ εἷς ὁ θεός. <u>19</u> τὰς ἐντολὰς οἶδας· μὴ φονεύσῃς μὴ μοιχεύσῃς μὴ κλέψῃς μὴ ψευδομαρτυρήσῃς τίμα τὸν πατέρα σου καὶ τὴν μητέρα. <u>20</u> ὁ δὲ ἔφη αὐτῷ· διδάσκαλε ταῦτα πάντα ἐφυλαξάμην ἐκ νεότητός μου. <u>21</u> ὁ δὲ Ἰησοῦς εἶπεν αὐτῷ· ἕν σε ὑστερεῖ·

ὕπαγε ὅσα ἔχεις πώλησον καὶ δὸς τοῖς πτωχοῖς καὶ ἕξεις θησαυρὸν
ἐν οὐρανῷ. 22 ὁ δὲ ἀπῆλθεν ἦν γὰρ ἔχων κτήματα πολλά.
23b πῶς δυσκόλως οἱ τὰ χρήματα ἔχοντες εἰς τὴν βασιλείαν τοῦ
θεοῦ εἰσελεύσονται. 25 εὐκοπώτερόν ἐστιν κάμηλον διὰ τῆς τρυμαλιᾶς τῆς ῥαφίδος διελθεῖν ἢ πλούσιον εἰς τὴν βασιλείαν τοῦ
θεοῦ εἰσελθεῖν. 26b καὶ τίς δύναται σωθῆναι; 27b παρὰ ἀνθρώποις
ἀδύνατον, ἀλλ' οὐ παρὰ θεῷ· πάντα γὰρ δυνατὰ παρὰ τῷ θεῷ.

## 4 Die Perikope von den Zebedaiden

35 Ἰάκωβος καὶ Ἰωάννης οἱ υἱοὶ Ζεβεδαίου λέγοντες αὐτῷ·
διδάσκαλε, θέλομεν ἵνα ὃ ἐὰν αἰτήσωμέν σε ποιήσῃς ἡμῖν. 36 ὁ δὲ
εἶπεν αὐτοῖς· τί θέλετέ με ποιήσω ὑμῖν; 37 οἱ δὲ εἶπαν αὐτῷ·
δὸς ἡμῖν ἵνα εἷς σου ἐκ δεξιῶν καὶ εἷς ἐξ ἀριστερῶν καθίσωμεν
ἐν τῇ δόξῃ σου. 38 ὁ δὲ Ἰησοῦς εἶπεν αὐτοῖς· οὐκ οἴδατε τί
αἰτεῖσθε. δύνασθε πιεῖν τὸ ποτήριον ὃ ἐγὼ πίνω, ἢ τὸ βάπτισμα
ὃ ἐγὼ βαπτίζομαι βαπτισθῆναι; 39 οἱ δὲ εἶπαν αὐτῷ· δυνάμεθα.
ὁ δὲ Ἰησοῦς εἶπεν αὐτοῖς· τὸ ποτήριον ὃ ἐγὼ πίνω πίεσθε, καὶ
τὸ βάπτισμα ὃ ἐγὼ βαπτίζομαι βαπτισθήσεσθε· 40 τὸ δὲ καθίσαι
ἐκ δεξιῶν μου ἢ ἐξ εὐωνύμων οὐκ ἔστιν ἐμὸν δοῦναι, ἀλλ' οἷς
ἡτοίμασται.
42 οἴδατε ὅτι οἱ δοκοῦντες ἄρχειν τῶν ἐθνῶν κατακυριεύουσιν
αὐτῶν καὶ οἱ μεγάλοι αὐτῶν κατεξουσιάζουσιν αὐτῶν. 43 οὐχ οὕτως
δέ ἐστιν· ἀλλ' ὃς ἂν θέλῃ μέγας γενέσθαι ἔσται διάκονος.
44 καὶ ὃς ἂν θέλῃ εἶναι πρῶτος ἔσται πάντων δοῦλος. 45 καὶ γὰρ
ὁ υἱὸς τοῦ ἀνθρώπου οὐκ ἦλθεν διακονηθῆναι ἀλλὰ διακονῆσαι καὶ
δοῦναι τὴν ψυχὴν αὐτοῦ λύτρον ἀντὶ πολλῶν.

Alles in allem stellt sich die vormarkinische Sammlung als ein durchgehend lesbarer und auch als Zusammenhang verständlicher Text dar. Das weist darauf hin, daß die Sammlung bereits bewußt als solche konzipiert und gestaltet worden ist.

§ 38  Der sachliche Zusammenhalt der Sammlung

H.-W.Kuhn will zwar für die von ihm unter formgeschichtlicher Rücksicht rekonstruierte vormarkinische Sammlung aus den drei Perikopen von der Ehescheidung, dem Reichen und der Rangfolge auch einen leichten sachlichen Zusammenhalt sehen, weil "in allen drei Stücken .. judenchristliche Tradition deutlich zu erkennen" sei und "das zweite und das dritte Stück .. speziell durch die im hellenistischen Judentum geläufige Synonymität des Nachfolge- und Nachahmungsgedankens verbunden"[486] sind. Neben diesen weniger gewichtigen traditionsgeschichtlichen Verbindungsmerkmalen kann Kuhn nur noch auf einen ziemlich allgemeinen sachlichen Aspekt verweisen :
"dreimal wird eine für die Lebensordnung der Gemeinde wichtige Frage behandelt, die sich auf die allgemeinen Gegebenheiten menschlichen Zusammenlebens bezieht[487]. Die Überzeugungskraft dieser für einen sachlichen Zusammenhalt der Sammlung sprechenden Gesichtspunkte schätzt Kuhn aber selber nicht sehr hoch ein, wenn er abschließend zu dem Ergebnis kommt, "daß die Fragen der Ehescheidung, des Reichtums und der Rangordnung in der Gemeinde nicht mit voller Sicherheit als sachlich zusammengehörig zu erweisen sind"[488].
Dennoch hält Kuhn die Annahme einer vormarkinischen Sammlung in Mk 10 aus vorrangig formalen bzw. formgeschichtlichen Gründen für berechtigt :
Bei den drei Perikopen handle es sich um "Apophthegmata mit vielgliedrigem Wechselgespräch (jeweils δέ ) + Erweiterung als Jüngerbelehrung"[489]. Und nur in Verbindung mit den sekundären Jüngerbelehrungen könne eine Zugehörigkeit der drei Apophthegmata zur Sammlung gelten. Die Jüngerbelehrungen werden dabei von Kuhn ganz in die Nähe fester Formen der synoptischen Überlieferung gerückt[490]. Dadurch verstärkt sich der formale Ein-

druck einer formgeschichtlichen Geschlossenheit der Sammlung. Ein Stück wie die Perikope von der Kindersegnung, das nicht in das Schema Kuhns hineinpaßt, wird mit der formalistischen Schere weggeschnitten.
Bei der Bestimmung des "Sitzes im Leben" allerdings muß sich solche Formalisierung auswirken. Darauf ist später zu achten.

Gegenüber dem hier entworfenen Bild einer wohlgeordneten Sammlung mit formaler Parallelität ihrer Einzelglieder gibt sich der in der vorliegenden Studie vorgezeichnete Aufbau der vormarkinischen Sammlung, zu der die Perikope von der Kindersegnung hinzugerechnet wird, unsymmetrisch und längst nicht so wohlproportioniert. Die Sammlung deshalb als formlos zu bezeichnen wäre allerdings weit gefehlt. Bei näherem Hinsehen erweist sich nämlich die in dieser Arbeit erhobene vormarkinische Sammlung aus den vier Perikopen von der Ehescheidung, den Kindern, dem Reichen und den Zebedaiden als ein absichtsvoll geordnetes und geformtes Gebilde. Man muß sich nur von den von Kuhn zu allgemein gefaßten Kategorien freimachen, um darauf aufmerksam zu werden.

## 1 Der Abschluß der Sammlung

Mustert man die vier Einzelstücke durch, so stößt man in 10,45 auf die schwerpunktmäßige Aussage vom Menschensohn, der zum Dienen gekommen ist und sein Leben hingibt als Lösegeld für die Vielen.
Die Anknüpfung des Verses mit καὶ γάρ weist das Logion als christologische Begründung der voranstehenden Gemeinderegel in 10,43f aus : das Dienen des Menschensohns ist der Maßstab des Dienens innerhalb der christlichen Gemeinde.
Dieser paränetisch zur Nachahmung auffordernden Aussage folgt eine soteriologische, nur den Menschensohn betreffende : der Dienst Jesu setzt sich fort in die freiwillige Hingabe in den stellvertretenden Sühnetod für die Vielen.
An dem hochkarätigen christologisch-soteriologischen Logion, in dem zum ersten und einzigen Mal bei Markus der Titel "Menschensohn" mit der Heilsbedeutung des Todes Jesu in Verbindung gebracht wird, läßt sich ablesen,

daß die vormarkinische Sammlung um einen massiven Abschluß bemüht war. Es
hieße allerdings die Konsistenz der Sammlung zu überziehen, wollte
man in 10,45 ein Logion erwarten, das sowohl sachlich als auch formal von
seiner Sprachgebung her die gesamte Sammlung zusammenfassend beschließt.

Wenn H.-W.Kuhn in 2,28 und 4,33 jeweils Schlußlogien solcher Qualität entdecken kann, und zwar der vormarkinischen Streitgespräche- und Gleichnissammlung, dann muß das für die Sammlung in Mk 10 nicht auch zutreffen.
Zumindest kann man aus dem Vergleich der drei Logien in 2,28; 4,33 und
10,45 nicht wie Kuhn die Schlußfolgerung ziehen, die Sammlung in Mk 10
verfüge über keinen Abschluß. Im Gegenteil : Der schwergewichtige Inhalt
des Verses 45 am Schluß der Sammlung, der wie in 2,28 auf das Wirken des
irdischen Jesus verweist und es als vorbildlich apostrophiert, spricht aus
sachlicher Perspektive für einen bewußten Abschluß der vormarkinischen
Sammlung.
Vergleicht man weiterhin die Einzelstücke der Sammlung miteinander, dann
kann auch nur die Zebedaidenperikope mit 10,42b-45 eine derartig ausführliche und mit Nachdruck an die Gemeinde adressierte Unterweisung vorzeigen.

2 Die sachliche Reihenfolge der Einzelperikopen der Sammlung

Neben diesem ersten und unübersehbaren Hinweis auf eine bewußt gewollte
Zusammenstellung von Einzelstücken in Mk 10 lassen die vier Perikopen der
Sammlung auch eine sachliche Reihenfolge erkennen :
In naturgemäßem Zusammenhang stehen die Themen "Ehe" und "Kinder"[491]; etwas schwieriger paßt, vordergründig gesehen, die Behandlung der Besitzproblematik in 10,17-22.23b.25 dazu. Betrachtet man aber die Perikope genauer, dann kann man deutliche Verbindungslinien zu den voranstehenden Perikopen von der Ehescheidung und der Kindersegnung erkennen : Das Gebot in
Vers 19, "du sollst nicht ehebrechen!" verweist nämlich mit μοιχεύειν
wörtlich auf das Logion in 10,11, das im Falle einer Ehescheidung die
Wiederverheiratung als Ehebruch bezeichnet.
An die Perikope von der Kindersegnung knüpft vom Motiv her das Gebot der
Elternehrung in der Reihe in 10,19 an. So wie die christlichen Eltern ih-

ren Kindern gegenüber wegen ihres besonderen Verhältnisses zum Reich Gottes (vgl.Vers 14) Verpflichtungen haben, so auch die Kinder gegenüber ihren Eltern, die sie ehren müssen.
Daraus dürfte folgen, daß die Perikope vom Reichen gar nicht so beziehungslos im Raum steht, sondern innerhalb der Sammlung ihren Platz behaupten kann.
Der Zusammenhalt zwischen den Perikopen von den Kindern und vom Reichen wird zusätzlich dadurch verstärkt, daß in beiden Stücken von der "Basileia Gottes" bzw. in synonymer Ausdrucksweise vom "ewigen Leben" die Rede ist[492]. In 10,14c wird den Kindern der Besitz des Reiches Gottes von Jesus zugesagt, und der Reiche erkundigt sich in der gleichen Angelegenheit nach spezifischen Handlungsanweisungen, deren Befolgung ihm ebenfalls den Besitz des ewigen Lebens einbringen soll. Und auch die Verse 23b.25 im Anschluß an die Perikope korrespondieren mit Vers 14c noch in der Weise, daß sie ebenfalls von der Basileia Gottes sprechen.
Diese eschatologische Thematisierung der beiden Perikopen scheint der Perikope von der Ehescheidung in 1o,2-12 zu fehlen. Doch ist es eine Überlegung wert, ob nicht die sprachliche Verbindungslinie zwischen den Versen 11 und 19 durch das Verb "ehebrechen" möglicherweise auch eine thematisch-inhaltliche impliziert : Wenn Jesus nämlich die Einhaltung des sechsten Gebotes als eine der Voraussetzungen zum Erhalt des ewigen Lebens dem Reichen gegenüber in Vers 19 nennt, dann heißt das umgekehrt, daß Ehebruch vom Zugang zum ewigen Leben ausschließt[493]. Darin aber könnte ein beabsichtigter gedanklicher Brückenschlag von der Perikope vom Reichen zu der von der Ehescheidung begründet liegen.
Die sich entwickelnde sachliche Reihenfolge der ersten drei Perikopen der Sammlung - die Eltern und ihre Ehe, die Kinder und das Reich Gottes, die Erfüllung der Gebote durch die Eltern und Kinder gleichermaßen sowie der mehr oder weniger durchgängige Gesichtspunkt des Hineinkommens in die Basileia Gottes - prägen den sachlichen Zusammenhang der vormarkinischen Sammlung.
Manche Exegeten wie E.Schweizer[494] und W.Schmithals[495] sehen deshalb in 10,2-31 eine katechismusartige Sammlung und bezeichnen die durch die Reihenfolge ihrer Einzelstücke bewirkte Form mit "Haustafel".

Zu diesem relativ homogenen Textzusammenhang gesellt sich die Perikope
von den Zebedaiden in 10,35-45, die nicht mehr in erster Linie die Familie
im Auge hat wie die drei Stücke vor ihr. Vielmehr rückt jetzt die Gemeinde in den Blick, zu der die Verse 42b-45 speziell reden.
Die Sammlung läßt demnach die Tendenz erkennen, die Betrachtungsweise
über die starke familiäre Hinsicht hinaus zu erweitern auf das Verhalten
der Gemeindemitglieder untereinander in der urchristlichen Gemeinde, und
zwar hier der Über- und Unterordnung. In 10,42b-45 liegt - schon allein
wegen des Menschensohnlogions in Vers 45 - der außerordentliche Schwerpunkt der vormarkinischen Sammlung. Man könnte durchaus eine erst spätere
Anfügung der Zebedaidenperikope an das Kompendium der drei familiär orientierten Perikopen annehmen. Das Wachstum der Sammlung vor Markus ist
aber hier nicht von Interesse, so daß dieser Vermutung nicht weiter nachgegangen wird.
Es läßt sich also feststellen, daß der sachliche Zusammenhalt der vormarkinischen Sammlung in Mk 10 bedeutend stärker ist, als H.-W.Kuhn das sagt,
bei dem die sachliche Integration der Einzelthemen in die Sammlung weitgehend unter dem Strich bleibt (und bei Kuhn auch später nicht durch die
noch zu behandelnde Bearbeitung der Sammlung durch Markus erreicht wird).

Dem Übergewicht formaler Aspekte bei Kuhn wird in dieser Untersuchung
durch die Herausarbeitung der vorhandenen sachlich-inhaltlichen Querverbindungen unter den Einzelstücken der Sammlung begegnet, deren gedankliche
Reihenfolge deutlich anzeigt, daß sie als sachlich geschlossenes Ganzes
beabsichtigt war.
Ihre Gestalt entspringt einem Formwillen, der über eine rein assoziative
Verknüpfung der einzelnen Perikopen hinausgeht. Vielmehr läßt die Sammlung ein Konzept erkennen, das bewußt die Linien auszieht vom begrenzten
Kreis der Familie hin zum größeren Verband der Gemeinde und dem darin eine gewisse Zielstrebigkeit nicht abgesprochen werden kann. Dieses Ergebnis
wird für die Bestimmung der Form der Sammlung und ihres "Sitzes im Leben"
von Bedeutung sein.

§ 39  Die inhaltlichen Schwerpunkte der Sammlung


Nachdem die Gründe für den sachlichen Zusammenhalt der vormarkinischen Sammlung in Mk 10 erkannt sind, fällt es nicht mehr schwer, ihre bereits in den Blick gekommenen inhaltlichen Schwerpunkte zu benennen.

Zwei sachliche Akzente sind nicht zu übersehen :
1. In 10,45 trifft man auf das soteriologische Christologumenon, das die bedeutendste Aussage der ganzen Sammlung darstellt. Das Logion vom Menschensohn, der nicht gekommen ist, um sich bedienen zu lassen, sondern um zu dienen und sein Leben hinzugeben als Lösegeld für die Vielen, enthält die Begründung und Ermöglichung der unmittelbar vorausgehenden Gemeinderegel in 10,42b-45 : der zum Dienen gekommene Menschensohn ist Grund und nachzuahmendes Vorbild für das Dienen der Gemeindemitglieder aneinander, so daß die Regel die grundsätzlich dienende Gesinnung der christlichen Gemeinde festschreibt. Der Dienst des Menschensohns aber steigert sich darüber hinaus und findet seinen unüberbietbaren Ausdruck in der stellvertretenden Hingabe seines Lebens.
Die Heilsbedeutsamkeit des als Dienst begreifbaren Todes Jesu verleiht dem Stück in 10,42b-45 eine derartige Gewichtung, daß man das Ethos des Dienens in der Gemeinde als einen bestimmenden Gesichtspunkt der gesamten vormarkinischen Sammlung ansehen darf.

2. Weiterhin liegt ein zweiter inhaltlicher Schwerpunkt in der Sammlung, der allerdings hinter dem in 10,42b-45 beträchtlich zurückbleibt, in den drei wegen ihrer familiären Thematik sachlich zusammengehörenden Perikopen von der Ehescheidung, der Kindersegnung und vom Reichen. Hier geht es um die praktische Regelung schwerpunktmäßig die Familie in der christlichen Gemeinde betreffender Probleme, bei der die Frage nach dem eschatologischen Heil, das ewige Leben, eine vorrangige Stellung einnimmt.

§ 4o  Die schwierige formgeschichtliche Festlegung der einzelnen Perikopen der vormarkinischen Sammlung

Die Erkenntnis, daß die vormarkinische Sammlung ein verflochtener Sachzusammenhang ist, der über inhaltliche Schwerpunkte verfügt, hat zur Folge, daß sich nicht nur unter formgeschichtlicher, sondern viel eher unter redaktionsgeschichtlicher Rücksicht eine ältere Sammlung in Mk 10 aufdrängt. Dazu ist die Erhebung der Formen der Einzelstücke notwendig.

1 Kritik der formgeschichtlichen Arbeitsweise von H.-W.Kuhn

Für H.-W.Kuhn besteht zwischen den drei Perikopen, die er zur vormarkinischen Sammlung in Kapitel 10 rechnet, die wichtigste Parallelität darin, "daß es sich in allen drei Fällen nach den Kategorien von Bultmann um Apophthegmata, und zwar um Streit- und Schulgespräche handelt"[496], die durch eine sekundäre vormarkinische Jüngerbelehrung eine paränetische Anwendung erfahren haben und als solche Gebilde formal bzw. formgeschichtlich einheitlich sind.
Folgerichtig schließt Kuhn für die drei gleichen nebeneinanderstehenden Formen auf einen gleichen "Sitz im Leben" und weist diesen nach "Ausweitung der formgeschichtlichen Fragestellung vom Einzelstück auf eine ganze Sammlung"[497] auch der angenommenen Sammlung in Mk 10 zu[498].

Seit Bultmann ist die Analyse des von redaktionellen Einträgen gereinigten Überlieferungsstücks das erste. Dabei geht es um die genaue Beschreibung des Vorhandenen, seines Inhalts, seiner Strukturen und erkennbaren literarischen Formungen, um die Inventarisierung typischer und untypischer formaler Züge des Stücks sowie die Erkenntnis von "Angemessenheit oder Unangemessenheit der Formung", der Reinheit oder der Modifizierung einer Form[499].

Betrachtet man jetzt die formgeschichtliche Untersuchung der drei zur Sammlung zählenden Perikopen in Mk 10 durch H.-W.Kuhn, dann läßt diese den ersten und wichtigsten analytischen Arbeitsgang vermissen. In den Studien zu den einzelnen Überlieferungsstücken stellt Kuhn jeweils lapidar fest, diese seien Apophthegmata im Sinne Bultmanns[500], und wendet sich dann sogleich den jeweiligen Anhängen dieser Stücke zu. Das bedeutet, daß eine präzise Formbeschreibung der drei Einzelerzählungen bei Kuhn gar nicht erfolgt.

Die Gattung des Apophthegmas, die Kuhn unreflektiert zur Basis seiner dann folgenden formgeschichtlichen Betrachtungen macht, ist aber reichlich grob gekörnt. In ihr kann man so viele Formspezifika unterbringen, daß die den drei Einzelperikopen jeweils eigentümlichen Formmerkmale, wichtige individuelle, inhaltlich und stilkritisch auffällige Nuancen sowie auch untypische Züge, nicht genügend zur Geltung kommen und Gefahr laufen, von der übermächtigen Form des Apophthegmas geschluckt zu werden. So kommt es, daß sich für Kuhn eine gleiche Gattung der drei Perikopen der Sammlung nur auf der breitgetretenen Formebene des Apophthegmas ergibt. Dieser Abstraktion aber fallen formgeschichtlich aussagekräftige Textmerkmale zum Opfer. Kuhn versucht also nicht, im Analytischen über Bultmann hinauszukommen.

Die Ein-Förmigkeit der drei Überlieferungseinheiten der älteren Sammlung, die er unkritisch postuliert, wird den konkreten Vorfindlichkeiten der Texte aber nicht gerecht. Solche Verallgemeinerung der Form mit dem Ziel, eine Sammlung in Mk 10 nachzuweisen, vollzieht auch, soweit überschaubar, kaum ein Exeget nach.

Dagegen wird in der vorliegenden Studie eine sorgfältige Beschreibung der Form der Einzelperikopen angestrebt, die präzise die Formmerkmale, aber auch die Differenzen der konkreten Formen zu den allseits bekannten Gattungen des synoptischen Überlieferungsgutes registriert.

2  Die Formbeschreibungen der Einzelperikopen der Sammlung

\* Für die Perikope von der Ehescheidung in 10,2-9 wird immer wieder darüber nachgedacht, ob sie den Streitgesprächen zuzurechnen ist, wie etwa J.Gnilka[501] meint.
Die expressis verbis in Vers 2 genannten Gegner Jesu, die Pharisäer, sprechen für diese Form, und auch die Antwort Jesu als Gegenfrage in Vers 3

deutet in die gleiche Richtung, "obwohl hier ihr stilmäßiger Sinn verloren gegangen ist"[502]. Auch der "polemisch-apologetische Schriftbeweis"[503] in den Versen 6-8 sowie das der Sache nach entsprechende Versuchungsmotiv in Vers 2[504] (sofern es nicht erst von Markus eingetragen wurde; für diesen Fall nimmt W.Schmithals ein "Lehrgespräch" in 10,2-9 an[505]), lassen für die Perikope von der Ehescheidung an ein Streitgespräch denken.

Andererseits fehlt dem Textstück ein typischer formaler Zug eines Streitgesprächs, nämlich der konkrete Anlaß, von dem aus die Debatte ihren Lauf nimmt und an den die Gegner ihre Frage anknüpfen[506]. Gerade der fehlende Anlaß für einen Disput aber ist es, der die Streitgespräche gewöhnlich von den Schulgesprächen unterscheidet[507]. Dazu kommt, daß "die Fragen und Einwände an Jesus .. im Munde der Gegner nicht immer denkbar (z.B.10,2) und nur auf den Skopus des Textes hin entworfen"[508] worden sind. R.Pesch[509] und in seinem Gefolge J.Ernst[510] sprechen daher für 10,2-9 von einer "Debatte", die nach dem "Schema von Schulgesprächen" gestaltet sei.

Im ganzen ist das Gespräch Jesu mit den Pharisäern einheitlich konzipiert, jedoch ungeschickt aufgebaut und künstlich konstruiert[511]. Es ist ganz offensichtlich aus der Sicht der Gemeinde entworfen und als Unterweisung über die christliche Position zur Frage der Ehescheidung anzusehen.

Als Ergebnis der Formbestimmung der Ehescheidungsperikope wäre dann zu verzeichnen, daß das Stück keiner der bekannten formgeschichtlichen Gattungen eindeutig zugeordnet werden kann. Vielmehr scheint die Perikope im Übergang von einem Streit- zu einem Schulgespräch zu stehen.

Bemerkenswert ist zum Schluß noch, daß der Erzählung das Gesetzeswort in Vers 11 sekundär zugefügt worden ist[512], das den Grundsatz[513] aus Vers 9 auf den Fall der Wiederheirat nach Entlassung der Ehefrau zur praktisch-konkreten Anwendung bringt und solches Verhalten des Mannes als Ehebruch bewertet.

\* Die Szene von der Kindersegnung in 10,13-16 wird ihrer Form nach von R.Bultmann als biographisches Apophthegma angesprochen[514]. R.Pesch dagegen differenziert in "Sprucherzählung mit apophthegmatischem Charakter"[515].

Die mehr berichtende Anlage des Stücks mit seinen konkreten Schilderungen

scheint jedoch eher in Richtung der Erzählungs- als der Wortüberlieferung zu weisen. Mit Recht bemerkt Bultmann, daß die Pointe der Perikope in Vers 14c ausnahmsweise nicht am Schluß steht[516].
Viel schwerwiegender aber dürfte ein Einwand zu Buche schlagen, der sich infolge der in Teil I dieser Arbeit vorgenommenen Scheidung von Tradition und Redaktion im Bereich der Verse 14c.15 ergibt[517] : von einer Idealität der Szene, wie Bultmann sie postuliert, kann nicht mehr die Rede sein. Der ideale Charakter der biographischen Apophthegmata wäre jedoch eines ihrer wesentlichen Formspezifika gewesen. Vers 14c hat dem hier erhobenen vormarkinischen Wortlaut zufolge keinen bildhaften Sinn mehr, der eine Wahrheit zum Ausdruck bringen soll, "die über die Situation greift, so daß diese symbolischen Charakter erhält"[518]. Man kann also mit dem Ursprung der Szene in einer geschichtlichen Begebenheit rechnen[519]. Die Form eines biographischen Apophthegmas dürfte für 10,13-16 dann aber nicht mehr zutreffen.

Das Herbeibringen der Kinder in Vers 13a löst eine Abwehrreaktion der Jünger aus (Vers 13b). Jesus, der diesen Vorfall beobachtet (Vers 14a), fordert daraufhin die Jünger auf, die Kinder zu sich kommen zu lassen und sie nicht daran zu hindern (Vers 14b). Vers 14c begründet diese Aufforderung Jesu und bietet darin die Pointe der Erzählung : den Kindern wird der Besitz der Basileia Gottes zugesprochen. Abschließend erfolgt die Segnung der Kinder durch die Auflegung der Hände (Vers 16).

Die Szene organisiert sich um das Logion in Vers 14c. Insofern könnte man unter Umständen auch mit R.Pesch von einer "Spruchzählung" reden. Der Zuspruch der Basileia an die Kinder steht in Kontrast zu ihrer Abweisung durch die Jünger. Die konkrete Schilderung ihrer Segnung durch Jesus, die den Spruch in Vers 14c nochmals unterstreicht und die Abweisung der Kinder als Fehlverhalten der Erwachsenen entlarvt, paßt sich in den erzählerischen Rahmen der Szene gut ein.

Erneut wird wie schon bei der vorher behandelten Perikope von der Ehescheidung deutlich, daß auch die Kindersegnungsszene am besten als Übergangsform zu gelten hat, die nur schwer einer der bekannten Formen zugeordnet werden kann. Scheinbar besteht das Typische der beiden bisher formgeschichtlich untersuchten Stücke gerade in der Schwierigkeit, sie den formgeschichtlichen Kategorien der Synoptikerüberlieferung eindeutig zuzuordnen. Wenn schon in diesem Punkt eine Verwandtschaft zwischen den beiden Stücken besteht, dann dürfte diese immerhin einen Hinweis auf eine Zusammengehörigkeit in einer Sammlung signalisieren.

\* Die Perikope vom Reichen in 10,17-22 rechnet R.Bultmann zu den Schulgesprächen[520]. J.Gnilka bleibt bei "Apophthegma", das apophthegmatische Wort finde sich in Vers 21[521]. R.Pesch postuliert ein Schulgespräch für 10,17-22 (ohne 21e).23a.24c.25[522]. J.Ernst spricht für 10,17b-21a.22 im Dibelius'schen Sinn von einem "Paradigma" bzw. einer "Beispielerzählung"[523].

Der Aufbau der oben aus der redaktionellen Fassung herausgeschälten vormarkinischen Perikope zeigt auf den ersten Blick das Schema eines Schulgesprächs: Situationsangabe (Vers 17a), Frage an den Lehrer (Vers 17b), erste Antwort bzw. Gegenfrage des Lehrers (Vers 18f), Zwischenantwort des Fragestellers (Vers 19), abschließende Antwort des Lehrers (Vers 21f)[524].

R.Pesch macht jedoch auf besonders auffällige Merkmale des Gesprächs zwischen Jesus und dem Reichen aufmerksam, die man eher zu den untypischen Zügen der Form eines Schulgesprächs rechnen muß: "die persönliche Erkundigung des Fragestellers ('Was soll ich tun?'), die Zurückweisung der Anrede mit 'gut' durch Jesus sowie insgesamt die Besprechung des vom Fragesteller verlangten Tuns, nicht zuletzt auch dessen (nicht vorbildliche) Reaktion"[525].

So ganz glatt geht 10,17-22 also nicht in der Form eines Schulgesprächs auf. Ob man die Konzeption des Dialogs als einheitlich bezeichnen kann, ist mit Blick auf die den Gesprächsfortgang störende Rückweisung der Anrede "guter Meister" durch Jesus in Vers 18 ebenfalls fraglich. Auch die Idealität des Stücks ist nicht ohne weiteres annehmbar. Schon R.Bultmann hält sie für problematisch[526].

Die Perikope vom Reichen teilt demnach mit denen von der Ehescheidung und der Kindersegnung das gleiche Schicksal, nämlich formgeschichtlich keiner der bekannten Gattungen zugeordnet werden zu können.

Auch die Perikope vom Reichen hat wie die von der Ehescheidung eine sekundäre Erweiterung erfahren, die textmäßig allerdings umfangreicher aus-

fällt. Die Verse 23b.25.26b.27b sind vormarkinisch hinzugesetzt worden[527].
Bei den Logien in 10,23b.25 handelt es sich nach Auffassung Bultmanns um
persönlich formulierte Gegensätze[528], die "von der Energie des Bußrufs getragen sind"[529], im konkreten Kontext als "Drohworte"[530] fungieren und
möglicherweise Jesus zugeschrieben werden können[531].
Den beiden Logien, die die Heilsaussichten der Reichen zunehmend von
"schwierig" bis "unmöglich" verschärfen, folgt die Frage, welcher (Reiche)
dann überhaupt noch gerettet werden könne[532]. Die Antwort in Vers 27b
weist auf die rettende Allmacht Gottes hin.

Das katechetische Interesse der Erweiterungen im Nachgang zur Perikope
vom Reichen ist unübersehbar : die generelle Möglichkeit einer Rettung Reicher wird nach den erfolglosen Bemühungen Jesu um den reichen jungen Mann
in 10,17-22 reflektiert. Es werden die Folgen des Reichtums für das ewige
Leben in paränetischer Absicht drastisch dargestellt und das totale Angewiesensein der Reichen auf die rettende Barmherzigkeit Gottes herausgestellt. Die Erweiterung trägt also durchaus einen paradigmatischen Charakter.

\* Die letzte zur Sammlung gehörende Zebedaidenperikope in 10,35-40 zählt
R.Bultmann zu den Apophthegmata[533], den Anhang in 10,42-45 zu den Gemeinderegeln[534].
R.Pesch dagegen sieht die Form der Gemeinderegeln nur in 10,42b-44 vorliegen, die zusammen mit 10,41.42a.45 angeblich ein Apophthegma bilden.
10,35-38 sei ein "Bittgespräch", das um die Verse 39-40 sekundär erweitert
worden sei[535]. J. Ernst will ein "Bittgespräch" in 10,35.37.38a.40 und ein
"Apophthegma" in 10,41-45 orten können[536]. J.Gnilka urteilt wieder anders :
10,35-38 sei ein biographisches Apophthegma, 10,41-45 eine Jüngerbelehrung[537].

Sicher ist, daß die Verse 35-38 (ohne das Motiv der Annäherung in Vers 35a)
ein Gespräch zwischen Jesus, Jakobus und Johannes schildern. Der verzögernd wirkende Auftakt in Vers 35b.36, der berichtet, wie die Zebedaiden
sich an Jesus wenden und wie dieser mit einer Gegenfrage reagiert, ist
Ausdruck erzählerischer Gestaltung und dient der Hervorhebung der eigentlichen, in Vers 37 vorgetragenen Bitte der beiden Jünger. Einer ersten

Antwort Jesu in Vers 38b, die den Bittstellern Unverständnis vorwirft, folgt in Vers 38c eine Gegenfrage Jesu mit den beiden Bildern von der Taufe und dem Becher, die an ein Schulgespräch erinnert. Auffällig sind zuletzt die drei gleichen, das Gespräch strukturierenden Redeeinleitungen (Verse 36a.37a.38a).

Die sekundäre Erweiterung des Gesprächs in 10,39-40 besteht aus einem vaticinium ex eventu in Vers 39, das die Leidensbereitschaft der Zebedaiden bestätigt, und dem Hinweis Jesu auf die Zuständigkeit Gottes für die Verteilung von Ehrenplätzen in der doxa (Vers 4o)[538]. Diese sekundäre Erweiterung wird dem Gespräch keinesfalls erst von Markus zugefügt worden sein, wie oben schon aufgrund des völlig unmarkinischen Sprachgebrauchs der beiden Verse nachgewiesen werden konnte.

Im Falle der Verse 35-38 wird man sich der Formbestimmung Peschs mit "Bittgespräch" anschließen können. Hinzuweisen ist aber auch auf die von Pesch abweichenden Dekompositionsmodelle, die in Vers 40 den ursprünglichen Abschluß des Dialogs Jesu mit Jakobus und Johannes sehen, so etwa das von J. Ernst[539]. In diesem Fall rückt der Text ganz in die Nähe eines Schulgesprächs.

Auch für 10,35-40 aber wird wieder klar, daß man das Stück formgeschichtlich differenzierter zu betrachten hat. Ein reines Schulgespräch, und damit ein Apophthegma, liegt nicht vor. Die Form des Bittgesprächs mag die ursprüngliche für die Verse 35-38 gewesen sein. Die jetzt vorliegende Form des vormarkinischen Stücks in den Versen 35-40 jedenfalls ist formgeschichtlich wiederum nicht mit einem der gängigen Gattungsbegriffe zu fassen.

Dem Logienkompendium in 10,42b-45 kann die Form eines Apophthegmas ohne die Verse 41.42a nicht zugesprochen werden. Es handelt sich um Gemeinderegeln, die im Kontrast zu den Machtverhältnissen in der Welt das Dienen in der Gemeinde profilieren. Das Menschensohnlogion in Vers 45 begründet christologisch die Dienstregel und weist in seinem soteriologischen Aussageteil auf den in seinem Sühnetod für die Vielen kulminierenden Dienst Jesu hin. Der Gesamterzählung verleiht die Gemeinderegel einen paradigmatischen Charakter[540].

\* Als Bilanz der formgeschichtlichen Betrachtung der vier vormarkinischen Perikopen in Mk 10 ist festzuhalten :
Das formgeschichtlich Einschlägige aller vier Stücke der Sammlung ist vor allem darin zu erblicken, daß sie keiner der üblichen Gattungen der synoptischen Überlieferung eindeutig zugewiesen werden können. Immer wieder treten Formmerkmale auf, die sich gegen eine Einordnung in das Klassifizierungsschema Bultmanns sträuben. Aber auch darüber hinaus geht es nicht an, einwandfreie und restlos überzeugende Formdefinitionen vorzunehmen.
Offenbar befinden sich alle vier Perikopenformen in einem Übergangsstadium, in dem sie ihre ursprüngliche Form zugunsten einer neuen aufgeben.


§ 41  Versuch einer formgeschichtlichen Bestimmung der Sammlung


Angesichts der relativen Vielfalt der Formen im vormarkinischen Textbestand des Kapitels 10, die es gegen eine nivellierende Zuweisung an die Form des Apophthegmas zu verteidigen gilt, stellt sich die Frage, ob sich die beschriebenen Einzelformen nicht deshalb im Prozeß der Auflösung befinden, weil sie in den Dienst der Form der übergreifenden Sammlung getreten sind. Hier könnten sie ihre ursprünglich klaren Konturen verloren und im Zuge eines solchen Übergangs ihre alte kommunikationsspezifische Rolle eingebüßt haben. Ist die in Aussicht genommene Form der Sammlung der Grund für eine Überformung und Umprägung ihrer einzelnen Glieder gewesen?
Zur Beantwortung dieser Frage muß nach Formaspekten Ausschau gehalten werden, die für die ganze Sammlung bestimmend sind.

1. Hier ist zunächst noch einmal auf das Achtergewicht der Sammlung in Vers 45 hinzuweisen[541] : das vitale Interesse der Sammlung konzentriert sich mit sachlichem Gewicht auf das Christologumenon vom beispielhaften Dienen des Menschensohnes.
Vom Schluß der Sammlung her in Vers 45 erfolgt also ihre Gewichtung. Der massive Abschluß prägt ihr Gesicht. Dann hat aber auch die Bestimmung ihrer

Form zuallererst von 10,42b-45 her zu erfolgen.

2. Ein zweiter Gesichtspunkt trägt zur Form der vormarkinischen Sammlung bei :

Jedem Einzelstück der Sammlung ist ein abwehrender Unterton zu eigen. Dieser tritt zutage in der Ehescheidungsperikope, wenn dort in Vers 2 die Gegner wörtlich genannt und als Versucher entlarvt werden[542]. Gegen sie und ihre "Herzenshärte" in der Frage der Ehescheidung richtet sich die Argumentation Jesu in der Debatte.

Die Perikope zeigt die christliche Gemeinde in der Auseinandersetzung mit jüdischen Eherechtsauffassungen, die versucherisch auf die eigene am Wort Jesu orientierte Position einstürmen.

Aufmerksam wird man in einem solchen Zusammenhang auch registrieren, daß sich die Kritik Jesu nicht gegen das jüdische Gesetz an sich richtet, sondern seine Auslegung und die daraus resultierende herzensharte Praxis der Juden von ihm angegriffen werden. Man wird diese Beobachtung zum Umgang Jesu mit dem Gesetz im Auge behalten müssen, denn schon in der Perikope vom Reichen wird sie wieder von Bedeutung sein.

Ähnlich liegt der Fall auch in der Erzählung von der Kindersegnung, wenn auch Gegner Jesu nicht direkt benannt werden. Trotzdem kann man sich die Zurückweisung der Kinder, die zu Jesus wollen, durch die Jünger damit erklären, daß die jüdische Gemeindetheologie den Kindern keine Vollmitgliedschaft in der Synagoge einräumte. Die mangelnde Kenntnis des Gesetzes verhinderte dann aus pharisäischer Sicht ihre Teilnahme am künftigen Äon, d.h. am eschatologischen Heil[543].

Dieser Ansicht widerspricht Jesus in Vers 14c mit Nachdruck, indem er sich "gegen das theologische Verdienstdenken einer patriarchalisch orientierten Gesellschaft"[544] wendet und gerade den Kindern die Gottesherrschaft als sicheres Verheißungsgut zuspricht[545].

Dem nach dem ewigen Leben fragenden Reichen, der angeblich alle Gebote von Jugend an geflissentlich beobachtet hat, attestiert Jesus einen entscheidenden Mangel in seiner Lebensführung : der Reiche hat seinen Besitz nicht in den Dienst an den Armen gestellt. Das von Jesus geforderte Tun aber darf nicht darauf reduziert werden, dem Mitmenschen keinen Schaden zuzufügen, indem man die aufgezählten Gebote, die sämtlich soziale Gebote sind, ihrem Inhalt nach beachtet und so die Bedingungen für den Erhalt des ewigen Lebens erfüllt zu haben meint. Vielmehr wird dem Reichen der restlose Verzicht auf seinen Besitz zugunsten der Armen abverlangt. Erst dann hat er einen Schatz im Himmel. Die Perikope wendet sich also auch gegen ein jüdisches Lohn-Leistungsdenken, das das ewige Leben zu einem Gegenstand der Gesetzesobservanz erklärt.

Damit wird verstärkt der soziale, auf das Wohl der Menschen bedachte Impetus des Willens Gottes in seinen Geboten sichtbar und von Jesus beispielhaft interpretiert, indem er alle Gebotserfüllung am Maßstab der Fürsorge für die Armen bemißt.

Der oben schon verzeichnete positive Umgang Jesu mit dem Gesetz ist jedoch auch hierbei nochmals in Erinnerung zu rufen. Die Reihung der Gebote in 10,19 stellt durchaus eine kerygmatische Zusammenfassung des Gesetzes dar. Es ist festzuhalten, daß das Einhalten der genannten Gebote für das Erben des ewigen Lebens bedeutsam ist. Auch nach ihrer kulminierenden Zusammenfassung in der Forderung des Besitzverzichts durch Jesus haben sie ihre für das Heil wichtige Rolle nicht etwa eingebüßt. Wer das ewige Leben erben will und alles verläßt - so kann man paraphrasieren - ist nicht etwa von der Pflicht entbunden, die Gebote zu beachten.

Zuletzt fällt in der Zebedaidenperikope der Protest gegen die Umwelt und Gesellschaft auf, in der die christliche Gemeinde lebt, wenn von der gewaltsamen Unterdrückung der Völker die Rede ist, die von scheinbaren Machthabern beherrscht werden. Diese Kritik Jesu gilt mit Sicherheit auch jüdischen Regenten. Mit Recht weist H.-W.Kuhn auch noch auf eine Verbindungslinie zur Perikope vom Reichen hin : "Die negativen Aussagen über weltliche Herrscher ... sind gerade für die Armenfrömmigkeit mit ihrem Ressentiment gegen die Mächtigen charakteristisch"[546].

Die einzelnen Perikopen der Sammlung zeigen also jede für sich eine auf das Absetzen von der jüdischen Umwelt und Praxis gerichtete Tendenz, die auf die Sammlung übergeht und diese noch stärker verfugt.
Demnach verfolgt die Sammlung in Mk 10 auch apologetische Ziele und ist

gleichzeitig um eine am Maßstab der Botschaft Jesu und seinem beispielhaften Dienst an den Menschen orientierte Konsolidierung nach innen bemüht. Sie spiegelt die Abwehr und das Abstoßen jüdischer Strukturen ebenso wie sie vom Absicherungsprozeß durch die Klärung der eigenen christlichen Position zeugt, die sie aus dem Beispiel und den Worten Jesu gewinnt.

3. Doch ist zu beachten, daß die Sammlung zwar eine klare Opposition gegenüber dem Judentum erkennen läßt, die christliche Gemeinde jedoch in der Linie des um Jesu Stellungnahme bzw. Interpretation "ergänzten" oder "verschärften" Gesetzes bleibt.
Das wird besonders in Vers 19 deutlich, wo von den ἐντολαί die Rede ist. Aber auch 10,2-9 zitiert die Tora (vgl.Gen 1,27;2,24).
Gerade die Perikope vom Reichen "stellt die Gemeinsamkeit zwischen christlicher und jüdischer Gemeinde heraus. Auch für die Christen ist das Bekenntnis zum Monotheismus (εἷς θεός) und die Anerkennung seiner Heiligkeit, die ihn als den Gesetzgeber schlechthin erscheinen läßt (οὐδεῖς ἀγαθός εἰ μή), unantastbar. Mit dem Judentum stimmt man überein, daß der Weg zum ewigen Leben über das Halten der Gebote führt"[547].
Wichtig ist aber festzuhalten, daß nicht die Tora als solche von Jesus zum Handlungsprinzip erklärt wird, "sondern die von Jesus interpretierte Tora"[548]. Das heißt, die Gemeinde setzt die Gebote nicht außer Kraft, sondern ist um eine Neuinterpretation des Gesetzes am Beispiel und dem Wort Jesu bemüht.

Die überlieferungsgeschichtliche Einordnung dieses Faktums der gemeindlichen Torarezeption läßt sich nur so erklären, daß sich der Bruch des Christentums mit dem Judentum scheinbar nicht an einer prinzipiellen Gesetzesfrage entschieden hat. Die von H.-W.Kuhn[549] vorgenommene und von J.Roloff[550] zu Recht kritisierte Differenzierung der Auseinandersetzung der Gemeinde mit Judenchristen spielt dabei aber keine große Rolle.

4. Ein anderer, die Einzelstücke der Sammlung in Mk 10 verbindender Formaspekt hat sich oben schon andeutungsweise zu erkennen gegeben :
Zu der die Sammlung schwerpunktmäßig bestimmenden Zebedaidenperikope in 10,35-45 stehen die drei übrigen in einem eher lockeren Verhältnis. Weder

passen sie hundertprozentig zur Spitzenaussage der Sammlung in 10,42b-45 noch substituieren sie diese in eindeutiger Weise. Vielmehr verbindet die Perikopen von der Ehescheidung, der Kindersegnung und vom Reichen das gleiche Anliegen : es geht in diesen Stücken um die Familie bzw. konkrete Abklärungen familienspezifischer Probleme und Fragen.

Daraus folgt für die Gestalt der Sammlung insgesamt, daß sie ihren Betrachtungswinkel von Vers 2 bis Vers 45 ständig weiter öffnet : von der Zweierbeziehung der Eheleute und dem möglichen Problem der Scheidung ihrer Ehe und der Wiederheirat (10,2-9.11b) über die Familie mit ihren Kindern und deren Stellung in Familie und Gemeinde (10,13-16), die Frage des Erhalts des ewigen Lebens für die Familienmitglieder, die das Befolgen gerade derjenigen Gebote erfordert, die das zwischenmenschliche Zusammenleben regeln (Vers 19) und die Fürsorge für die Armen fordern, bis hin zum Verhalten innerhalb der Gemeinde (10,35-45) - fast ist man versucht zu sagen "in der Großfamilie". Es werden also "wichtige Fragen des menschlichen Zusammenlebens in der Familie und Gemeinde geregelt"[551], wobei die Sachordnung der Themen eine Entwicklung von innen nach außen, von den Eheleuten über die Kleinzelle der Familie bzw. den Familienkreis bis hin zum Gemeindeverband erkennen läßt.

Die Sammlung in Mk 10 vereinigt demzufolge "Familienperikopen" mit einer "Gemeindeperikope".

5. Die referierten und die einzelnen Perikopen zu einer Sammlung verknüpfenden Merkmale belegen in eindeutiger Weise das Vorhandensein eines Formwillens bei der Zusammenstellung der Stücke.

Der Sammlung geht es um die Gestaltung des Verhältnisses der Gemeinde zur Familie einerseits und der Familie zur Gemeinde andererseits. Das gegenseitige Abhängigkeitsverhältnis läßt sich dahingehend noch genauer beschreiben, daß 10,35-45 keiner Familie innerhalb der Gemeinde eine privilegierte Stellung einräumt, sondern sich eine jede am Beispiel des dienenden Menschensohnes zu orientieren hat und ihre Reputation und Größe ausschließlich aus dem Dienen an den Gemeindemitgliedern gewinnt.

* Die Eheleute in der Gemeinde sollen sich nicht trennen (Vers 9). Jüdische Eherechtsauffassungen laufen den christlichen zuwider und richten

sich nicht nach dem in der Tora geäußerten Willen Gottes, der für die Gemeinde der Christen verbindlich durch Jesus interpretiert wird. Daß die Gemeinde den theologischen Grundsatz nicht als ein rigoros anzuwendendes Gesetz versteht, "sondern als Imperativ, der eine je neue Auslegung verlangt"[552], belegt der dem Apophthegma sekundär zugestellte Vers 11. Das Logion, das zusätzlich den Gesichtspunkt einer Wiederverheiratung des Mannes nach der Entlassung seiner Ehefrau in die Diskussion einträgt und solches Verhalten des Mannes als Ehebruch bewertet, ist "als Versuch eines Kompromisses zwischen dem theologischen Postulat der Einheit der Ehe und der Praxis"[553] zu beschreiben.

Das Verbot der Ehescheidung impliziert also keine starre gesetzliche Regelung, die eine Trennung unter allen Umständen und um jeden Preis - und sei es, daß der Ehepartner dabei menschlich "auf der Strecke bleibt" - verbietet. "Es gibt Fälle, wo aufgrund der menschlichen Schwachheit die eheliche Gemeinschaft nicht mehr aufrechtzuerhalten ist. Auf solche Fälle die Weisung Jesu als positives Gesetz anzuwenden, würde bedeuten, diese Weisung, die auf das Wohl des Menschen bedacht ist, gegen Menschen auszuspielen. Gerade wenn die Gemeinde im Sinne Jesu handeln will, ist sie zu einer konzessiven Umformung des Wortes Jesu genötigt. Sie toleriert die Scheidung bzw. Trennung, verbietet aber die Wiederheirat ..."[554].

* Die Kinder der Familie spielen in der christlichen Gemeinde nicht etwa aufgrund ihres noch unentwickelten Verstandes eine unterprivilegierte Rolle. Im Gegenteil : gerade sie verdienen eine bevorzugte Behandlung durch die Erwachsenengemeinde, da sie in einem besonderen Verhältnis zur Gottesherrschaft stehen, die ihnen zugesagt ist. Deshalb darf man sie nicht daran hindern "zu Jesus zu kommen". Vielmehr werden die Familien ermuntert, ihre Kinder "zu Jesus zu bringen", d.h., sie in das Leben der christlichen Gemeinde als volle Mitglieder einzubeziehen.

* Auch soll man sich in der Familie um das rechte Verhalten bemühen, das zum Erben des ewigen Lebens führt : die Beachtung der Gebote und die Sorge für arme Gemeindemitglieder. Der Bruch der Ehe durch die Eltern verstößt ebenso gegen die Gebote, deren Erfüllung das Heil bedeutet, wie die Mißachtung des Gebots der Elternehrung durch die Kinder nicht einem Handeln entspricht, das zum ewigen Leben führt.

Gerade auch die den Perikopen sekundär zugewachsenen Logien in den Versen 11b.23b.25.26b.27b.42b-45 lassen eine Abklärung des Verhältnisses zwischen der Gemeinde und ihren Familien sichtbar werden.

Zusammenfassend läßt sich also sagen :
Es geht der vormarkinischen Sammlung um die Bestimmung des Orts der Familie innerhalb des Gemeindeverbands und die Abklärung der gemeindlichen Aufgaben gegenüber den integrierten Familien. Die Beschreibung dieses ambivalenten Verhältnisses beinhaltet die Koordinaten "christliche Ehe und Regelung der Ehescheidung", "Stellung der Kinder in Familie und Gemeinde", "Beachtung der Gebote, die das menschliche Zusammenleben regeln, und die Fürsorge mit dem eigenen Besitz für die Armen um des ewigen Lebens willen" und die "dienende Gesinnung in der Gemeinde".

6. Diese Bipolarität der Sammlung läßt sich nicht in einen einzigen Begriff fassen. Eher zeugt diese Schwierigkeit einer Benennung der Sammlungsform davon, daß ähnlich den Formen der Einzelperikopen die ganze Sammlung im Begriff ist, ihre formgeschichtlich klaren Konturen zu verlieren.
Zwar spielen schon ordnende und regulative Elemente eine Rolle, aber die Bezeichnung "Gemeindeordnung" würde auf Kosten des textmäßig größeren Anteils der Sammlung gehen, den die Familienthematik einbringt. "Haustafel", wie W.Schmithals zuletzt vorgeschlagen hat[555], paßt wiederum nicht zur schwerpunktmäßigen Thematik der Gemeinderegel in 10,42b-45. Der Begriff "Gemeindetafel" ist noch nicht kreiert, trifft aber auch nicht ganz genau das, was an Verhältnisbestimmung zwischen Familie und Gemeinde in Mk 10 angesprochen wird. Etwas näher dürfte der Form die Bezeichnung von H.-W. Kuhn mit "eine Art Lebensordnung der Gemeinde"[556] kommen, doch scheint auch mit dieser Benennung das familiäre Element zu kurz zu kommen. Der "kleine Katechismus" von J. Jeremias[557] bzw. der "Überlieferungszusammenhang"[558] sind als Formbezeichnungen ebenfalls zu unpräzise.
Es scheint deshalb angeraten zu sein, es bei der ausführlichen Beschreibung der Sammlungsform zu belassen und besser keine begriffliche Festlegung zu wagen. Solche Zurückhaltung dürfte sogar dem besonderen Charakter der vormarkinischen Sammlung mit ihren fließenden Einzelformen wie mit ihrer in Auflösung befindlichen Sammlungsform viel eher Rechnung tragen.

§ 42  Der "Sitz im Leben" der vormarkinischen Sammlung

Wenn auch die Form der Sammlung einen zerfaserten Eindruck macht, so muß sie doch wie jede andere Gattung des synoptischen Traditionsgutes einen spezifischen "Sitz im Leben" haben, d.h. sie ist mit Gewißheit durch die Notwendigkeit von Kommunikation einer bestimmten Gruppe in einem bestimmten gesellschaftlichen Milieu bedingt.
Zur Bestimmung des "Sitzes im Leben" einer Texteinheit zieht man gewöhnlich die Leitfragen zu Rate, die H.Gunkel[559] formuliert hat : "Wer ist es, der redet? Wer sind die Zuhörer? Welche Stimmung beherrscht die Situation? Welche Wirkung wird erstrebt?". Folgende Aspekte bringen Klarheit :

1. Erneut ist darauf hinzuweisen, daß der die Sammlung bestimmende Schwerpunkt in 10,42b-45 liegt. Es geht um die Gemeinde, die sich gegen aufkommende Machtstrukturen in den eigenen Reihen versichert, indem sie in der Form der Herrschaftskritik nach außen (Vers 42b) und innen (Vers 43f) dem Willen zum Großsein das Ethos des Dienens gegenüberstellt. Offensichtlich wissen die Gemeindemitglieder um ein Modell des Miteinander-Lebens von der Reich-Gottes-Botschaft Jesu her, "dessen eschatologischer Anspruch und eschatologische Neuheit gerade durch die schroffe Gegenüberstellung zum alten, wie es in der Gesellschaft in Erscheinung tritt, unterstrichen wird"[560].

2. Es ist auch noch einmal zu bedenken, daß das Achtergewicht der Zebedaidenperikope diese von den drei anderen Perikopen der Sammlung abhebt. Von einer ausschließlich die Gemeinde betreffenden Problematik kann bei diesen "Familienperikopen" im Gegensatz zu 10,35-45 nicht gesprochen werden.

3. Setzt man diese beiden Beobachtungen in die Rechnung ein, dann ist zwischen den "Familienperikopen" und der "Gemeindeperikope" ein Riß zu konstatieren, der von formgeschichtlicher Relevanz ist : er signalisiert den Übergang der christlichen Gemeinde in ihrer Organisationsform als Hausgemeinde hin zur Ortsgemeinde. Die mit der Sammlung in Mk 10 angesprochene Gemeinde hat offenbar damit begonnen, ihren Status als Hausgemeinde hinter sich zu lassen und steuert auf die größere Formation der Lokalge-

meinde mit anfänglichen Strukturen zu.

In dieses Bild paßt die Tatsache, daß für alle vier Einzelperikopen wie für die Sammlung an sich bei der formgeschichtlichen Beschreibung ein Übergangsstadium festgestellt werden konnte. Hatten also die Einzelstücke bereits im Rahmen ihrer Zusammenstellung zur Sammlung ihre ursprünglichen Formen aufgegeben und somit die ihnen angestammte Kommunikationsstruktur verloren, so verstärken zusätzlich die im Fluß befindlichen Konturen der Form der Sammlung den Eindruck einer Umorganisation.
Gegen H.-W.Kuhn ist also nicht damit zu rechnen, daß die zur Sammlung vereinigten Stücke nach Belieben wieder aus dem Verband herausgebrochen werden konnten, um als Einzelperikopen bei praktischen Entscheidungen Verwendung zu finden[561].

4. Die vormarkinische Sammlung hat ihren "Sitz im Leben" in dieser Übergangsphase der Umorganisation der Hausgemeinden zur größeren Lebens- und Organisationsform der christlichen Ortsgemeinde. Die Auflösung der vornehmlich familiär geprägten Hausgemeinde, die H.-J.Klauck[562] als "Gründungszentrum und Baustein der Ortsgemeinde, Stützpunkt der Mission, Versammlungsstätte für das Herrenmahl, Raum des Gebetes, Ort der katechetischen Unterweisung, Ernstfall der christlichen Brüderlichkeit" bezeichnet hat, und ihre Integration in größere Ortsgemeindeverbände erforderte zwangsläufig Regelungen, von denen der Inhalt der vormarkinischen Sammlung in Kapitel 10 zeugt.

5. Bereits oben war das Menschensohnlogion in 10,45 in Beziehung zu dem in 2,28 gebracht worden. Beiden Logien ist gemeinsam, daß sie jeweils eine ältere Sammlung im Markusevangelium beschließen. Über diese Funktion hinaus sind sie zusätzlich dadurch, daß sie sich auf die Autorität und das Vorbild des Menschensohnes berufen, verwandt. Weitere mit 10,45 und 2,28 vergleichbare Menschensohnlogien, noch dazu in dieser spezifischen Funktion gibt es im Markusevangelium nicht.
Dieser Befund läßt eine vorsichtige Option hinsichtlich des Zeitpunkts zu, an dem es wahrscheinlich zur vormarkinischen Sammlung in Mk 10 gekommen ist: sie muß entstanden und mit 10,45 abgeschlossen worden sein, als auch

die Streitgespräche in Mk 2 zu einer vormarkinischen Sammlung vereinigt und
mit dem Menschensohnlogion in 2,28 beschlossen worden sind. In beiden Fällen erhielten die Sammlungen durch das christologische Argument ihrer
Schlußlogien eine besondere Prägung : Jesus ist der in seiner Gemeinde
vollmächtig wirkende Menschensohn. Auf ihn kann sich die Gemeinde berufen,
wenn es darum geht, seine Willensrichtung gegen jüdische Observanzen und
Auffassungen durchzusetzen und ein christliches Leben zu praktizieren.
Als terminus post quem kommt für die Sammlung in Mk 10 der Tod des Zebedaiden Jakobus (44.n.Chr.) infrage, auf dessen Martyrium das vaticinium
ex eventu in 10,39 ganz offensichtlich anspielt[563].

## 6. Zusammenfassung :

Die Ergebnisse, die sich bei der Untersuchung der vormarkinischen Redaktionsebene in Mk 10 eingestellt haben, sind von ausschlaggebender Bedeutung für die noch ausstehende Erarbeitung der markinischen Redaktionsebene. Daher ist es zweckmäßig, sie vor Inangriffnahme des letzten Arbeitsschrittes dieser Studie noch einmal kurz in einem Steckbrief der vormarkinischen Sammlung zu resümieren.

* Die vormarkinische Sammlung in Mk 10 umfaßt die vier Perikopen von
  der Ehescheidung, der Kindersegnung, vom Reichen und den Zebedaiden.
  Sie bildet einen durchgehend lesbaren und sinnvollen Textzusammenhang.

* Ein sachlicher Zusammenhalt der Sammlung ist dadurch gegeben, daß
  ihre Einzelstücke in mehrfacher Hinsicht in sachlichen Beziehungen
  zueinander stehen, die eine rein assoziative Verknüpfung bei weitem
  an Kohärenz übertrifft sowie dadurch, daß sie über einen massiven,
  alle ihre Inhalte prägenden Abschluß in Vers 45 verfügt.
  Die Zusammenstellung der Einzelperikopen folgt einem Konzept, dem
  an der Ausweitung der familienbezogenen Thematik der drei ersten
  Stücke hin zur Gemeindethematik des letzten Gliedes gelegen ist.
  Beide Themen, Familie und Gemeinde, tragen das Gewicht der Sammlung, die größere Bedeutung kommt allerdings dem Stück in den Versen 42b-45 zu.

* Die Formen aller vier Einzelelemente der Sammlung weisen darin eine Gemeinsamkeit auf, daß sie keiner der üblichen Gattungen des
  synoptischen Überlieferungsgutes einwandfrei zugesprochen werden
  können. Sie befinden sich im Stadium der Auflösung.

* Die Sammlung spiegelt die innergemeindliche Konsolidierung in der
  Abwehr und Distanzierung von jüdischen Strukturen und Institutionen
  einerseits und dem Beziehen christlicher Positionen andererseits.

Es geht ihr dabei um die Bestimmung des Verhältnisses der Familie zur Gemeinde und umgekehrt.
Die Form der Sammlung ist wie die ihrer einzelnen Glieder mit den vorhandenen formgeschichtlichen Kategorien nicht mehr zu bezeichnen und zeigt ihrerseits alle Anzeichen eines Übergangs.

* Die Sammlung hat ihren "Sitz im Leben" in einer Phase der Umstrukturierung : Die Hausgemeinden geben ihre gewachsene Struktur zugunsten einer Umformung in den größeren Ortsgemeindeverband auf.

Es stellt sich jetzt die Frage, wie Markus mit der älteren Sammlung umgegangen ist. Dazu war die Erschließung der Vorlage des Evangelisten unbedingt erforderlich. Nur so läßt sich im folgenden der redaktionelle Umgang des Markus mit der älteren Sammlung im Gefälle zu den Sinnlinien der Tradition erarbeiten.

KAPITEL 10 : DIE MARKINISCHE REDAKTION

§ 42  Das Vorgehen

Die Scheidung von Tradition und Redaktion in Mk 10 hat bereits ergeben, daß der Evangelist Markus die Bearbeitung der ihm vorgegebenen Sammlung in zweifacher Weise vorgenommen hat : durch eigene Bildungen und durch die Einfügung traditioneller Stoffe in seine Vorlage.
Um Wiederholungen zu vermeiden sei vorweg angemerkt, daß es in diesem Kapitel der Studie nicht um eine detaillierte Einzelexegese von Mk 10 geht. Vielmehr ist ausschließlicher Gegenstand der folgenden Untersuchung die Redaktion des Evangelisten in ihrem sachlichen und inhaltlichen Gegenüber zur bereits detailliert erfaßten vormarkinischen Sammlung. Dazu ist es notwendig, die leitenden Gesichtspunkte des Markus bei der Bearbeitung

seiner Vorlage zu erheben, seine sachlichen und theologischen Motive zu beschreiben und sich ergebende formgeschichtliche Konsequenzen darzulegen und zu bewerten.

## § 43  Der Umfang der Markusredaktion

Zum Zwecke einer besseren Übersicht ist es ratsam, den Text des gesamten Kapitels 10 darzubieten und dabei die redaktionellen Einträge und Einfügungen von weiteren Traditionen in die Sammlung durch den Evangelisten visuell durch Unterstreichung bzw. Einrückungen kenntlich zu machen.

1 <u>Καὶ ἐκεῖθεν ἀναστὰς ἔρχεται εἰς τὰ ὅρια τῆς Ἰουδαίας καὶ πέραν τοῦ Ἰορδάνου, καὶ συμπορεύονται πάλιν ὄχλοι πρὸς αὐτόν, καὶ ὡς εἰώθει πάλιν ἐδίδασκεν αὐτούς.</u>

2 καὶ προσελθόντες Φαρισαῖοι ἐπηρώτων αὐτὸν εἰ ἔξεστιν ἀνδρὶ γυναῖκα ἀπολῦσαι, πειράζοντες αὐτόν. 3 ὁ δὲ ἀποκριθεὶς εἶπεν αὐτοῖς· τί ὑμῖν ἐνετείλατο Μωϋσῆς; 4 οἱ δὲ εἶπαν· ἐπέτρεψεν Μωϋσῆς βιβλίον ἀποστασίου γράψαι καὶ ἀπολῦσαι. 5 ὁ δὲ Ἰησοῦς εἶπεν αὐτοῖς· πρὸς τὴν σκληροκαρδίαν ὑμῶν ἔγραψεν ὑμῖν τὴν ἐντολὴν ταύτην. 6 ἀπὸ δὲ ἀρχῆς κτίσεως ἄρσεν καὶ θῆλυ ἐποίησεν αὐτούς· 7 ἕνεκεν τούτου καταλείψει ἄνθρωπος τὸν πατέρα αὐτοῦ καὶ τὴν μητέρα, 8 καὶ ἔσονται οἱ δύο εἰς σάρκα μίαν· ὥστε οὐκέτι εἰσὶν δύο ἀλλὰ μία σάρξ. 9 ὃ οὖν ὁ θεὸς συνέζευξεν, ἄνθρωπος μὴ χωριζέτω.
10 <u>καὶ εἰς τὴν οἰκίαν πάλιν οἱ μαθηταὶ περὶ τούτου ἐπηρώτων αὐτόν.</u>
11 <u>καὶ λέγει αὐτοῖς·</u> ὃς ἂν ἀπολύσῃ τὴν γυναῖκα αὐτοῦ καὶ γαμήσῃ ἄλλην, μοιχᾶται <u>ἐπ' αὐτήν.</u> 12 <u>καὶ ἐὰν αὐτὴ ἀπολύσασα τὸν ἄνδρα αὐτῆς γαμήσῃ ἄλλον, μοιχᾶται.</u>

13 Καὶ προσέφερον αὐτῷ παιδία, ἵνα αὐτῶν ἅψηται· οἱ δὲ μαθηταὶ ἐπετίμησαν αὐτοῖς· 14 ἰδὼν δὲ ὁ Ἰησοῦς <u>ἠγανάκτησεν καὶ</u> εἶπεν αὐτοῖς· ἄφετε τὰ παιδία ἔρχεσθαι πρός με, μὴ κωλύετε αὐτά· <u>τῶν</u> γὰρ <u>τοιούτων</u> ἐστὶν ἡ βασιλεία τοῦ θεοῦ.

15 ἀμὴν λέγω ὑμῖν, ὃς ἂν μὴ δέξηται τὴν βασιλείαν τοῦ θεοῦ ὡς παιδίον, οὐ μὴ εἰσέλθῃ εἰς αὐτήν.
16 καὶ ἐναγκαλισάμενος αὐτὰ κατευλόγει τιθεὶς τὰς χεῖρας ἐπ' αὐτά.

17 Καὶ ἐκπορευομένου αὐτοῦ εἰς ὁδὸν προσδραμὼν εἷς καὶ γονυπετήσας αὐτὸν ἐπηρώτα αὐτόν· διδάσκαλε ἀγαθέ, τί ποιήσω ἵνα ζωὴν αἰώνιον κληρονομήσω;
18 ὁ δὲ Ἰησοῦς εἶπεν αὐτῷ· τί με λέγεις ἀγαθόν; οὐδεὶς ἀγαθὸς εἰ μὴ εἷς ὁ θεός. 19 τὰς ἐντολὰς οἶδας· μὴ φονεύσῃς, μὴ μοιχεύσῃς, μὴ κλέψῃς, μὴ ψευδομαρτυρήσῃς, μὴ ἀποστερήσῃς, τίμα τὸν πατέρα σου καὶ τὴν μητέρα.
20 ὁ δὲ ἔφη αὐτῷ· διδάσκαλε, ταῦτα πάντα ἐφυλαξάμην ἐκ νεότητός μου.
21 ὁ δὲ Ἰησοῦς ἐμβλέψας αὐτῷ ἠγάπησεν αὐτὸν καὶ εἶπεν αὐτῷ· ἕν σε ὑστερεῖ· ὕπαγε, ὅσα ἔχεις πώλησον καὶ δὸς τοῖς πτωχοῖς, καὶ ἕξεις θησαυρὸν ἐν οὐρανῷ, καὶ δεῦρο ἀκολούθει μοι. 22 ὁ δὲ στυγνάσας ἐπὶ τῷ λόγῳ ἀπῆλθεν λυπούμενος, ἦν γὰρ ἔχων κτήματα πολλά.
23 καὶ περιβλεψάμενος ὁ Ἰησοῦς λέγει τοῖς μαθηταῖς αὐτοῦ· πῶς δυσκόλως οἱ τὰ χρήματα ἔχοντες εἰς τὴν βασιλείαν τοῦ θεοῦ εἰσελεύσονται. 24 οἱ δὲ μαθηταὶ ἐθαμβοῦντο ἐπὶ τοῖς λόγοις αὐτοῦ. ὁ δὲ Ἰησοῦς πάλιν ἀποκριθεὶς λέγει αὐτοῖς· τέκνα, πῶς δύσκολόν ἐστιν εἰς τὴν βασιλείαν τοῦ θεοῦ εἰσελθεῖν. 25 εὐκοπώτερόν ἐστιν κάμηλον διὰ τῆς τρυμαλιᾶς τῆς ῥαφίδος διελθεῖν ἢ πλούσιον εἰς τὴν βασιλείαν τοῦ θεοῦ εἰσελθεῖν. 26 οἱ δὲ περισσῶς ἐξεπλήσσοντο λέγοντες πρὸς ἑαυτούς· καὶ τίς δύναται σωθῆναι; 27 ἐμβλέψας αὐτοῖς ὁ Ἰησοῦς λέγει· παρὰ ἀνθρώποις ἀδύνατον, ἀλλ' οὐ παρὰ θεῷ· πάντα γὰρ δυνατὰ παρὰ τῷ θεῷ.
28 Ἤρξατο λέγειν ὁ Πέτρος αὐτῷ· ἰδοὺ ἡμεῖς ἀφήκαμεν πάντα καὶ ἠκολουθήκαμέν σοι.

29 ἔφη ὁ Ἰησοῦς· ἀμὴν λέγω ὑμῖν, οὐδείς ἐστιν ὃς ἀφῆκεν οἰκίαν ἢ ἀδελφοὺς ἢ ἀδελφὰς ἢ μητέρα ἢ πατέρα ἢ τέκνα ἢ ἀγροὺς ἕνεκεν ἐμοῦ καὶ ἕνεκεν τοῦ εὐαγγελίου 30 ἐὰν μὴ λάβῃ ἑκατονταπλασίονα νῦν ἐν τῷ καιρῷ τούτῳ οἰκίας καὶ ἀδελφοὺς καὶ ἀδελφὰς καὶ μητέρας καὶ τέκνα καὶ ἀγροὺς μετὰ διωγμῶν καὶ ἐν τῷ αἰῶνι τῷ ἐρχομένῳ ζωὴν αἰώνιον.
31 πολλοὶ δὲ ἔσονται πρῶτοι ἔσχατοι καὶ οἱ ἔσχατοι πρῶτοι.

32 Ἦσαν δὲ ἐν τῇ ὁδῷ ἀναβαίνοντες εἰς Ἱεροσόλυμα, καὶ ἦν προάγων αὐτοὺς ὁ Ἰησοῦς, καὶ ἐθαμβοῦντο, οἱ δὲ ἀκολουθοῦντες ἐφοβοῦντο. καὶ παραλαβὼν

πάλιν τοὺς δώδεκα ἤρξατο αὐτοῖς λέγειν τὰ μέλλοντα αὐτῷ συμβαίνειν,
33 ὅτι ἰδοὺ ἀναβαίνομεν εἰς Ἱεροσόλυμα, καὶ ὁ υἱὸς τοῦ ἀνθρώπου παραδοθήσεται τοῖς ἀρχιερεῦσιν καὶ τοῖς γραμματεῦσιν, καὶ κατακρινοῦσιν αὐτὸν θανάτῳ καὶ παραδώσουσιν αὐτὸν τοῖς ἔθνεσιν 34 καὶ ἐμπαίξουσιν αὐτῷ καὶ ἐμπτύσουσιν αὐτῷ καὶ μαστιγώσουσιν αὐτὸν καὶ ἀποκτενοῦσιν, καὶ μετὰ τρεῖς ἡμέρας ἀναστήσεται.

35 Καὶ προσπορεύονται αὐτῷ Ἰάκωβος καὶ Ἰωάννης οἱ υἱοὶ Ζεβεδαίου λέγοντες αὐτῷ· διδάσκαλε, θέλομεν ἵνα ὃ ἐὰν αἰτήσωμέν σε ποιήσῃς ἡμῖν. 36 ὁ δὲ εἶπεν αὐτοῖς· τί θέλετέ με ποιήσω ὑμῖν; 37 οἱ δὲ εἶπαν αὐτῷ· δὸς ἡμῖν ἵνα εἷς σου ἐκ δεξιῶν καὶ εἷς ἐξ ἀριστερῶν καθίσωμεν ἐν τῇ δόξῃ σου. 38 ὁ δὲ Ἰησοῦς εἶπεν αὐτοῖς· οὐκ οἴδατε τί αἰτεῖσθε. δύνασθε πιεῖν τὸ ποτήριον ὃ ἐγὼ πίνω, ἢ τὸ βάπτισμα ὃ ἐγὼ βαπτίζομαι βαπτισθῆναι; 39 οἱ δὲ εἶπαν αὐτῷ· δυνάμεθα. ὁ δὲ Ἰησοῦς εἶπεν αὐτοῖς· τὸ ποτήριον ὃ ἐγὼ πίνω πίεσθε, καὶ τὸ βάπτισμα ὃ ἐγὼ βαπτίζομαι βαπτισθήσεσθε· 40 τὸ δὲ καθίσαι ἐκ δεξιῶν μου ἢ ἐξ εὐωνύμων οὐκ ἔστιν ἐμὸν δοῦναι, ἀλλ' οἷς ἡτοίμασται.
41 καὶ ἀκούσαντες οἱ δέκα ἤρξαντο ἀγανακτεῖν περὶ Ἰακώβου καὶ Ἰωάννου. 42 καὶ προσκαλεσάμενος αὐτοὺς ὁ Ἰησοῦς λέγει αὐτοῖς· οἴδατε ὅτι οἱ δοκοῦντες ἄρχειν τῶν ἐθνῶν κατακυριεύουσιν αὐτῶν, καὶ οἱ μεγάλοι αὐτῶν κατεξουσιάζουσιν αὐτῶν. 43 οὐχ οὕτως δέ ἐστιν ἐν ὑμῖν· ἀλλ' ὃς ἂν θέλῃ μέγας γενέσθαι ἐν ὑμῖν, ἔσται ὑμῶν διάκονος, 44 καὶ ὃς ἂν θέλῃ ἐν ὑμῖν πρῶτος, ἔσται πάντων δοῦλος· 45 καὶ γὰρ ὁ υἱὸς τοῦ ἀνθρώπου οὐκ ἦλθεν διακονηθῆναι ἀλλὰ διακονῆσαι καὶ δοῦναι τὴν ψυχὴν αὐτοῦ λύτρον ἀντὶ πολλῶν.

46 Καὶ ἔρχονται εἰς Ἰεριχώ. καὶ ἐκπορευομένου αὐτοῦ ἀπὸ Ἰεριχὼ καὶ τῶν μαθητῶν αὐτοῦ καὶ ὄχλου ἱκανοῦ ὁ υἱὸς Τιμαίου Βαρτιμαῖος, τυφλὸς προσαίτης, ἐκάθητο παρὰ τὴν ὁδόν. 47 καὶ ἀκούσας ὅτι Ἰησοῦς ὁ Ναζαρηνός ἐστιν, ἤρξατο κράζειν καὶ λέγειν· υἱὲ Δαυὶδ Ἰησοῦ, ἐλέησόν με. 48 καὶ ἐπετίμων αὐτῷ πολλοὶ ἵνα σιωπήσῃ· ὁ δὲ πολλῷ μᾶλλον ἔκραζεν· υἱὲ Δαυίδ, ἐλέησον με. 49 καὶ στὰς ὁ Ἰησοῦς εἶπεν· φωνήσατε αὐτόν. καὶ φωνοῦσιν τὸν τυφλὸν λέγοντες αὐτῷ· θάρσει, ἔγειρε, φωνεῖ σε. 50 ὁ δὲ ἀποβαλὼν τὸ ἱμάτιον αὐτοῦ ἀναπηδήσας ἦλθεν πρὸς τὸν Ἰησοῦν. 51 καὶ ἀποκριθεὶς αὐτῷ ὁ Ἰησοῦς εἶπεν· τί σοι θέλεις ποιήσω; ὁ δὲ τυφλὸς εἶπεν αὐτῷ· ραββουνί, ἵνα ἀναβλέψω. 52 καὶ ὁ Ἰησοῦς εἶπεν αὐτῷ· ὕπαγε, ἡ πίστις σου σέσωκέν σε. καὶ εὐθὺς ἀνέβλεψεν, καὶ ἠκολούθει αὐτῷ ἐν τῇ ὁδῷ.

§ 44 Die offenkundigen Schwerpunkte der Markusredaktion


Das Textbild demonstriert ganz deutlich, daß sich der mengenmäßig größte Anteil an Redaktion in der Mitte und am Schluß des Kapitels 10 befindet. Der Evangelist hat besonders intensiv das Stück 10,17-31 bearbeitet. Die dritte Leidensweissagung in 10,32-34 entstammt ganz seiner Hand und ist von ihm zwischen die Perikopen vom Reichen und den Zebedaiden eingeschoben worden. An die vormarkinische Sammlung hat Markus schließlich die der Tradition entnommene Bartimaiosperikope in 10,46-52 angeschlossen.

Im folgenden geht es zunächst darum, die sofort ins Auge fallenden und die Grundlinie der markinischen Aussageabsicht bezeichnenden inhaltlichen Schwerpunkte der Redaktion zu erfassen und zu beschreiben. Das soll vorerst noch grob und übersichtsmäßig geschehen.

1. Sofort wird man auf das mehrfach in den genannten Texten anzutreffende Verb "nachfolgen" aufmerksam, das für die vormarkinische Sammlung überhaupt noch nicht verzeichnet werden konnte.
In 10,21 zieht das Nachfolgemotiv die Pointe der vormarkinischen Perikope auf sich und betont neben der entscheidenden Bedeutsamkeit des Besitzverzichts zugunsten der Armen für den Erhalt des ewigen Lebens die Relevanz der Nachfolge.
Ganz ähnlich sieht es in 10,28 aus : Auch hier steht sehr betont die Nachfolge des Petrus und der von ihm vertretenen Jünger neben dem Verzicht auf alles, der durch die Nachfolger Jesu geleistet wird. Allerdings stellt das folgende Lohnlogion in Vers 29f schon höhere Verzichtsforderungen an den Nachfolger : neben den materiellen Gütern hat er auch seine engsten Verwandten zu verlassen. Erfüllt er diese Forderungen Jesu, so wird ihm für die Gegenwart bereits ein Lohn verheißen und für die Zukunft das ewige Leben.
Gleich darauf in 10,32 ist das Verb "nachfolgen" erneut zu finden. Es bezeichnet dort die Nachfolger, die zusammen mit Jesus unterwegs nach Jerusalem sind, der Leiden und Tod bedeutet, und die darüber in Angst und Schrecken geraten. Hier steht das Nachfolgemotiv nicht mehr im Zusammen-

hang mit dem Verzicht, sondern wird jetzt mit dem Leiden und Martyrium
in der Nachfolge des Jüngers Jesu in Kontakt gebracht.
Schließlich begegnet das Nachfolgemotiv im letzten Satz des Kapitels 10
in Vers 52d, der allein schon aufgrund seiner Schlußposition hervorsticht.
Bartimaios folgt Jesus bedingungslos auf dem Weg nach Jerusalem. Wiederum
erscheint das Nachfolgemotiv in variierter Form, denn in 10,46-52 steht es
in einem Kontext, der den Glauben des Nachfolgers betont.

2. Vergleicht man die verschiedenen Beobachtungen zum Nachfolgemotiv in
der Markusredaktion, so kommt man zu dem Ergebnis, daß der Evangelist in
Kapitel 10 eine ganze Palette von Bezügen ausbreitet, in die er dieses
Motiv setzt :
Nachfolge und Besitzverzicht in 10,21e,
Nachfolge und Verzicht auf Besitz und Familie in 10,28,
Nachfolge und Leiden und Tod in 10,32,
Nachfolge und Glaube in 10,52d.

Wie sich diese Zusammenhänge und Ausprägungen des Nachfolgemotivs näherhin in Mk 10 gestalten, soll bei der Besprechung der redaktionellen Details
untersucht werden. Schon jetzt steht aber fest, daß Markus offensichtlich
über differenzierte Ansichten zur Nachfolge der Jünger verfügt. Falsch wäre es jetzt allerdings, wollte man dem gesamten Kapitel 10 das markinische
Nachfolgemotiv bei der Erklärung der Redaktion überstülpen und es damit
zur allein gültigen Norm der Erklärung erheben. Vielmehr ist die Nachfolgethematik auf die Stücke in Mk 10 begrenzt, in denen auch wörtlich von ihr
die Rede ist. Das ist aber zum Beispiel in den Perikopen von der Ehescheidung und der Kindersegnung sowie den Zebedaiden nicht der Fall.


§ 45 Die sachlichen Details der markinischen Redaktion


Nachdem die grundsätzliche Richtung der Redaktion des Evangelisten nunmehr feststeht, gilt es jetzt, die sachlichen Details der Markusredaktion

in Augenschein zu nehmen. Es geht darum, die Frage zu klären, inwieweit die
einzelnen redaktionellen Merkmale die bereits erkannten Redaktionsschwerpunkte in Mk 10 differenzieren und die Grundlinie des Markus zu einem aussagekräftigen Bild verfeinern. Darüber hinaus müssen alle übrigen, nicht
direkt und unmittelbar im Dienste der Nachfolgetheologie des Evangelisten
stehenden redaktionellen Äußerungen in Mk 10 betrachtet und hinsichtlich ihrer Funktion gegenüber der vormarkinischen Tradition untersucht werden.
Es empfiehlt sich wieder, mit der Untersuchung der Redaktionsdetails dort
zu beginnen, wo Markus seine Vorlage am stärksten verändert hat.

## 1   Die redaktionelle Bearbeitung der Perikope vom Reichen (10,17-22)

In Vers 19 regelt Markus mit dem von ihm eingebrachten Gebot, den Unterhalt der Eltern nicht vorzuenthalten, den praktischen Fall einer angetretenen Jüngernachfolge in der Gemeinde, ohne daß vorher das Auskommen und
die Existenzgrundlage der zurückbleibenden Eltern sichergestellt worden
ist.
Diese Vorenthaltung, ja Beraubung des Unterhalts der (alten) Eltern
durch ihr    Kind widerspricht Gottes Willen und Gebot. Eine Berufung auf
das jüdische Korbangelübde (vgl.7,9-13), das wahrscheinlich den argumentativen Hintergrund dieses redaktionellen Eintrags bildet, kann für einen
(christlichen) Nachfolger Jesu nicht gelten, da andernfalls das vierte Gebot Gottes mißachtet würde. Der Besitzverzicht eines in die Nachfolge Eintretenden hat also dort seine Grenzen, wo er das Eigentum der Eltern, d.h.,
deren Versorgungsanspruch gegenüber dem Kind betrifft.
Die schon vormarkinische Verbindung der sozial orientierten Gebote in 10,19
mit der in Vers 21 folgenden Verpflichtung, mit dem Besitz für die Armen
zu sorgen, erhält durch den redaktionellen Aspekt der Elternversorgung einen nachdrücklichen Akzent : das für den Erhalt des ewigen Lebens bestimmende Verhalten betrifft den richtigen Umgang mit dem Besitz <u>und</u> das richtige Verhalten zum Nächsten. Beides sind Voraussetzungen für die Jesusnachfolge.

Den Höhepunkt der Perikope vom Reichen, in den Markus den Nachfolgeruf integriert (Vers 21d), leitet er in Vers 21a durch den Ausdruck besonderer

Zuwendung Jesu zu seinen Gesprächspartnern ein : Jesus schaut diesen an und gewinnt ihn lieb.

Diese Äußerung des Evangelisten gestaltet das Verhältnis Jesu zu dem Reichen grundsätzlich positiv und mit Blick auf den kommenden Ruf in die Nachfolge sehr persönlich. Möglicherweise klingt diese persönliche Beziehung zwischen Jesus und dem potentiellen Nachfolger auch in der redaktionellen Beschreibung der Reaktionen an, die der Reiche auf die Aufforderung Jesu hin zeigt. Schreibt nämlich die vormarkinische Erzählung einfach und lapidar, daß der Reiche weggeht, so setzt Markus hinzu, daß dieser sich über Jesu Wort entsetzt und betrübt wird. Damit will er sagen, daß die im Entstehen begriffene sehr persönliche zwischenmenschliche Beziehung abrupt ein Ende findet, weil Besitz und Reichtum zwischen dem jungen Mann und Jesus stehen und den persönlichen Anschluß als Jünger verhindern.

Die grundsätzlich positive Prägung dieses Verhältnisses Jesu zu dem Reichen in Vers 21 durch Markus paßt jedoch nicht zu den harten Konsequenzen, die die Tradition vor Markus in der sekundär an die Perikope vom Reichen angefügten Kurzkatechese (Verse 23b.25.26b.27b) zieht, wenn sie dort den Reichen generell kaum noch eine Chance einräumt, in das Reich Gottes zu gelangen.

Diese Spannung läßt sich nur so erklären, daß Markus wahrscheinlich die Konsequenzen aus der Ablehnung der Forderungen Jesu nach Besitzverzicht und Nachfolge durch den reichen Mann nicht so drastisch sehen will wie seine Vorlage.

Diese Vermutung verstärkt sich, wenn man die Redaktion des Evangelisten in den folgenden Versen näher betrachtet.

## 2 Markusredaktion in 10,23-27

Während sich die vormarkinischen Interpretamente zur Perikope vom Reichen in den Versen 23-27 mit den Konsequenzen aus der ablehnenden Haltung des reichen jungen Mannes in 10,22-27 beschäftigen und sie auf das Heilsschicksal aller Reichen ausdehnen, scheint Markus primär an den Problemen interessiert zu sein, die Besitz und Reichtum den Jüngern und Nachfolgern Jesu bereiten. Diese führt er in Vers 23a in die Szene ein, und im folgenden gibt es kein Wort Jesu, das nicht an die Adresse der Jünger gerichtet wäre. Ihr sich steigerndes Erschrecken über das, was Jesus gegen die Reichen sagt, dokumentiert ihr Betroffensein und offenbart Mängel auch in ihrer Einstellung zum Besitz. Damit aber, so dürfte man Markus richtig interpretieren, zeigt sich ein Mißstand im Nachfolgeverhalten dieser Jünger, das nach Ausweis des Verses 28 von völligem Verzicht auf "alles" geprägt sein sollte. Man geht also sicherlich nicht fehl in der Annahme, daß Markus durch die redaktionelle Einschaltung des gesteigerten Jüngererschreckens seiner Sorge um die Gefährdung des Heils der in 10,23-27 angesprochenen Jünger Ausdruck verleihen will. Der Evangelist streicht erkennbar nichts aus seiner Vorlage und widerspricht ihr auch nicht. Daraus ist zu entnehmen, daß er ihrer Aussage grundsätzlich zustimmt : Besitz und Reichtum gefährden das ewige Leben.

Doch fällt auch hier wieder wie schon in Vers 21 auf, daß Markus darum bemüht ist, das Verhalten Jesu zu den Jüngern möglichst positiv zu gestalten, indem er sie in Vers 24c mit "Kinder" angesprochen sein läßt. Diese sehr persönliche, fast väterlich-fürsorgliche Anredeform belegt das auf das Wohl der Jünger und Nachfolger bedachte Interesse Jesu.
Auf seiten des Evangelisten wird man dieser Anrede entnehmen dürfen, daß es Markus auch im Falle der Jünger wie schon beim reichen jungen Mann in 10,17-22 nicht um deren "Verdammung" wegen ihres mangelhaften Nachfolgeverhaltens in Bezug auf den Besitz geht. Die vormarkinische Gleichung in 10,23-27, "Reichsein = Verlorensein", geht für Markus nicht auf. Vielmehr scheint der Evangelist menschliche Schwächen und menschliches Fehlverhalten in Rechnung zu stellen, wenn es um die Heilsbedeutsamkeit einer Nachfolge unter Verzicht auf jeglichen Besitz geht. Es dürfte also wohl so sein, daß Markus in seiner Gemeinde unterschiedlichen Haltungen der Jünger und Nachfolger dem Besitz und Reichtum gegenüber antrifft, so daß er in seiner Katechese abgestuft und differenziert reagieren muß.

3 Das markinische Gemeindemodell in 10,28-31

Mit Petrus und den Jüngern, die alles verlassen haben und Jesus nachgefolgt sind, stellt Markus in Vers 28 unmittelbar darauf eine weitere Jüngergruppe vor, deren Nachfolge offenbar in beispielhafter Weise alle Anforderungen erfüllt, die einen Zugang zum ewigen Leben eröffnen. Darin unterscheiden sich diese Jünger von denen in 10,23-27 ebenso wie von dem reichen jungen Mann in 10,17-22. Auf die Ausbildung dieses Unterschiedes scheint Markus bewußt abzuzielen.

Hat man nach der kontinuierlichen Lektüre der Perikope vom Reichen die Zusage des ewigen Lebens als Lohn für die Entsagungen der Nachfolger aus Vers 28 noch erwarten können, so fällt der Zuspruch eines gegenwärtig zu empfangenden Lohns in Form einer neuen Familiengemeinschaft, der familia dei, völlig aus dem Rahmen und bringt einen neuen Gesichtspunkt ein. Das verbindende Element dieser neuen Gemeinschaft liegt in der gleichen Leistung ihrer Mitglieder : im totalen Verzicht auf Besitz und Familie "um Jesu und des Evangeliums willen".

Markus nimmt diese schon im älteren Lohnlogion enthaltene Begründung auf und entfaltet sie redaktionell dadurch, daß er "das Nebeneinander von Nachfolge Jesu und Einsatz für das Evangelium"[564] durch die betonte Diesseitigkeit eines Teils des Lohns in die konkrete Gegenwart der Jüngergemeinde hereinholt. Damit verleiht er seinem hier entworfenen Modell von der Gemeinde der Brüder und Schwestern neben einem missionarischen besonders auch einen ekklesiologischen Akzent. Um so mehr bestätigt sich die Richtigkeit der Interpretation des Verses 28 und der didaktischen Absicht des Markus, eine Nachfolge unter Besitzverzicht und Hintanstellung der familiären Bindungen als die Hochform der Nachfolge zu profilieren.

Liest man die Lohnzusage in Vers 30 weiter, dann fällt auf, daß das besondere Kennzeichen der markinischen Gemeinde die Situation der Verfolgung ist. Markus scheint mit Absicht auf diese Konstituante eines Lebens in der Nachfolge Jesu hinzuweisen. Damit führt er aus, was es für den Jünger Jesu bedeutet, Jesus und des Evangeliums wegen nachzufolgen : es bringt ihm Nachstellungen, Entsagung und Not ein. Ist ihm zwar das ewige Leben für den kommenden Äon zugesagt, so hat er doch vorher ein grundsätzlich angefochtenes Leben in der Nachfolge zu bestehen. Und dennoch kann er daraus keinen Anspruch auf das ewige Leben ableiten, denn wie die Rettung Reicher (Vers 27) steht auch die Zuteilung des ewigen Lebens unter der Heilsprärogative Gottes.

## 4 Folgerungen aus der Markusredaktion in 10,17-31

Markus kommt es in 10,17-31 offensichtlich auf eine Gegenüberstellung verschiedener Weisen der Nachfolge der Jünger an : im Falle des Reichen in 10,17-22 bahnt sie sich an, kommt aber wegen der Bindung des Gerufenen an Besitz und Reichtum nicht zustande. Die in 10,23-27 angesprochenen Jünger befinden sich bereits in der Nachfolge Jesu, lassen aber, was ihren Verzicht auf Besitz und Reichtum angeht, noch große Mängel in ihrem Nachfolgeverhalten erkennen, die für ihr Heil eine ernstzunehmende Gefahr bedeuten. Petrus und die von ihm vertretenen Jünger dagegen leisten die Nachfolge Jesu vorbildlich, weil sie auf alles verzichtet haben.
So zieht Markus die verschiedenen Möglichkeiten, sich zum Besitz zu verhalten, nacheinander in Betracht, mit einem deutlichen privaten Akzent auf 10,28-31. Diese differenzierte Sicht der Nachfolge unter Besitzverzicht läßt auf verschiedene Jüngergruppen innerhalb der Gemeinde schließen, die sich in ihrem Nachfolgeverhalten voneinander unterscheiden. Die abgestufte Reaktion des Evangelisten auf dieses mehrschichtige Bild von Nachfolgeeinstellungen verrät ein hohes Maß theologischer Reflexion und erkennbares pastorales Geschick.
Wenn Markus die kompakte Belehrungseinheit in 10,17-31 in den Rahmen einer umfassenden Jüngerbelehrung spannt, dann legt er damit seine pastorale Absicht offen, eine Art "Grundsatzkatechese" zum problematischen Verhältnis des Besitzes bzw. Reichtums zur Nachfolge Jesu zu schaffen. Er will den Jüngern mit den unterschiedlichsten Nachfolgehaltungen in der Gemeinde eine Orientierungshilfe zur Überprüfung ihrer Einstellung an die Hand geben, indem er ihnen die exemplarische Nachfolge des Petrus und der Jünger aus Vers 28 vor Augen führt und deren Bedeutung für die Gemeinde selbst und das ewige Leben herausstreicht.

## 5 Der Einschub der dritten Leidensweissagung in 10,32-34

In der ganz von Markus entworfenen dritten Leidensweissagung wird das Nachfolgemotiv in den Zusammenhang mit dem Leiden und dem Tod gebracht. Nachfolge wird hier als Nachfolge in das Martyrium apostrophiert. Was redaktionell in Vers 30 mit dem Hinweis auf die Verfolgungssituation der Gemeinde schon angeklungen ist, das führt Markus jetzt in 10,32-34 im Klartext aus: Jesus nachfolgen heißt, bereit zu sein, seinen Weg in den Tod mitzugehen.

Mit dem Gedanken der Nachfolge in das Leiden verbindet der Evangelist ein Motiv, das immer dort, wo er es in seine Vorlage einträgt, den spezifischen Leidenshintergrund der Nachfolge Jesu implizit zum Ausdruck bringt. Es ist das redaktionelle Wegmotiv. Neben 10,32 ist ὁδός in dieser Bedeutung in Mk 10 noch in Vers 17a anzutreffen, besonders aber auch in exponierter Stellung am Schluß des Kapitels in Vers 52d und dort wieder verbunden mit dem Verb ἀκολουθεῖν.

Für die Beantwortung der Frage, warum Markus seine dritte Leidensweissagung ausgerechnet zwischen die beiden Perikopen vom Reichen und den Zebedaiden eingeschoben hat, genügt ein Blick auf die folgende Perikope in 10,35-45, die starke inhaltliche Bezüge zur Leidensweissagung erkennen läßt. Der formgeschichtliche Aspekt dieses Einschubs ist weiter unten noch zu behandeln.

6 Die markinische Redaktion in 10,35-45

Markus hat in den Dialog Jesu mit Jakobus und Johannes nicht eingegriffen. Lediglich durch die kurze redaktionelle Notiz am Eingang der Perikope in Vers 35a versucht er, die Aufmerksamkeit des Lesers auf das folgende Gespräch zu lenken. Man könnte also die Bemerkung, Markus habe das Stück in 10,35-40 genauso verstanden wie die Tradition vor ihm, zu den folgenden Versen übergehen, wenn nicht der Inhalt des Dialogs in auffällig sachlicher Nähe zu der von Markus vorangestellten dritten Leidensweissagung stünde.

In den Versen 38 und 39 wird bildhaft vom Getauftwerden und vom Trinken des Bechers gesprochen. Die beiden äußerst schwierig zu beurteilenden Bildworte sind häufig Anlaß exegetischer Untersuchungen gewesen. Diese können hier nicht im einzelnen vorgestellt werden[565]. Bei fast allen Forschern besteht aber Einigkeit darin, daß die beiden Bilder das Leidens- und Todesschicksal Jesu meinen[566]. In dieses Schicksal Jesu werden die beiden

Zebedaiden einbezogen. So wie Jesus bereit und fähig ist, den ihm von Gott bereiteten Leidenskelch (vgl.14,36) und die Todestaufe anzunehmen, so müssen auch die Jünger leidens- und todesbereit sein, wenn sie in die doxa Jesu eingehen wollen. Ihr "wir können es" und die nachfolgende Bestätigung Jesu belegen, daß Jakobus und Johannes das Martyrium Jesu wirklich teilen (vgl.Vers 39).
Jetzt wird die Funktion der von Markus der Zebedaidenperikope vorangestellten Leidensweissagung klar : es geht dem Evangelisten darum, das Becher- und Taufwort der älteren Perikope mit der Weissagung Jesu über das ihm bevorstehende Leidensschicksal zu explizieren. Seine ausführliche Beschreibung der Leidensstationen, die Jesus bis hin zum Tod durchschreiten muß, erklärt die beiden Bilder.

Ein weiterer wichtiger Aspekt tritt deutlich hervor, dem die Forschung bisher nicht genügend Aufmerksamkeit geschenkt zu haben scheint :
Die dritte Leidensweissagung ist von Markus derart gestaltet worden, daß die Dauerhaftigkeit des Leidens betont wird. Die Dehnung des Weges Jesu und seiner Nachfolger hinauf nach Jerusalem (Vers 32a), die Absonderung der Zwölf mit dem vorweggenommenen Hinweis auf das, was Jesus bevorsteht (Vers 32b), die wiederholte Bemerkung vom Hinaufsteigen nach Jerusalem (Vers 33) sowie die breite Beschreibung der Leiden Jesu, die vor seinem Tod liegen, bewirken diesen besonderen Zug der markinischen Darstellung. Dabei geht es dem Evangelisten darum, die Nachfolge der Jünger in der vor dem Martyrium liegenden Zeit des Leidens und der Verfolgung (vgl.Vers 30) herauszustellen, in der er sich zu bewähren hat.
Das Unverständnis der Zebedaiden richtet sich demnach nicht gegen die Notwendigkeit des Leidens und des Martyriums an sich. Daran nehmen sie ja wie Jesus teil. Doch lassen die beiden das rechte Verständnis für die Zeit der Prüfungen vor dem endgültigen Trinken des Todesbechers und dem Getauftwerden mit der Todestaufe vermissen. Das aber ist die Zeit der Nachfolge. Jakobus und Johannes haben also noch nicht das Leben in der Situation um Jesu und des Evangeliums verfolgter Jünger und die Beständigkeit des Angefochtenseins in diesem Leben als Nachfolger Jesu erfaßt. Dagegen wollen sie Garantien für Machtpositionen in der doxa Jesu.

Ist mit dieser Interpretation der "Leidensweisung" aus der Zebedaidenperikope der wohl wichtigste Grund für die Anordnung der dritten Leidensweissagung durch Markus erkannt, so dürften dem Evangelisten auch noch weitere Merkmale der Perikope in 10,35-40 gelegen gekommen sein, die ihm den Einschub erleichtert haben :
Das Unverständnis der Zebedaiden wird sich bei Markus in der Schilderung des gesteigerten Erschreckens der Nachfolger in Vers 32 niedergeschlagen haben. Was am Beispiel der Zebedaiden erläutert wird (man beachte in diesem Zusammenhang noch einmal die wiederholte Beiseitenahme des Jakobus und Johannes in Vers 35a), trifft generell auf alle Jünger zu. Sie alle haben, was das Leiden in der Nachfolge Jesu betrifft, noch nicht zu einer überzeugenden Einstellung gefunden.
Das Unverständnismotiv in Vers 38b dürfte dem Evangelisten weiterhin mit Rücksicht auf den weiteren Kontext von 8,27-10,52 entgegengekommen sein, denn Markus läßt auf jede der drei Leidensweissagungen jeweils das Unverständnis der Jünger folgen[567]. Dazu dient ihm hier die Zebedaidenperikope.

Die verärgerte Reaktion der Zehn in Vers 41 zeugt davon, daß Markus seiner Vorlage in 10,35-40 den Aspekt des Rangstreits entnommen hat und nun auf ihn eingeht. Zumindest auf der Ebene der Redaktion ist damit klar, daß ein Auseinanderdividieren der Stücke in 10,35-40 und 41-45 wegen unterschiedlicher Inhalte - hier ein eschatologischer, dort einer, der konkret die Gemeinde betrifft - unzulässig ist. Für Markus spiegelt der Zebedaidendialog seiner Vorlage im Grunde die gleichen Streitigkeiten innerhalb der Gemeinde der Jünger, die man auch den anschließenden Versen 42b-45 entnehmen kann. Markus will diesen Streit grundsätzlich geklärt wissen. Ihm geht es darum, Herrschaftsstrukturen innerhalb der Gemeinde von vornherein eine Absage zu erteilen und damit die Jüngergemeinde als völlig herrschaftsfreien Raum in einem gesellschaftlichen Umfeld der Macht und gewaltsamen Unterdrückung zu sichern. Das erreicht er einerseits dadurch, daß er die Dienstlogien in 10,42b-45 zunächst an einen eigens zusammengerufenen größeren Zuhörerkreis (Vers 42a) richtet, womit er sicherlich die gesamte Jüngergemeinde anzusprechen beabsichtigt.
Die einzelnen Logien vom Dienen adressiert er anschließend durch den wie-

derholten Eintrag des ἐν ὑμῖν bzw. ὑμῶν noch viel enger auf das gemeinsame Leben der Jünger innerhalb ihrer Gemeinde, als man das von der vormarkinischen Fassung der Dienstregeln sagen kann.

Zusammenfassend kann zur Zebedaidenperikope und der ihr folgenden Jüngerbelehrung also festgestellt werden :
Mit der bewußten Voranstellung der dritten Leidensweissagung vor die Zebedaidenperikope will Markus deutlich machen, daß sich die Jünger in Schicksalsverbundenheit mit Jesus ganz auf ein Leben in der Nachfolge in das Leiden einstellen müssen. Das Streben nach eschatologischen Machtpositionen ist von der Bewältigung des aktuellen Lebens als Jünger Jesu weit entfernt : Jesus mußte auch erst an's Kreuz.
In der Gemeinde gilt das Grundgesetz des Dienens, auf das Markus alle Jünger mit Nachdruck verpflichtet.

## 7 Die Bearbeitung der Bartimaiosperikope in 10,46-52

Gab Markus schon durch die Auswahl und Anordnung der Bartimaiosperikope zu verstehen, daß hier einer der Schwerpunkte seiner Redaktion in Mk 10 vorliegt, so sprechen neben der schon genannten Nachfolgenotiz in Vers 52d auch alle anderen redaktionellen Einträge in die Perikope dafür, daß sich Markus das vormarkinische Glaubensmotiv der Erzählung zu eigen gemacht und zu seinem Nachfolgemotiv in Relation gesetzt hat. Hier ist der Grund für die Auswahl des Stücks aus der Tradition zu suchen.
Das traditionelle Herzstück der Perikope ist eindeutig der unerschütterliche Glaube (vgl.zu 5,34) des Blinden an das Erbarmen des Sohnes Davids, der sich gegen alle Widerstände beharrlich durchsetzt und aufgrund dessen er schließlich seine Heilung bzw. Rettung mit der Hilfe Jesu herbeiführt.

Während die ursprüngliche Erzählung mit der einleitenden Bemerkung in Vers 46a, daß Jesus nach Jericho komme, auf einen Aufenthalt in der Stadt hinauslief, wahrt der Evangelist durch die Einfügung der Auszugsnotiz in Vers 46b die mit der dritten Leidensweissagung in Vers 32 begonnene Kontinuität des Weges Jesu hinauf nach Jerusalem. Diese Bewegungsregie des Markus steht zweifellos im Dienst des Nachfolgemotivs. Darauf verweist auch die in Vers 46b redaktionell eingebrachte Begleitung Jesu aus Jüngern und einer überaus großen Volksmenge hin. Diese wiederum bildet das Auditorium des folgenden Geschehens. Ihnen wird in Bartimaios ein Jünger Jesu vorgestellt, der Kraft seines Glaubens die Nachfolge in vorbildlicher und nachahmenswerter Weise vollzieht.

Es ist auch nicht ausgeschlossen, daß weitere, durch die erzählerische Gestalt der vormarkinischen Perikope vorgegebene Elemente dem markinischen Nachfolgegedanken korrespondieren und vom Evangelisten auch so verstanden worden sind :
* Bartimaios sitzt an demselben Weg, den Jesus als Leidensweg nach Jerusalem nimmt und auf dem ihm später der Geheilte folgt (Verse 46b.52d).
* Als armer Bettler gibt Bartimaios selbst das letzte, was er besitzt, seinen Mantel, her, um sich Jesus anzuschließen (Vers 50).
* Der Glaube hat die im σωθῆναι zum Ausdruck gebrachten (eschatologischen) Konsequenzen.

Die Gestalt des Bartimaios weist also "die Gemeinde .. auf die konkrete Verwirklichung der Jüngerexistenz hin, auf Glaube und Nachfolge"[568].

Sind damit diejenigen Texte in Mk 10 behandelt worden, die die stärksten Spuren einer redaktionellen Überarbeitung und Gestaltung aufweisen, so bleibt jetzt noch die Redaktion des Markus innerhalb der verbleibenden Texte des Kapitels 10 zu untersuchen.

8 Der redaktionelle Sammelbericht in Vers 1

Mit dem Sammelbericht in Vers 1 stellt der Evangelist das Kapitel 10 unter das Vorzeichen der Lehrtätigkeit Jesu und schafft eine Verbindung zum vorangehenden Evangelienabschnitt in 9,33-50. Damit ist ein erster und wichtiger Schritt zur Integration des Kapitels in das Evangelium insgesamt getan, eine Beobachtung, die sich später unter formgeschichtlicher Rücksicht noch als aufschlußreich erweisen wird.
Mit den geographischen Angaben in Vers 1 scheint Markus darüber hinaus das Kapitel 10 in das unmittelbare Vorfeld des Einzugs Jesu in Jerusalem rükken zu wollen. Außerdem ist auf die beabsichtigte Schaffung eines großen

Auditoriums durch die hier am Anfang des Kapitels und später an seinem
Ende (vgl.Vers 46b) genannte Volksmenge hinzuweisen, wodurch die Intensität der Lehrtätigkeit Jesu unterstrichen und dem gesamten Kapitel der Anstrich eines "Lehrkapitels" gegeben wird: Markus sieht in Jesus den Lehrer
der Jünger.

## 9 Die Bearbeitung der Ehescheidungsperikope in 10,2-12

In Vers 11 betont Markus durch Einfügung des "an ihr" stärker als die traditionelle Fassung des Logions die Einehe und Einheit der Ehe und unterstreicht gleichzeitig die negativen Folgen für den sozialen Status der entlassenen Ehefrau.
Der relativ unscheinbare redaktionelle Akzent, den Markus hier setzt,
nimmt den im Vorwurf der Herzenshärte an die Adresse der Pharisäer enthaltenen sozialkritischen Zug der Argumentation Jesu auf und bezeugt eine
Eheauffassung des Evangelisten, die von einer Herzenshaltung der gegenseitigen Treue und Verantwortung füreinander und vor Gott geprägt ist.
Markus begegnet der im vormarkinischen Vers 11 enthaltenen praktischen Regelung der Gemeinde, die Trennung der Ehe aus menschlichen Gründen zwar zu
akzeptieren, für diesen Fall aber die Wiederheirat zu verbieten, mit Verständnis. Das zeigt sich darin, daß er dem Vers 11 ein ganz entsprechendes Logion anfügt, mit dem er die Aussage des Verses 11 in hellenistisch-römische Rechtsverhältnisse überträgt und jetzt auch für die Frau von der Möglichkeit einer Trennung ihrer Ehe spricht.
Mit dem redaktionellen Zusatz des "an ihr" in Vers 11, den man analog
für den von Markus nachformulierten Vers 12 voraussetzen darf, gibt
der Evangelist aber deutlich zu verstehen, daß sein Interesse vorrangig
der Einheit der von Gott gestifteten Ehe gilt.
Wichtig scheint in diesem Zusammenhang auch noch zu sein, daß Markus durch
die ganz parallele Formulierung des Verses 12 zum Ausdruck bringt, daß
Mann und Frau in der Ehe als gleichberechtigte und gleichverpflichtete
Partner zur Respektierung des Willens Gottes und seines Verbotes der Ehescheidung wie auch des Treueanspruchs des Ehepartners aufgerufen sind.

Auffällig ist zuletzt, daß Markus die Verse 11 und 12 durch die redaktionelle Einleitung in Vers 10 in eine Jüngerbelehrung einkleidet, die in einem Hause stattfindet und deshalb einen esoterischen Charakter erhält. Die Einführung der Jünger und die Ausgestaltung des sekundären vormarkinischen Logions in 10,11 zu einer Jüngerbelehrung verwundert angesichts des oben dargelegten Interesses des Evangelisten an der Jüngerschaft und ihrer Nachfolge nicht. Die Szenerie des Hauses in Vers 10 dürfte aus der Sicht des Markus zum einen die Jünger von den Gegnern Jesu, den Pharisäern absetzen, mit denen Jesus gerade einen Disput hatte (Verse 2-9). Andererseits macht Markus auf diese Weise auf den besonders die Jüngergemeinde betreffenden Inhalt der Verse 11 und 12 aufmerksam.

## 10 Markusredaktion in der Perikope von der Kindersegnung in 10,13-16

Die Stellung der Kinder in der Gemeinde zur Zeit des Markus war offenbar keine angefochtene mehr, wie man das aus der vormarkinischen Redaktionsebene noch entnehmen konnte. Nur so läßt sich das Aussteigen des Evangelisten aus der konkreten Szene der Kindersegnung verstehen, das der Einschub des Verses 15 und dessen entsprechende Vorbereitung durch Umformulierung des Verses 14c bewirkt. Die Szene ist jetzt transparent für die eigentliche, von Markus anvisierte Zielgruppe der erwachsenen Jüngergemeinde. Von ihr erwartet er die Annahme der Gottesherrschaft in der Haltung, als wäre man ein Kind. Dabei könnte Markus an die völlig besitzlosen Nachfolger Jesu denken, die sich unter Verzicht auf jegliche materielle Sicherheit bereitwillig auf Jesus und das entbehrungsreiche Leben mit ihm in der Wandermission einlassen. Solche Haltung begünstigt der Evangelist in der Jüngergemeinde und läßt allen, die so handeln, die besondere Zuwendung Jesu zukommen (vgl. Vers 16).

## 11 Zusammenfassende Schlußfolgerungen zur Markusredaktion

Im Gegensatz zur vormarkinischen Sammlung definiert Markus die Mitglieder der Gemeinde genauer als "Jünger". Die markinische Gemeinde ist die "Jüngergemeinde".

In dieser Jüngergemeinde wird bereits ein soziales Gefälle sichtbar, das sich konkret im Umgang der Gemeindemitglieder mit dem Besitz und Reichtum zeigt. Die Befürchtungen, die die vormarkinische Sammlung in Bezug auf den das Heil gefährdenden Besitz hegte, scheinen in der Jüngergemeinde des Evangelisten eingetroffen zu sein. Da angesichts der differenzierten Strukturen der Jüngergemeinde die alten Regelungen und Gebote von Markus als nicht mehr ausreichend zur Bewältigung der Probleme empfunden wurden, die sich aufgrund unterschiedlicher Besitzverhältnisse unter den Jüngern der Gemeinde ergaben, überarbeitet und ergänzt er sie und verfährt dabei ebenso differenziert.

Offenkundig ist auch, daß sich die Jüngergemeinde in einer gewissen andauernden Verfolgungssituation befindet, in der Markus zu einer Nachfolge in der Bereitschaft, das Martyrium auf sich zu nehmen, aufruft. Kraft und Beharrlichkeit verleiht dazu der Glaube.

§ 46 Formgeschichtlich einschlägige Merkmale der Markusredaktion

Die Eingriffe des Markus in die vormarkinische Sammlung sind also verhältnismäßig stark ausgefallen. Nachdem sie der Sache nach erklärt worden sind, bleibt jetzt zu überprüfen, welche Auswirkungen die Redaktion auf die ältere Sammlung in formgeschichtlicher Hinsicht genommen hat.

Vorher ist noch einmal daran zu erinnern, daß sich schon die Formfestlegungen der vormarkinischen Einzelperikopen wie die der ganzen Sammlung als schwierig und mit Blick auf die bekannten formgeschichtlichen Kategorien der Synoptikerüberlieferungen als nicht eindeutig vornehmbar erwiesen haben.

1 Die Formen der Einzelstücke

In keinem Fall kommt es im Zuge der markinisch-redaktionellen Bearbeitung der Einzelperikopen der vorgegebenen Sammlung zu einer eindeutigeren Bestimmung ihrer ohnehin schon in Bewegung befindlichen Formen. Eher trägt

Markus dazu bei, daß diese sich noch weiter auflösen. An formalen bzw. formgeschichtlichen Kategorien scheint der Evangelist völlig desinteressiert zu sein. Seine Aufmerksamkeit gilt vielmehr ausschließlich den Inhalten seiner Vorlage und den Möglichkeiten, die sich ihm bieten, diesen seinen eigenen Stempel aufzuprägen.

Daraus folgt, daß auf seiten des Markus keinerlei Formwille festgestellt werden kann, der etwa die überlieferten Einzelstücke der älteren Sammlung in Richtung der bekannten Formen des synoptischen Überlieferungsgutes zu bewegen versucht. Daher ist wie schon für die vormarkinische Sammlung, so auch für das von Markus redigierte Kapitel 10 insgesamt nicht zu erwarten, daß sich die Bestimmung einer Form des Gesamttextes des Kapitels vornehmen läßt.

## 2 Die Jüngereinträge in Markus 10

Schon auf vormarkinischer Redaktionsebene waren den Einzelperikopen der Sammlung (mit Ausnahme der von der Kindersegnung) sekundäre Erweiterungen zugefügt worden, die als weiterführende Interpretamente zu der jeweils voranstehenden Erzählung anzusehen sind und einen katechetisch-paränetischen Charakter aufweisen.

Markus knüpft an diese Praxis seiner Vorlage an und baut diese Anhänge aus. Während die vormarkinische Tradition in allen drei Anhängen direkt keinen konkreten Adressaten der Worte Jesu benennt, tauchen jetzt bei Markus grundsätzlich die Jünger (bzw. die Zehn) auf. Der Evangelist trägt sie hauptsächlich an den Nahtstellen zwischen den jeweiligen Erzählungen und den sich anschließenden vormarkinischen Interpretamenten ein, also in 10,10.23a und 41. Dieses redaktionelle Vorgehen hat aber keine formalen, sondern rein sachliche Gründe : die Einführung der Jünger bzw. der Zehn geschieht in allen drei Fällen so, daß sich nicht nur die folgenden Worte Jesu an sie richten, sondern auch der Inhalt der voranstehenden Erzählung als den Jüngern bekannt vorausgesetzt werden kann.

In 10,10 erreicht Markus diesen Effekt dadurch, daß er die Jünger über das Zurückliegende, den Disput Jesu mit den Pharisäern, erneut fragen läßt. Das Herumschauen Jesu auf die um ihn versammelten Jünger in 10,23a soll dann zum Ausdruck bringen, daß die Jünger Zeugen des Gesprächs Jesu mit dem Reichen in 10,17-22 gewesen sind. Das Mithören der Unterredung Jesu mit den Zebedaiden durch die übrigen Zehn in Vers 41 wiederum sowie ihre verärgerte Reaktion demonstrieren auch für diese Überleitung das gleiche markinische Redaktionsmuster.

Weiterhin ist eine zweite Kategorie von Jüngereinträgen zu nennen, die auf Eingriffe des Markus in eine Einzelform der Erzählungen selbst zurückgehen. Gemeint ist hier der wiederholte Eintrag des ἐν ὑμῖν / ὑμῶν in das Stück in 10,42b-45. Der Eingriff fällt hier vergleichsweise stärker aus, da die einzelnen Logien, die schon mit Vers 41.42a an die Adresse der Jünger gerichtet wurden, anschließend mit großem Nachdruck je für sich noch einmal auf die Jünger bezogen werden. Erst nach der redaktionellen Bearbeitung des Kapitels 10 durch den Evangelisten kann man also für die Anhänge in 10,10-12.23-31.41-45 von Jüngerbelehrungen sprechen. Doch sind die jeweiligen Texte in formgeschichtlicher Hinsicht viel zu indifferent, als daß man der "Jüngerbelehrung" die Qualität einer Form der synoptischen Überlieferung zusprechen könnte.

Die markinischen Jüngereinträge beweisen jedoch das ausgesprochene Interesse des Evangelisten an der Belehrung der Jünger. Und in Kenntnis des markinischen Gemeindemodells aus 10,28-31 darf man wohl behaupten, daß es Markus in Kapitel 10 prinzipiell um die Jüngergemeinde als Adressat seiner Unterweisungen geht.

Auf die Familie und die Gemeinde schlechthin legt Markus im Gegensatz zur vormarkinischen Sammlung keinen so großen Wert mehr. Dagegen stehen in seiner Redaktion grundsätzlich die Jünger im Vordergrund. Es gibt in Mk 10 kaum ein Wort Jesu, das vom Evangelisten nicht ausdrücklich an sie gerichtet wäre. Beispielhaft kann man diese Gestaltungstendenz des Markus an der Perikope von den Kindern ablesen. Hier werden die Jünger schon vormarkinisch genannt (Vers 13), spielen aber im Vergleich zu den Kindern eine eher untergeordnete Rolle. Erst nach dem redaktionellen Eintrag des Verses 15 und die dadurch ausgelöste völlige Umprägung der Sinnspitze der Perikope rücken die Jünger in den Vordergrund. Aus der Sicht des Markus ist deshalb eigentlich die Bezeichnung von 10,13-16 mit "Perikope von der Kindersegnung" nicht mehr zutreffend, da es nur noch um die Jünger geht.

Auch die Nennung der Zwölf in der redaktionellen dritten Leidensweissagung (Vers 32) und die der Jünger als Begleiter Jesu in der Exposition der Bartimaiosperikope ist hier anzuführen. Immer ist die Belehrung bzw. Katechese der Jünger klar erkennbarer Gegenstand des literarischen und theologischen Anliegens des Evangelisten.

Wenn anstelle von "Familie" und "Gemeinde" bei Markus nunmehr die Jüngergemeinde im Vordergrund steht, wird man daraus auf Verhältnisse in der urchristlichen Gemeinde schließen dürfen, die sich im Vergleich zu denen, die die vormarkinische Sammlung widerspiegelt, entscheidend verändert haben.

3  Der Einschnitt in die vormarkinische Sammlung in 10,28

Bei der Analyse der Texte in 10,23-27 und 28-31 hatte sich ergeben, daß Markus beide Stücke als eine einzige zusammenhängende Jüngerbelehrung verstanden wissen will. Markus war im Bereich dieser Jüngerbelehrung an der Schaffung einer Grundsatzkatechese gelegen.
Dennoch ergibt sich eine Stufung innerhalb der Jüngerbelehrung, da für den redaktionellen Vers 28 sachlich wie sprachlich ein Neuansatz der Argumentation nachgewiesen werden konnte. Dieser Neuansatz schlägt aber formgeschichtlich nur insofern zu Buche, als zum wiederholten Mal an ihm abgelesen werden kann, daß der Evangelist Markus an festen Formen überhaupt nicht interessiert ist und Eigenheiten der vorgegebenen Sammlung gar nicht registriert, sondern ausschließlich Augen für die Sachaussagen und Inhalte hat. Es stört ihn also nicht im geringsten, daß die Jüngerbelehrung in 10,23-31 formal betrachtet bedeutend umfangreicher ausfällt,als die vergleichbaren in 10,10-12 und 10,41-45 und dadurch die sowieso schon in Auflösung befindliche Form der vormarkinischen Sammlung weiter zugunsten einer literarischen Ausfaltung ihrer Inhalte zerfällt.
Der Einschnitt in Vers 28 liegt also nur auf der rein inhaltlichen Ebene des Kapitels 10 vor und ist ausschließlich sachlich begründet.

4  Der Einschnitt in die ältere Sammlung in 10,32-34

Es ist noch ein weiterer Einschnitt in die überlieferte Sammlung zu ver-

zeichnen, der durch den markinischen Einschub der dritten Leidensweissagung in 10,32-34 zwischen die Perikopen vom Reichen und den Zebedaiden verursacht wird. H.-W.Kuhn spricht von einem "Zerreißen des Zusammenhangs"[569] der vormarkinischen Sammlung durch Markus.
Mit Vers 32 beginnt unbestreitbar inhaltlich etwas Neues. Die Zäsur zwischen dem Vorangehenden in 10,1-31 und dem noch in 10,32-34 Folgenden ist unübersehbar und wird auch durch die nach Vers 1 neue Ortsangabe und erstmalige Zielbestimmung des Weges Jesu mit Jerusalem in Vers 32 unterstrichen. Auf der Ebene des Markus ist damit jedoch kein Zerreißen eines kompakten Textcorpus beabsichtigt, sondern wiederum die Ambition des Evangelisten zu beobachten, vorgegebene Literatur zu bearbeiten und auszulegen. Für Markus paßte die dritte Leidensweissagung hervorragend zum Inhalt der älteren Zebedaidenperikope, deshalb stellt er sie dieser voran. Die formale Gestalt der Sammlung aber spielte für den Evangelisten wenn überhaupt dann nur noch insofern eine Rolle, als er die Abfolge ihrer Perikopen bewahrt hat. Ansonsten prägt er ihr aber sein eigenes Siegel auf, wobei ihn die Absicht, eine möglichst überzeugende und zur Nachfolge animierende Katechese zu gestalten, mehr bewegt haben dürfte, als das Problem der sich in der Folge ergebenden Formveränderung.

Ein letztes ist zur dritten Leidensweissagung aus formgeschichtlicher Perspektive anzumerken : Es ist allgemein anerkannt und im analytischen Teil dieser Arbeit auch schon erwähnt worden, daß Markus sein Evangelium im Abschnitt von 8,27 bis 10,52 durch die Anordnung von drei Leidensweissagungen gliedert[570]. Das bedeutet in formgeschichtlicher Hinsicht, daß Markus bei dem Einschub von 10,32-34 in die ältere Sammlung in Mk 10 auch von übergreifenden Gesichtspunkten des Aufbaus seines Evangeliums geleitet war. Diese strukturellen Überlegungen veranlaßten ihn zum Einschub der dritten Leidensweissagung, wobei die Form der Sammlung wiederum unbeachtet blieb.

5 Die Einfügung der Bartimaiosperikope in Kapitel 10

Man kann vermuten, daß dem Evangelisten nach dem absoluten Höhepunkt und massiven Abschluß der vormarkinischen Sammlung mit Vers 45 die Einpassung der aus der Tradition ausgewählten und ihrerseits an den Schluß der Sammlung gestellten Bartimaiosperikope nicht ganz so einfach gefallen wäre, könnte man Markus ein Interesse an der Form der vormarkinischen Sammlung unterstellen. Doch war ihm die sachliche Funktion der Perikope im redigierten Kontext von Mk 10 ganz offensichtlich viel zu wichtig, als daß er sich über die formalen Auswirkungen seiner Redaktion irgendwelche Gedanken gemacht hätte. Vielmehr wollte Markus seine katechetischen Ausführungen in Kapitel 10 nicht beenden, ohne auf den für die Nachfolge wichtigen und konstitutiven Glauben des Jüngers an Jesus, den Sohn Davids, hinzuweisen. Das bedeutet, daß die "alte" Sammlung in Mk 10 einen neuen Schluß erhält. Allerdings gilt diese Folgerung lediglich in rein sachlicher Hinsicht, nicht aber in formgeschichtlicher. Denn Markus ist weder an der formalen Prägung der Abmessung des Kapitels 10 interessiert noch an irgendwelchen Formmerkmalen der vormarkinischen Sammlung. Die Bartimaiosperikope ist aus der Sicht des Markus also aus inhaltlichen Gründen als der Schluß des Kapitels 10 anzusehen.

Ein Vergleich der beiden Schlüsse, hier der vormarkinische in 10,42b-45, dort der markinische in 10,46-52, macht erneut deutlich, daß Markus in der älteren Sammlung Literatur vor sich hatte, die er bearbeitet hat. Er verfügt schon über keinen Kontakt mehr zur mündlichen Überlieferung, sondern seine Vorlagen erweisen sich als schriftlich abgefaßte Corpora, die von ihm bearbeitet und ausgelegt werden.

Außerdem ergibt der Vergleich, daß sich das Vorbild des Menschensohnes (10,45) und das des Bartimaios in den beiden Schlüssen der Textstücke gegenüberstehen. Man wird den Vergleich in diesem Punkt so deuten müssen, daß für Markus die Nachfolge Jesu einen so grundsätzlichen, das Leben des Christen umfassend bestimmenden Rang einnimmt, daß er sie noch konkreter am Beispiel eines vorbildlich nachfolgenden Jüngers Jesu, Bartimaios darstellen wollte.

Schließlich wird auch deutlich, daß die Bartimaiosperikope noch zur Argumentationsstrecke des Kapitels 10 zu rechnen ist und von Markus nicht etwa primär als Auftakt oder Überleitung zu Kapitel 11 gedacht ist, wie das H.-W.Kuhn[571], J.Gnilka[572] und J.Ernst[573] annehmen.

## 6 Der redaktionelle Anfang des Kapitels 10

Ein letzter, nicht unwichtiger redaktioneller Akzent liegt auf Vers 1, mit dem Markus das Kapitel 10 beginnt. Allerdings ist der Evangelist dabei wohl kaum daran interessiert, der vormarkinischen Sammlung zu dem ihr fehlenden Anfang zu verhelfen. Rein sachliche Gründe dürften den Evangelisten vielmehr dazu bewogen haben, mit dem Lehrsummarium eine Art einleitende programmatische Überschrift vor das Kapitel zu stellen : Im folgenden geht es um die Lehre, in der Jesus große Zuhörerscharen unterweist. Mk 10 ist für Markus das letzte große Lehrkapitel vor Beginn der Ereignisse in Jerusalem.

Ein zweite Funktion des Verses 1 darf nicht übersehen werden, da sie weiteren Aufschluß über die sich in Kapitel 10 abzeichnende formgeschichtliche Tendenz der Markusredaktion gibt : Der Sammelbericht dient dem Evangelisten dazu, in einer Art Vor- und Rückschau Traditionen innerhalb seines Evangeliums miteinander zu verbinden und dadurch eine Kontinuität der Darstellung zu erreichen. Vers 1 ist also als ein Bindeglied im Rahmen der Evangelienkomposition zwischen den Texten anzusehen, die auf die zweite Leidensweissagung folgen, und das sind die Unterweisung der Zwölf in 9,33-50 und die Lehrstücke in Kapitel 10. Für Markus stehen also bei der Anordnung des Verses 1 vor Kapitel 10 auch übergeordnete, auf die sachliche Gliederung des Evangeliums bzw. eines Evangelienabschnitts bezogene Gesichtspunkte zur Diskussion.

## 7 Ergebnisse und Konsequenzen der formgeschichtlichen Überprüfung der Markusredaktion in Mk 10

Blendet man noch einmal kurz zurück auf die vormarkinische Sammlung in Mk 10, dann ist festzustellen, daß die Ausgangsposition von H.-W.Kuhn, ältere Sammlungen im Markusevangelium nur dort zu vermuten, wo es zu einem gehäuften Auftreten gleicher Formen kommt, von lediglich heuristischem Wert ist. Denn sowohl die Formen der vormarkinischen Einzelperikopen als auch die der Sammlung zeigten sich in Auflösung begriffen. Die Sammlung war sozusagen in Bewegung, und das erschwerte ihre formgeschichtliche

Beschreibung ungemein.

Markus hat durch seine Redaktion die ohnehin verschwommenen Konturen der überkommenen Sammlung weiter verwischt. Er zeigt keinerlei formalisierende Ambitionen, sondern er redigiert seine Vorlage ausschließlich unter sach- und inhaltsbezogenen Aspekten.

Man wird sagen dürfen, daß Markus die ältere Sammlung als formgeschichtliches Gebilde gar nicht zur Kenntnis genommen hat. Sie war in ihren Umrissen sowieso schon nicht mehr klar gezeichnet, aber mehr noch dürfte sie für den Evangelisten eine rein zufällige Größe gewesen sein, an der ihn nur noch der Inhalt interessierte. Daß Markus bei der Bearbeitung der Sammlung die Abfolge ihrer Einzelstücke bewahrte, ist die einzige, wenn auch mit Sicherheit unbeabsichtigte formale Konzession an seine Vorlage, und auch hier verfolgt er im Grunde nur sachliche Ziele.

Die fortschreitende Auflösung der alten Sammlungsform durch die redaktionelle Bearbeitung des Markus geschieht durch Einbringung erweiternder Einträge an den Stellen, an denen schon die Tradition sekundäre Zuwächse zu verzeichnen hatte - so im Bereich der drei Jüngerbelehrungen in 10,10-12.23-31. 41-45. Markus fügt seiner Vorlage aber auch umfangreiche Stücke hinzu, so etwa die Verse 1.15.28-31.32-34.46-52. Daraus wird ersichtlich, daß der Evangelist vorgegebene schriftliche Tradition auslegt, d.h., die vormarkinische Sammlung ist Literatur und wird von Markus literarisch bearbeitet. Das Stadium der mündlichen Tradition ist überwunden, Markus hat keinen Kontakt mehr zu ihr.

Die Tendenz der Markusredaktion in formgeschichtlicher Hinsicht aber läuft auf die literarische Gattung des Evangeliums hinaus, die Markus geschaffen hat. Der Evangelist hat also bei der literarischen Bearbeitung seiner vorgegebenen Tradition in Mk 10 nachweislich die Gestalt eines größeren Ganzen vor sich, in das hinein er die vormarkinische Sammlung zu integrieren versucht.

Die Übergangsphase aber, in der sich die alten, schon angegriffenen Formen zugunsten der größeren und umfassenderen literarischen Gattung des Evangeliums auflösen, sich also die Form der vormarkinischen Sammlung unter markinisch-redaktioneller Einwirkung weiter streckt auf die Großform des Evangeliums hin, ist für die Beurteilung der Markusredaktion das wohl Entscheidendste.

Zwar hat es kaum noch einen Sinn, das aus formgeschichtlicher Sicht amorphe Gebilde des markinischen Kapitels 10 auf einen "Sitz im Leben" hin zu befragen. Dieser ist wohl Mk 10 nur noch im Ganzen des Evangeliums zuweisbar. Doch läßt das Übergangsstadium der Einbindung der älteren Sammlung in das größere Ganze des Evangeliums die vorausgesetzen Gemeindeverhältnisse sichtbar werden, auf die Markus mit seiner Redaktion abzielt. Soweit man sehen kann, argumentiert der Evangelist in Mk 10 aus der Erfahrung mit einer Ortsgemeinde heraus. Das Stadium der Hausgemeinde, die sich bereits nach Ausweis der vormarkinischen Sammlung in einer Phase des Umbruchs befunden hatte, hat die markinische Jüngergemeinde endgültig hinter sich gelassen.

## SCHLUSS : DIE WESENTLICHEN ERTRÄGE

Wie läßt sich abschließend die literarische und theologische Leistung des Evangelisten Markus bei der Redaktion des 10.Kapitels seines Evangeliums beurteilen?

Sicherlich kommt der literarischen Produktivität des Evangelisten ein Stellenwert zu, der sich etwa in der Mitte einpendelt: Markus ist weder ein "literarisch unproduktiver" und "konservativer" Redaktor, für den R.Pesch ihn hält, noch ist seine literarische Leistung überzogen hoch zu veranschlagen. Eher trifft es zu, in ihm einen "gemäßigten" Redaktor im Sinne J.Gnilkas zu erblicken, doch möchte man dem Evangelisten darüber hinaus doch etwas mehr redaktionelles Engagement und ein größeres, von der Tradition deutlich unterscheidbares gestalterisches Können zubilligen.

Die pastoralen Qualitäten des Markus läßt seine theologische Leistung in Mk 10 sichtbar werden: Markus ist der Seelsorger der Jüngergemeinde, deren innere Verfaßtheit durch verschärfte soziale Spannungen gekennzeichnet ist, die den Evangelisten um den rechten Vollzug der zum ewigen Leben führenden Nachfolge Jesu fürchten lassen. Dazu kommen Verfolgungen der Jüngergemeinde von außen. Auf diese schwierige Lage muß Markus angemessen reagieren. Dazu reichen die Regeln und Weisungen für das Zusammenleben in der christlichen Familie und Gemeinde, wie sie das alte Kompendium noch bietet, nicht mehr aus.

Die Art und Weise, wie Markus als Seelsorger pastoral tätig wird und durch verständnisvolle und einfühlsame Stellungnahmen, die kategorische Festlegungen vermeidet, den Jüngern Hilfestellung beim Vollzug ihrer Nachfolge bietet, ist beeindruckend. Das gleiche kann man für das Modell der Jüngergemeinde der Brüder und Schwestern sagen, das Markus in Kapitel 10 entworfen hat und dessen Realisierung durch die Nachfolge unter Besitzverzicht er in der aktuellen Gegenwart der Jüngergemeinde einen hohen Rang beimißt.

**ANMERKUNGEN**

1 K.-G.Reploh, Markus-Lehrer der Gemeinde. Eine redaktionsgeschichtliche Studie zu den Jüngerperikopen im Markus-Evangelium (SBS 9) (Stuttgart 1969).

2 H.-W.Kuhn, Ältere Sammlungen im Markusevangelium (StUNT 8) (Göttingen 1971).

3 Vgl. R.Pesch, Rezension (H.-W.Kuhn,Sammlungen) 266. Soviel aus weiteren Untersuchungen und Kommentaren zum Markusevangelium ersichtlich ist, wird zwar öfter ein sachlicher Zusammenhang der drei Perikopen in den Versen 1-31 erwogen. Bis Kuhn äußert sich aber keiner der Forscher genauer zu der Frage, wer für die Bildung des Sachzusammenhangs verantwortlich sein soll. Kuhn greift also keine bereits bekannte These auf, sondern liefert eine Begründung für bisher unbegründete Vermutungen.

4 H.-W.Kuhn, Sammlungen 149.158.167 Anm.117; zur Kritik vgl. auch R.Pesch, Rezension (H.-W.Kuhn,Sammlungen) 267.

5 R.Pesch, Das Markusevangelium. Erster Teil. Einleitung und Kommentar zu Kap. 1,1-8,26 (HThK II/1) (Freiburg-Basel-Wien 1976); ders., Das Markusevangelium. Zweiter Teil. Kommentar zu Kap. 8,27-16,20 (HThK II/2) (Freiburg-Basel-Wien 1977).

6 So auch U.Luz, Markusforschung 644.

7 Ebd. 644.

8 So auch J.Blank, Rezension (R.Pesch, Markus) 135. Mit seiner einheitlichen vormarkinischen Passionsgeschichte steht Pesch in großer Nähe zur ebenfalls als einheitlich postulierten "Grundschrift" von W.Schmithals, dessen Markuskommentar weiter unten vorgestellt wird. Vgl. U.Luz, Markusforschung 643.

9 Ph.Vielhauer, Geschichte der urchristlichen Literatur 252f.

10 J.Gnilka, Das Evangelium nach Markus. 1.Teilband Mk 1-8,26 (EKK II/1) (Zürich-Neukirchen-Vluyn 1978); ders., Das Evangelium nach Markus. 2.Teilband Mk 8,27-16,20 (EKK II/2) (Zürich-Neukirchen-Vluyn 1979).

11 Vgl. dazu J.Blank, Rezension (R.Pesch,Markus) 135: Die Spannung zwischen Historie und Bekenntnis "ist auch für Markus konstitutiv".

12 U.Luz, Markusforschung 648.

13 Vgl.R.Pesch, Rezension (J.Gnilka, Markus) 7.

14 Vgl. J.Gnilka, Markus II 45 Anm.7.

15 W.Schmithals, Das Evangelium nach Markus. 1.Teilband, Kapitel 1-9,1 (Ökumenischer Taschenbuchkommentar zum Neuen Testament 2/1) (Gütersloh-Würzburg 1979); ders., Das Evangelium nach Markus. 2.Teilband, Kapitel 9,2-16,18 (Ökumenischer Taschenbuchkommentar zum Neuen Testament 2/2) (Gütersloh-Würzburg 1979).

16 Mit der Annahme der "Grundschrift" erledigen sich im übrigen für Schmithals alle Versuche ("mit einer gewissen Ausnahme der Passions- und Ostergeschichte", Markus I 35), vormarkinische Sammlungen im Markusevangelium nachzuweisen.

17 Ähnlich U.Luz, Markusforschung 653.

18 W.Egger, Nachfolge als Weg zum Leben. Chancen neuerer exegetischer Methoden dargelegt an Mk 10,17-31 (Österreichische Biblische Studien 1) (Klosterneuburg 1979).

19 Ders., Frohbotschaft und Lehre. Die Sammelberichte des Wirkens Jesu im Markusevangelium (FThSt 19) (Frankfurt a.M.1976).

20 Die Abgrenzung der Perikope ist umstritten und wird unterschiedlich vorgenommen:
nach Vers 21a: K.Berger, Gesetzesauslegung I 397
nach Vers 21 : W.Harnisch, Die Berufung des Reichen 168
nach Vers 22a: N.Walter, Analyse 213
nach Vers 23 : P.S.Minear, The Needle's Eye 160
nach Vers 24a: M.Horstmann, Christologie 81; W.Egger, Nachfolge 188f, sieht die Verse 23a.24c.25 "als von Anfang an mit der Erzählung verbundenen Kommentar" an. Egger verweist auf die schon von E.Lohmeyer, Markus 213, festgestellte angebliche Unabgeschlossenheit der Perikope vom Reichen hin;
nach Vers 25 : M.Dibelius, Formgeschichte 48.
Die drei genannten Textmerkmale sprechen aber eindeutig dafür, daß Vers 22 "der natürliche und stilgemäße Abschluß der Perikope" ist, wie K.-G. Reploh, Markus-Lehrer 191, urteilt und mit ihm die große Mehrheit der Exegeten wie R.Bultmann, Geschichte 20f; F.G.Lang, Sola gratia 332f; P.Huuhtanen, Die Perikope vom "reichen Jüngling" 83ff.

21 Wenn H.-W.Kuhn, Sammlungen 168ff, von "formal bzw. formgeschichtlich einheitlich(en)" Stücken in 10,2-12.17-23.25.35-45 spricht, dann rückt er damit die jeweiligen Jüngerbelehrungen in die Nähe der festen Formen bzw. Gattungen des synoptischen Überlieferungsgutes.

22 J.Gnilka, Markus I 126 + Anm.5; 147 Anm.16. Daß "περιβλέπειν bei den Synoptikern nur bei Mk anzutreffen" ist, stimmt nicht, denn Lukas hat das Wort in 6,10 von Markus übernommen. Richtig dagegen Gnilkas Zählung auf S.126 Anm.5; zur Vorzugsvokabel "umherschauen" bei Markus vgl. auch A.Schulz, Nachfolgen und Nachahmen 61; J.Blinzler, Verklärung 79.

23 J.Gnilka, Markus II 85 Anm.5.

24 Ebd. 30-32; in 5,32 übergeht Gnilka das Verb, in 11,11 wiederum rechnet er es aus kontextlichen Gründen zur Redaktion (vgl. ebd. 210f).

25 H.-W.Kuhn, Sammlungen 149: "Es ist methodisch notwendig, mit der Möglichkeit eines Unterschiedes zwischen dem Sprachgebrauch der markinischen Überlieferung und dem Sprachgebrauch des Evangelisten selbst zu rechnen. In jedem Fall ist also zu fragen, inwieweit sich ein Wort oder eine stilistische Eigentümlichkeit auch in der markinischen Redaktion findet".

26 Ebd. 167.171

27 Zum Ausdruck οἱ μαθηταί mit oder ohne αὐτοῦ siehe oben im forschungsgeschichtlichen Überblick S.27 ; vgl. auch Anmerkung 14.

28 Hapaxlegomena als Indiz für vormarkinische Tradition führt Pesch in Mk 10 immer wieder an: vgl. Markus II 119.138.149.163.(170).

29 Wie J.Gnilka bei den markinischen Vorzugswörtern, so will es auch R.Pesch bei den Hapaxlegomena in Mk 10 nicht ganz so starr handhaben: von den elf Wörtern, die Pesch im gesamten Kapitel auf das Konto des Markus setzt (vgl. Markus II 119-175), ist ausgerechnet das δεῦρο in 10,21 ein Hapaxlegomenon, und die angeblich redaktionelle Formulierung τῶν τοιούτων in 10,14 begegnet im Markusevangelium ebenfalls nur ein einziges Mal.

30 Χρῆμα bezeichnet nach W.Bauer, Wörterbuch 1750, "Hab und Gut, Vermögen, Reichtum". G.Kittel-G.Friedrich, ThWNT III 469, differenzieren in "Geld und Kapital" in den Händen Reicher. Der Artikel οἱ verleiht dem gesamten Syntagma einen generischen Sinn : vgl. F.Blass-A.Debrunner § 413,3; 263b; 252b).

31 Vgl. dazu H.Windisch, Sprüche 163.

32 H.Merklein, Gottesherrschaft 116: "Daß die Basileia als futurische Grösse verstanden wird, zeigt die Ersetzbarkeit des Ausdrucks durch 'eingehen in das Leben' (vgl.Mk 9,43.45.47 par Mt 18,8.9) und seine Parallelität zur jüdischen Rede vom 'Eingehen in den künftigen Äon'. Im übrigen ist der Ausdruck selbst 'mehrfach futurisch formuliert (Mk 10,15.23; Mt 5,20)'. Ähnliche Beobachtungen lassen sich auch zur Rede vom 'Erben der Gottesherrschaft' (Mt 25,34; 1 Kor 6,9f; 15,50; Gal 5,21) machen".

33 Ebd. 134.

34 Nicht unbeachtet bleiben soll auch die terminologische Verschiebung von κτῆμα Vers 22 zu χρῆμα in Vers 23, die unter literarkritischer Rücksicht darauf hindeutet, daß die Verse 22 und 23b jeweils verschiedenen vormarkinischen Überlieferungsstufen zuzuordnen sind. Dabei spricht die Verallgemeinerung in Vers 23b für eine gegenüber Vers 22 jüngere Traditionsstufe.

35 W.Bauer, Wörterbuch 693.

36 Ebd. 484.

37 Das Wort ersetzt nach F.Blass-A.Debrunner § 60,3, in der Volkssprache den Superlativ; vgl. auch W.Bauer, Wörterbuch 1292; W.Schmithals, Markus II 456, kommt zu der abwegigen Behauptung, in Vers 26a erschräken "die Leute". Woher diese kommen sollen, wird nicht erklärt. Angeblich sind "die Leute" aber auch in Vers 32 wieder vertreten und fürchten sich dort. Bei der Auslegung des Verses 26 redet S. dann plötzlich wieder von einer verstärkten Verwunderung der "Jünger" (ebd. 456).

38 Der Einwand von H.-W.Kuhn, Sammlungen 167.171, μαθηταί ohne αὐτοῦ sei vormarkinisch, der oben schon angezweifelt worden ist (vgl. Anmerkungen 14.27), kann nunmehr aufgrund der besprochenen inhaltlich-sachlichen Argumente als erledigt betrachtet werden.

39 Zum Plural λόγοι in Mk 10,24a vgl. auch W.Bauer, Wörterbuch 944: Er wird gebraucht "v. Worten u. Aussprüchen, die e. Einheit bilden, ... Bestandteile ein u. derselb. Lehre od. Ausführungen über den gleichen Gegenstand".

40 So auch A.Ambrozic, Kingdom 172.

41 Die Seitenreferenten streichen aus der Markusvorlage den Vers 24a; Lukas hat in 18,23 das στυγνάζειν aus Mk 10,22 nicht übernommen, Matthäus ändert die Formulierung (vgl. Mt 19,22).

42 Die Seitenreferenten streichen (vgl. Lk 18,26) bzw. wandeln es in eine Jüngerrede an Jesus um (vgl. Mt 19,25).

43 Πρὸς ἑαυτούς begegnet dagegen noch in 12,7; 14,4; 16,3, dort nach H.-W.Kuhn, Sammlungen 172, und ebenso J.Gnilka, Markus II 142.222.338, jeweils in der Tradition.

44 Markus 28mal, Matthäus 17mal, Lukas 3mal.

45 Vgl. K.-G.Reploh, Markus-Lehrer 197 und dort zitiert K.-L.Schmidt, Rahmen 238; N.Walter, Analyse 210 Anm.21; H.-W.Kuhn, Sammlungen 172, unterschlägt dieses wichtige redaktionell verwendete Wörtchen bei seiner Sprachanalyse des Verses 24.

46 Vgl. H.Balz-G.Schneider, Exegetisches Wörterbuch I 320.

47 Vgl. M.Zerwick, Markus-Stil 140.23.

48 Die Seitenreferenten streichen die Verallgemeinerung aus ihrer Vorlage.

49 R.Bultmann, Geschichte 110.

50 K.Aland, Synopsis Quattuor Evangeliorum, Stuttgart $^9$1976.

51 Markus 33mal, Matthäus 27mal; Lukas 26mal.

52 Vgl. 3,4; 5,23.28.34: 6,56: 8,35; 10,52; 13,13.20; 15,30f; (16,16).

53 Vgl. J.Gnilka, Markus II 260.

54 Ebd. I 276ff; II 10ff.

55 Vgl. dazu F.Blass-A.Debrunner § 238,3; zur Auslassung des ἐστίν bei unpersönlichen Ausdrücken mit δυνατόν und ἀδύνατόν vgl. dies., § 127,2.

56 K.-G.Reploh, Markus-Lehrer 194.

57 So auch H.Windisch, Sprüche 164.

58 So J.Schniewind, Markus 140; J.Gnilka, Markus II 88, liegt falsch, wenn er in Vers 24c eine Abmilderung des Verses 23b sehen will, weil jetzt alle Menschen von der Schwierigkeit des Hineingelangens in die Basileia betroffen seien. Dagegen richtig: R.Schnackenburg, Markus II 95.

59 Vgl. dazu etwa 1 Kor 1,25 und auch den Spruch vom Mücken-Seien in Mt 23,24 sowie das Wort vom Balken im Auge in Mt 7,3-5 par.

60 So auch K.-G.Reploh, Markus-Lehrer 194; E.Haenchen, Weg 354; R.Pesch, Markus II 143; W.Schmithals, Markus II 456; gegen E.Lohmeyer, Markus 214; V.Taylor, Markus 432; E.Klostermann, Markus 104; H.-W.Kuhn, Sammlungen 171; J.Gnilka, Markus II 88; W.Egger, Nachfolge 219.

61 So H.-W.Kuhn, Sammlungen 147f; die Argumentation Kuhns ist allerdings gepreßt: mit dem Desinteresse des Evangelisten am Thema Reichtum will Kuhn die Konsistenz der von ihm angenommenen älteren Sammlung in Mk 10

beweisen, die die Themen Ehe, Reichtum und Rangfolge behandeln. Markus gehe es in 8,27-10,45 um die Nachfolge auf dem Leidensweg (ebd.185). Das besondere Interesse des Markus daran zeige auch 10,28 "mit dem Begriff der Nachfolge" (ebd.185). Daß in 10,28 aber auch vom "Verlassen" im Sinne des Verzichts auf Besitz und Reichtum durch die Jünger die Rede ist, somit inhaltlich das Thema Reichtum aus 10,23-27 von Markus gar nicht verlassen wird, sieht Kuhn nicht.

62 Diese Ansicht vertritt auch W.Schmithals, Markus II 456.

63 Das vermutet auch R.Bultmann, Geschichte 20f + Anm.2; vgl. A.Suhl, Funktion 77.

64 Vgl. schon R.Bultmann, Geschichte 20f.137.

65 So z.B. E.Lohmeyer, Markus 207; W.Schmithals, Markus II 450.

66 R.Pesch, Markus II 135.

67 H.-W.Kuhn, Sammlungen 170 Anm.14; sprachlich will Kuhn hingegen keine Redaktion für Vers 28 nachweisen können. Gegen seine sonstige ausgesprochene Gepflogenheit verrechnet er dieses Ergebnis aber nicht gegen Markus, wie er es mit Akribie vor allem bei den Überleitungen der drei Apophthegmata zu ihren jeweiligen Jüngerbelehrungen tut. Für die These der vormarkinischen Sammlung wäre ein traditioneller Vers 28 zweifellos wenig zuträglich.

68 Siehe Anmerkung 21.

69 Vgl. M.Zerwick, Markus-Stil 140.23, der Asyndeta u.U. "im Zusammenhang mit einem gelegentlichen Streben des Schriftstellers nach etwas gehobenerem Stil" ansieht.

70 K.-G.Reploh, Markus-Lehrer 101.

71 Ebd. 101; vgl. dazu F.Blass-A.Debrunner § 392,9; W.Bauer, Wörterbuch 225.

72 Sicher markinisch-redaktionell dürften die Verbindungen von ἄρχεσθαι mit den markinischen Vorzugsvokabeln κηρύσσειν in 1,45 und 5,20 sowie διδάσκειν in 4,1; 6,2.34 und 8,31 sein.

73 J.Gnilka, Markus I 91.156.202.228.255; II 10.13.91.95.142.186; kritisch anzumerken ist allerdings, daß Gnilka die Konstruktion ἄρχεσθαι + Infinitiv nicht differenziert hinsichtlich des jeweiligen Infinitivs untersucht. Sein Urteil, "ἤρξατο + Infinitiv verrät Mk-R" (ebd.II 13 Anm. 6) ist zu pauschal, als daß es irgendeine Beweiskraft hätte. Für 10,47 beispielsweise kann es auch gar nicht zutreffen, da Gnilka diesen Vers trotz der Konstruktion der Tradition zuschlägt (ebd. II 108f).

74 Ebd. I 202; II 108f.235f.290f.297f.

75 Ebd. II 10ff.

76 Zum punktuellen Aorist siehe F.Blass-A.Debrunner § 318,1.

77 Vgl. ebd. § 418,5a.

78 Vgl. ebd. § 318,4.

79 E.Wendling, Entstehung 130, spricht von einem "etwas selbstgefälligen Hervortreten des Petrus"; E.P.Gould, Markus 195, meint, Vers 28 sei "a question which shows that the disciples were entirely unable to understand their leader's ruling ideas" und rückt den Vers in die Nähe des Jüngerunverständnismotivs im Markusevangelium. Das aber liegt hier mit Sicherheit auch nicht andeutungsweise vor. Ähnlich schreibt J.Ernst, Petrustradition 35-65,der "Frage" des Petrus (wo ist eine Frage zu erkennen?) hafte ein "überheblicher Ton" an.Von einer "Blindheit in zentralen Fragen des Heilsweges" auf seiten des Petrus verrät Vers 28 zudem nicht die Spur.

80 Vgl. R.Schnackenburg, Markus II 98.

81 Siehe dazu F.Blass-A.Debrunner § 277,1; P.Fiedler, "Und Siehe" 51, meint: "Bei Markus lassen sich demnach bereits Ansätze feststellen, mit Hilfe der Partikel bestimmte Akzente innerhalb seiner Verkündigung zu setzen".

82 Daß die Nachfolge der Jünger hier mit dem "Dunkel der Entsagung beschwert" sei, wie E.Lohmeyer, Markus 216, behauptet, ist ein psychologisches Urteil.

83 3,28; 8,12; 9,1.41; 10,15.29; 11,23; 12,43; 13,30; 14,9.25.30.

84 J.Jeremias, Kennzeichen 145-152.

85 F.Hahn, Hoheitstitel 299 Anm.5.

86 K.Berger, Amen-Worte 32.

87 Ebd. 69.

88 R.Pesch, Markus II 216, und dort zitierte Verfasser.

89 Ebd. 144.

90 Zu 4,22 vgl. J.Gnilka, Markus I 178-181; H.-W.Kuhn, Sammlungen 129f; zu 9,39 vgl. J.Gnilka, Markus II 59.

91 Zu den sogenannten Sätzen heiligen Rechts, in: NTSt 17 (1970/71) 10-40.

92 Ebd. 19-25; die vergleichbaren Logien sind: Mk 8,35 par Mt 16,25; Mt 10,39; Lk 9,24; 17,33; Mk 8,38 par Mt 10,32f = Lk 12,8f; Lk 14,11 = 18,14; Mk 4,25 = Lk 8,18; 19,26; Mt 13,12; 25,29; 6,14 (Auf Seite 19 muß es heißen: Mk. X.29f = Mt. XiX 29).

93 Ebd. 40.

94 Nur 3,34f und 10,29 ist vom "christlichen Bruder" und nicht vom leiblichen die Rede wie in 1,16.19; 3,17.31.33; 5,37; 6,3.17.18; 12,19; 13,12.

95 Vgl. neben 10,29f noch 2,5; 7,27; 12,19; 13,12.

96 Vgl. R.Pesch, Naherwartungen 134.

97 J.Gnilka, Markus II 93, nennt die Rückerstattung von Häusern und der Familie in diesem Leben einen "Spiegel der Gemeinde", der uns vorgehalten werde. Die Äcker unterschlägt Gnilka. K.-G.Reploh, Markus-Lehrer 203, hält die Aufzählung in Vers 29f für wahllos und ohne innere Steigerung. Reploh übersieht, daß in einer "wahllosen" Aufzählung die "Väter"(Vers 30).

und die "Ehefrau" bzw. der "Ehepartner" (Vers 29f) kaum gefehlt hätten. Diese Differenzen allein zeigen schon, daß die Reihung überlegt gestaltet worden ist. Mit "übersehen" (ebd.204) ist jedenfalls das Fehlen dieser Glieder der zweiten Aufzählung nicht zu erklären. Vgl. auch W.Egger, Nachfolge 222; R.Pesch, Markus II 144, sieht eine wohl steigernde Reihenfolge "offenbar im Horizont palästinisch-ländlichen Milieus sowie der Ethik eines extreme Lebensbedingungen praktizierenden Wanderradikalismus". W.Schmithals, Markus II 459, ist der Ansicht, mit der Nennung von "Haus" und "Äcker" ordne Markus das Logion Vers 29f in den seit Vers 17 vorliegenden Zusammenhang ein: Die Jünger hätten Familie und Besitz verlassen. Den Ausgleich in Vers 30b erklärt S. so: ".. alle Glieder der Gesamtgemeinde ersetzen selbst und mit ihrem Besitz das Verlorene vielfältig" (ebd. 459). Vom gemeinsam geteilten Besitz der Gemeinde sprechen auch W.Grundmann, Markus 214; E.Haenchen, Markus 358, und ansatzweise V.Taylor, Markus 435. Überhaupt nicht stellen sich dem Problem E.Klostermann, Markus 105; J.Schmid, Markus 197f; E.Lohmeyer. Markus 216 und E.Schweizer, Markus 115f.

98 Vgl. H.Balz-G.Schneider, Exegetisches Wörterbuch 57.

99 So J.Gnilka, Markus II 22.91; K.-G.Reploh, Markus-Lehrer 15f.133f.203; R.Schnackenburg, Markus II 27.99, hält das "um des Evangeliums willen" in 8,35 für eine markinische Ergänzung, in 10,29 schlägt er die gesamte Doppelwendung der Redaktion des Markus zu.

100 Vgl. G.Dautzenberg, Der Wandel der Reich-Gottes-Verkündigung in der urchristlichen Mission, in: ders.u.a.,(Hrsg.), Zur Geschichte des Urchristentums (QD 87) (Freiburg-Basel-Wien 1979) 11-32; vgl. ders., Zeit des Evangeliums,in: BZ NF 21(1977) 219-234; 22 (1978) 76-91; vgl. ders., Zur Stellung des Markusevangeliums in der urchristlichen Theologie, in: Kairos 18 (1976) 282-291.

101 Vgl. G.Dautzenberg, Zur Stellung des Markusevangeliums 285.

102 G.Dautzenberg, Wandel der Reich-Gottes-Verkündigung 21.

103 Ebd. 21f; vgl. ders., Die Zeit des Evangeliums 77-79.85f.

104 G.Dautzenberg, Wandel der Reich-Gottes-Verkündigung 22.

105 Ebd. 22.

106 Ebd. 24-29.

107 Ebd. 27.

108 Ebd. 28.

109 Vgl. G.Dautzenberg, Die Zeit des Evangeliums 85.

110 G.Dautzenberg, Zur Stellung des Markusevangeliums 287.

111 Das Wort ist Hapaxlegomenon im Markusevangelium.

112 J.Gnilka, Markus II 93, sieht das ebenso, verweist begründend auf seine Analyse, erklärt dort aber nichts.

113 So auch K.Berger, Amen-Worte 46: "Die Nennung des 'ewigen Lebens' ist hier ein Zusatz; ursprünglicher ist die Zusicherung, hundertfältigen

Ersatz für alles hier Aufgegebene zu erhalten". Den Verweis auf das ewige Leben sehen als ursprünglich an: W.Bousset-W.Heitmüller, Markus 171.

114 E.Schweizer, Markus 116, formuliert: "Konkret ist wohl an die Gemeinschaft zu denken, die der Jünger in der Gemeinde finden wird ... Diese Erfüllung ist ... nüchtern unterschieden von der vollen Erfüllung 'In der künftigen Welt' ... Nachfolge ist also nicht bloß Vertröstung auf ein Jenseits, und doch immer Hinweis und Zeichen auf eine noch weit reichere, volle Erfüllung ohne Anfechtung" (Unterstreichung = Kursivdruck bei Schweizer).

115 Vgl. dazu H.-J.Klauck, Hausgemeinde 58f.

116 K.-G.Reploh, Markus-Lehrer 204.

117 Gegen R.Schnackenburg, Markus II 100, und K.-G.Reploh, Markus-Lehrer 204. Wenn Markus den irdischen Lohn mit relativ großem redaktionellen Aufwand in die Lohnverheißung einträgt, dann wohl kaum, um ihn im selben Augenblick wieder abzuschwächen oder infrage zu stellen. Zutreffender: K.Staab, Markus 63: Markus "will gewiß den frohen Ausblick auf den Lohn nicht verdüstern, sondern eher ihn begründen und sichern; denn Leidensgemeinschaft mit dem gekreuzigten Erlöser ist das Siegel wahrer Jüngerschaft 8,34f".

118 Gegen J.Schniewind, Markus 105.

119 Gegen R.Pesch, Markus II 145; mit R.Schnackenburg, Markus II 99, und K.-G.Reploh, Markus-Lehrer 204. Auch der unmittelbare Kontext des Spruchs in 10,29f weist darauf hin, daß dem Evangelisten die Erfahrung von Verfolgungen vor Augen stehen: Die dritte Leidensweissagung in 10,32-34 gibt Aufschluß über die dem Menschensohn bevorstehenden Leiden und berichtet von Jüngern, die darüber zutiefst erschrecken, weil sie merken, daß sie mitbetroffen sind. Aber auch das Becher-Tauf-Wort in 10,39 dürfte an das Leiden und Martyrium Jesu erinnern, wie weiter unten noch nachzuweisen ist. Die Schilderung der Machtverhältnisse in der Welt in 10,42b sowie das Lösegeldwort in 10,45 zeigen eindrucksvoll, daß Markus die Existenz des Jüngers und Nachfolgers als grundsätzlich angefochten ansieht. Das "unter Verfolgungen" in Vers 30b deckt sich weiterhin mit Angaben über Verfolgungen und Nachstellungen im Markusevangelium: In 4,17 spricht Markus von Verfolgungen und Druck um des Wortes willen. Es gibt Menschen, die sich des Wortes schämen (8,38), sich über es entsetzen (10,22), um des Wortes willen in der Drangsal der Endzeit vor Gericht gestellt werden (13,9.11). Der Nachfolger wird selbst von seiner Familie verstoßen und von seinen eigenen Kindern in den Tod geschickt werden (13,12). Auffällig ist, daß die Endzeitrede in 13,12 fast alle Familienmitglieder aufzählt, die auch in 10,29 vorkommen. Unübersehbar auch der an beiden Stellen angebrachte Hinweis auf das Evangelium.

120 Verbalstatistisch läßt sich die Urheberschaft des Markus für das Zwei-Zeiten-Schema allerdings kaum nachweisen. Die Gegenüberstellung von diesem Kairos und dem kommenden Äon begegnet im Neuen Testament nur hier bei Markus.

121 K.Berger, Amen-Worte 32.
122 Ebd. 35.
123 Ebd. 46.
124 Vgl. dazu die redaktionsgeschichtliche Beurteilung bei J.Gnilka, Markus II 59.156f.
125 R.Schnackenburg, Markus II 100.
126 W.Schmithals, Markus II 460.
127 So R.Schnackenburg, Ihr seid das Salz der Erde 369f; ders., Markus II 75; J.Gnilka, Markus II 63; K.-G.Reploh, Markus-Lehrer 155.
128 Vgl. R.Pesch, Markus 202.
129 Vgl. R.Schnackenburg, Markus II 100.
130 Vgl. dazu J.Jeremias, Abendmahlsworte 171-174; ders., Art.πολλοί in: ThWNT VI (1959) 536-545.
131 J.Schmid, Markus 198, hält "viele" für eine Beifügung, die besagt, daß auch die Zahl der Ausgestoßenen groß ist.
132 W.Grundmann, Markus 214, will in den "Ersten" die Jünger Jesu als Erste der Gemeinde sehen, also als Gemeindeleiter. Ob man diese Verfaßtheit der Gemeinde zur Zeit des Markus schon voraussetzen darf?
133 Matthäus 6mal, Markus 11mal, Lukas 3mal.
134 R.Pesch, Naherwartungen 84: Mk 5,2.21.35; 6,22.54; 8,1; 9,33; 11,12.27; 13,3; 14,3.18.22.
135 Dem stimmt auch bis auf 6,22 und 14,22 J.Gnilka, Markus I 201.210.272. 301; II 55.138.181.222.235,zu.
136 J.Schreiber, Theologie 190f; vgl. auch J.Gnilka, Markus I 25, der von einem künstlich von Markus geschaffenen Rahmen spricht, "der die Ausrichtung des Weges auf das Ende in Jerusalem hin signalisiert"; zum redaktionellen Weg-Motiv vgl. weiterhin: U.Luz, Geheimnismotiv 24f; H.-W.Kuhn, Sammlungen 224 Anm.38; R.Mc.Kinnis, Analysis 83; E.Best, Mark's Use 21.48; H.-J.Steichele, Sohn Gottes 79f; W.Egger, Frohbotschaft 155 Anm. 100, der davon ausgeht, daß der Weg "eine Inclusio des Abschnittes Mk 8,27-10,52; vgl. 9,2; 9,30; 9,33" bilde.
137 R.Pesch, Markus I 59.
138 S.S. 24.
139 Vgl. J.Gnilka, Markus I 25.
140 Der Einwand von R.Pesch, Markus II 137, dem Wort "Weg" in 10,17a fehle der sonst übliche Artikel, fällt kaum ins Gewicht; für Redaktion in Vers 17a votieren auch: R.Bultmann, Geschichte 357.364; U.Luz, Geheimnismotiv 24f; E.Klostermann, Markus 114;

141 Markus 25mal, Matthäus 8mal, Lukas 17mal (Apg: 2mal).

142 E.Schweizer, Matthäus 253.

143 Obwohl das Markusevangelium 47mal das Wort "tun" hat, sowie Verbindungen wie "Gutes tun" (3,4; 14,7) oder "den Willen Gottes tun" (3,35) kennt und natürlich häufig vom "Tun" Jesu berichtet (3,8.14.16; 5,19f; 6,5 u.a.m.). Dagegen ist die vergleichbare Frageform in Q anzutreffen (vgl.Lk 6,46; Mt 7,24.26 par Lk 6,47.49), wo vom Handeln bzw. Nicht-Handeln nach dem Wort Jesu die Rede ist.

144 F.G.Lang, Sola gratia 329, sieht das exegetische Hauptproblem "in der Frage, ob in Vers 17 der Akzent auf dem 'Tun' oder dem 'ewigen Leben' liegt, Markus demnach eine ethische oder eine soteriologische Aussage intendiert. Lang trägt dadurch einen Dualismus in die Perikope ein, der so nicht vorliegt und erliegt zu sehr seinem Sola-gratia-Denken, das er dem Text überstülpt.

145 Vgl. dazu K.Berger, Gesetzesauslegung I 417-419.

146 W.Bauer, Wörterbuch 196.

147 Vgl. K.Berger, Gesetzesauslegung I 490-492.

148 Ebd. 418.

149 Ebd. 418.

150 Ebd. 418.

151 Ebd. 288.

152 F.G.Lang, Sola gratia 331, ist bemüht, mit Hilfe von Mk 7,10 das "du sollst nicht vorenthalten" in 10,19 zu erklären und weist immer wieder auf den Aspekt der Lebensverheißung hin, den die Dekalogfassungen in Ex und Dtn mit dem 4.Gebot verbinden. Dieser mag in Mk 10,19 im Hintergrund stehen,expressis verbis wird er jedoch nicht genannt. Die Erklärungen von K.Berger, Gesetzesauslegung I 417-421, überzeugen mehr.

153 Daß das Gebot des Nicht-Vorenthaltens nicht den Lohn für die in Vers 21 genannten Armen meint, dürfte der enge Zusammenhang mit dem Gebot der Elternehrung begründen.

154 Vgl. zu πάντα ταῦτα in 7,23.

155 So "Menschensohn" in 10,33b, "Sohn Davids" in 10,47f und "Rabbuni" in 10,51.

156 E.Schweizer, Anmerkungen 38.

157 Dennoch wird sich später - allerdings aufgrund anderer und zugkräftigerer Argumente - für die unterschiedlichen Redeeinleitungen auch eine unterschiedliche Zugehörigkeit zur Tradition und Redaktion erweisen.

158 Ἐμβλέπειν kommt in Mk 10 in den Versen 21.27 vor und ist jeweils auf Jesus bezogen.

159 W.Bauer, Wörterbuch 8.

160  Mk 12,30.31.33.
161  Vgl. A.Wikenhauser, Einleitung 120.
162  So auch R.Pesch, Markus II 144; S.Legasse, Pauvreté 167.
163  S.S. 47f.
164  Vgl. oben zu S.47 ; die grammatische Form des Partizips erregt zudem den Verdacht auf Markusredaktion, weil schon in 10,23-27 die drei dortigen Partizipialkonstruktionen auf Markus zurückgingen.
165  Gegen N.Walter, Analyse 213: Einen sekundären Nachtrag wird man in der Begründung nicht erkennen können.
166  So auch J.Gnilka, Markus II 84.
167  W.Egger, Frohbotschaft 155 Anm.96, und dort zitierte Autoren.
168  Vgl. 2,13; 4,1f; 6,1f.34; 8,31; 9,31.
169  Vgl. 7,1-13; 11,27-33; 12,13-17 (vgl.zu 12,18-27).
170  Beachtenswert ist die Verschiedenheit der Tempus: das "Zusammenkommen" des Volkes in Vers 1 steht im Präsens hist., das "Hinzukommen" der Pharisäer in Vers 2 im Partizip Aorist.
171  Matthäus 12mal, Markus 6mal, Lukas 4mal.
172  So K.-G.Reploh, Markus-Lehrer 174.
173  Ebd. 173-179.
174  Ebd. 174.
175  Ebd. 174.
176  So interpretiert auch J.Gnilka, Markus I 290.
177  R.Pesch, Markus II 98.
178  Es ist fraglich, ob Markus trotz des erweiterten Adressatenkreises in Vers 1 im Grunde nur an die Jünger denkt, wie K.-G.Reploh, Markus-Lehrer 177, meint. Warum hat er dann in Vers 1 die Volksmenge wie in Vers 46 eingetragen, und warum definiert er dann die "Nachfolgenden" in 10,32 nicht eindeutig als "die Jünger"? Markus scheint eher ein differenziertes Bild von denen zu haben, die zu Jesu Gefolgschaft im engsten, engeren und weiteren Sinne gehören.
179  So auch J.Gnilka, Markus I 88 und H.-W.Kuhn, Sammlungen 17.217, aber auch schon R.Bultmann, Geschichte 167.
180  K.-G.Reploh, Markus-Lehrer 175.
181  Ebd. 175.
182  R.Pesch, Markus II 119,121, rechnet das doppelte "wiederum" in Vers 1 zur Markusredaktion.
183  E.Schweizer, Anmerkungen 39.
184  Vgl. K.-G.Reploh, Markus-Lehrer 177.

185  Ebd. 42f.
186  So E.Schweizer, Leistung 347.
187  Vgl. L.E.Keck, Introduction 362f.
188  W.Egger, Frohbotschaft und Lehre. Die Sammelberichte des Wirkens Jesu im Markusevangelium (FThSt 19) (Frankfurt a.M. 1976).
189  Ebd. 37.
190  Ebd. 32.
191  So noch in 1,21.39.45; 2,1; 6,31f.
192  Vgl. 1,33; 2,2; 4,1; 6,30.33.
193  Vgl. 2,13; 3,8; 4,1; 6,30.
194  Vgl. W.Egger, Frohbotschaft 159: Von 13 Sammelberichten befassen sich 7 mit diesem zentralen Thema.
195  Davon geht auch die überwiegende Zahl der Forscher aus, für die repräsentativ R.Bultmann, Geschichte 364-368; H.-W.Kuhn, Sammlungen 188 und J.Gnilka, Markus II 69, genannt werden sollen; gegen R.Pesch, Markus II 119, dessen für Vers 1 ermittelte Markusredaktion aus vier Wörtern keinerlei Sinn ergibt.
196  W.Egger, Frohbotschaft 161.
197  K.-G.Reploh, Markus-Lehrer 178.
198  Vgl. G.Strecker, Leidens- und Auferstehungsvoraussagen 38.
199  So von K.-G.Reploh, Markus-Lehrer 182; H.-W.Kuhn, Sammlungen 167 Anm. 117; H.Greeven, Ehe 376f; R.Pesch, Markus II 119f; J.Gnilka, Markus II 70, der unklar formuliert, wenn er sagt, Markus habe die Verse 2-9 "ohne nennenswerte" Eingriffe übernommen; anders: E.Haenchen, Weg 339.
200  Die Pharisäer werden (mit Artikel) bei Markus noch in 2,16.18.24; 3,6; 7,1.3.5; 8,11.15; 12,13 genannt.
201  Vgl. R.Pesch, Freie Treue 23.
202  Das sagen auch K.Berger, Gesetzesauslegung I 540, und dort zitierte Verfasser.
203  Vgl. Mk 2,24.26; 3,4; 6,18; 12,14.
204  Der Ausdruck "Mose hat geboten" ist einmalig bei Markus.
205  R.Pesch, Freie Treue 24.
206  Vgl. dazu F.Blass-A.Debrunner § 239,8.
207  H.Greeven, Ehe 377; R.Pesch, Freie Treue 25.
208  So auch H.Greeven, Ehe 377f; H.Baltensweiler, Ehe 49; E.Schweizer, Markus 109; B.Bauer, Scheidebrief 330; R.Schnackenburg, Markus II 78; gegen W.Grundmann, Markus 204, der eine "Konzession des Mose um der Hartherzigkeit willen" annimmt; so ebenfalls J.Schmid, Markus 186.
209  K.H.Schelkle, Ehe 185.

210 Übersetzung: R.Pesch, Markus II 120.
211 Vgl. H.Merklein, Gottesherrschaft 279.
212 Ebd. 280.
213 R.Pesch, Markus 125, scheint πάλιν fälschlicherweise auf das Haus zu beziehen.
214 Davon gehen auch K.-L.Schmidt, Rahmen 238 und H.-W.Kuhn, Sammlungen 167 aus.
215 Wenn H.Räisänen, "Messiasgeheimnis" 55, im Anschluß an W.Wrede, Messiasgeheimnis 136, meint, der Inhalt der Jüngerbelehrung unterscheide sich seiner Art nach durch nichts von dem, was Jesus wenig vorher öffentlich seinen Gegnern gesagt habe, dann ist kritisch gegenzufragen, warum Markus dann überhaupt noch eine Belehrung der Jünger in 10,10-12 vornimmt, wenn es doch keine neuen Aussagen festzuhalten gibt. Im übrigen dürfte es sich bei den Aspekten der Wiederverheiratung und des Ehebruchs sehr wohl um neue Gesichtspunkte handeln. Außerdem war von einer Scheidungsmöglichkeit auf seiten der Frau (vgl. 10,12) in 10,2-9 überhaupt noch nicht die Rede.
216 So auch G.Schmahl, Die Zwölf 88 (83.121).
217 25mal bei Markus gegenüber 8mal bei Matthäus und 17mal bei Lukas.
218 Vgl. Mk 7,17; 8,27; 9,11.28.32.33; 13,3.
219 Vgl. Mk 4,10.34; 7,17; 9,28; 13,3 (vgl. zu 9,33: hier fragt allerdings Jesus seine Jünger).
220 R.Bultmann, Geschichte 356-358.
221 W.Wrede, Messiasgeheimnis 51ff.135f.
222 Vgl. dazu oben S. 28f.31.
223 H.Räisänen, Die Parabeltheorie im Markusevangelium (Helsinki 1973).
224 H.Räisänen, Das "Messiasgeheimnis" im Markusevangelium. Ein redaktionskritischer Versuch (Helsinki 1976).
225 Dann handelt es sich beim Fragen der Jünger in Vers 10 eben nicht um das typische Motiv des Jüngerunverständnisses im Markusevangelium, wie S.Schulz, Botschaft 92, annimmt.
226 H.Räisänen, Parabeltheorie 65; R.Pesch, Markus II 36-47, hat sich diesem Ergebnis Räisänens angeschlossen. Was das Motiv der esoterischen Jüngerbelehrung anbetrifft, so geht es aber bei Pesch mit der Destruktion der Messiasgeheimnistheorie kommentarlos in der Tradition unter. Räisänen dagegen urteilt viel differenzierter und exegetisch überzeugender.
227 H.Räisänen, "Messiasgeheimnis" 55; ders., Parabeltheorie 65.
228 Vgl. auch H.-W.Kuhn, Sammlungen 167; K.Berger, Gesetzesauslegung I 535f; R.Laufen, Doppelüberlieferungen 358; E.Schweizer, Markus 110.
229 R.Bultmann, Geschichte 358.

230 Sie dazu auch J.Schreiber, Theologie 162-164; H.Räisänen, "Messiasgeheimnis" 55, der das Haus zum "einfachen Bühnenrequisit des Markus" rechnet, dessen er sich bei der Inszenierung der Jüngerbelehrung bediene.

231 Vgl. M.Zerwick, Markus-Stil 10.

232 A.Schulz, Nachfolgen und Nachahmen 60, spricht von einer "feste(n) historische(n) Formel zur Kennzeichnung besonderer, intensiver Schülerunterweisung".

233 Das sieht auch K.-G.Reploh, Markus-Lehrer 215.

234 Ebd. 180.

235 R.Pesch, Markus II 125.

236 So auch R.Laufen, Doppelüberlieferungen 357.592 Anm.102; zur Kritik an den verbalstatistischen Untersuchungen bei H.-W.Kuhn, Sammlungen vgl. R.Laufen, Doppelüberlieferungen 593 Anm.116.

237 Die Auslassung von ἐπ' αὐτήν in θ W, einigen Minuskeln der Lake-Gruppe sowie sy$^{s.c.p.}$ ist nur schwach bezeugt.

238 So die große Zahl der Forscher; auf die zweite Frau dagegen beziehen den Zusatz: B.Schaller, Ehescheidung 239ff, sowie dort in Anm.49 angeführte Autoren; keine Entscheidung trifft H.Greeven, Ehe 384 Anm.3.

239 Die Übersetzung "er buhlt mit ihr" wie sie E.Lohmeyer, Markus z.St., vorschlägt, ist "grammatikalisch ein unmögliches Unterfangen": K.-G.Reploh, Markus-Lehrer 181 Anm.10; sie wird von fast allen Auslegern nach Lohmeyer konsequent abgelehnt, erst J.Gnilka, Markus II 75, greift sie wieder auf.

240 Vgl. G.Delling, Das Logion Mark. X 11,270.

241 H.Merklein, Gottesherrschaft 280.

242 Vgl. R.Pesch. Freie Treue 33.

243 Der Ehebruch mit der Frau des Nächsten ist nach Lev 20,10 die einzige für den Mann mögliche Form des Ehebruchs überhaupt.

244 Bei der Beurteilung dieses neuen Aspekts der Wiederverheiratung gehen die Meinungen der Exegeten weit auseinander. Wie K.-G.Reploh, Markus-Lehrer 181, gehen die einen davon aus, daß bei der Scheidung automatisch auch an eine Wiederheirat zu denken sei: so auch R.Laufen, Doppelüberlieferungen 583 Anm.45,und dort aufgeführte Verfasser. Dieses Postulat ist aber unbewiesen.
Andere Forscher unterscheiden zwischen Ehescheidung und erneuter Verheiratung: J.Wellhausen, Markus 78f; A.Schlatter, Matthäus 572; E.Haenchen, Weg 338; H.Baltensweiler, Ehe 62; B.Schaller, Ehescheidung 243f; P.Hoffmann-V.Eid, Moral 112; H.Merklein, Gottesherrschaft 280, der mit Recht in dem neu hinzugekommenen Gesichtspunkt der Wiederheirat eine Weiterentwicklung des Theologumenons aus Vers 9 in der Praxis der hell. Gemeinde sieht, so daß das "und eine andere heiratet" in Vers 11f "nicht bloß als eine Explikation der praktischen oder intendierten Folge des ἀπολύειν τὴν γυναῖκα αὐτοῦ zu erklären ist ... sondern

eine gewisse Konzession dem Grundsatz in Vers 9 gegenüber beinhaltet, indem die Schuldigerklärung nun nicht dem Tatbestand der Entlassung allein, wie dies aufgrund von V.9 möglich und z.B. in Mt 5,32 (Q) auch tatsächlich der Fall ist, sondern dem Tatbestand der Entlassung und Wiederheirat folgt".

245 P.Hoffmann, Ehescheidung 332 Anm.14.

246 K.-G.Reploh, Markus-Lehrer 181.

247 So auch A.Sand, Unzuchtsklausel 124 Anm.38; K.-G.Reploh, Markus-Lehrer 181; R.Laufen, Doppelüberlieferungen 347.

248 R.Pesch, Markus II 126, meint, das Streitgespräch in 10,2-9 sei erst nachträglich aus den Versen 11.12 heraus gebildet worden.

249 Siehe dazu H.Merklein, Gottesherrschaft 281.

250 Zur Kritik an H.Zimmermann, Methodenlehre 119, der in 10,2-9 ein Schema rabbinischer Streitgespräche zugrunde liegen sehen will, vgl. H.-W. Kuhn, Sammlungen 166.

251 Der Ansicht sind P.Hoffmann, Ehescheidung 327.331; R.Laufen, Doppelüberlieferungen 347 und Anm.30; G.Delling, Das Logion Mark. X 11, 266, ebenfalls.

252 R.Laufen, Doppelüberlieferungen 360.

253 Vgl. K.Berger, Zu den sogenannten Sätzen heiligen Rechts 32.

254 S.S. 44.

255 Mk 6,11; 9,37.

256 R.Schnackenburg, Gottes Herrschaft 97.

257 Die Worte vom "Annehmen des Wortes Gottes" (vgl. Apg 8,14; 11,1; 17,11; 1 Thess 1,6; 2,13), vom "Annehmen der Gnade" (vgl.2 Kor 6,1) oder vom Annehmen "des Evangeliums" (vgl.2 Kor 11,4) sind also nicht gleichbedeutend mit der Formel in Vers 15, sondern allenfalls analoge Bildungen.

258 H.Merklein, Gottesherrschaft 110-172.

259 Ebd. 128.

260 Ebd. 128.

261 Vgl. zu πλούσιον in 10,25.

262 J.Blinzler, Kind und Königreich 47-49.

263 Ebd. 48; vgl. Lk 23,14; 1 Kor 4,7; Hebr 13,3.

264 Ebd. 52; vgl. auch H.-W.Kuhn, Sammlungen 37; das übersieht K.-G.Reploh, Markus-Lehrer 187.

265 Markus hat das Wort 5mal (4,33; 6,2; 7,13; 9,37; 13,9) gegenüber 3mal bei Matthäus (davon zwei Rezeptionen von Markus!) und 2mal bei Lukas (davon eine Rezeption von Markus).

266 W.Bauer, Wörterbuch 1625.

267 E.Haenchen, Weg 344.346: "'Solcher' meint wohl nicht mehr die wirklichen Kinder, sondern Menschen, die 'wie Kinder' sind ..."; gegen G.Klein, Ärgernisse 67f; W.Schmithals, Markus II 442 (vgl. oben im forschungsgeschichtlichen Überblick S.30 ).

268 R.Pesch, Markus II 130ff; J.Gnilka, Markus II 80; gegen H.-W.Kuhn, Sammlungen 37.

269 Vgl. J.Gnilka, Markus II 57.

270 Genau diese Erklärung bleibt H.-W.Kuhn, Sammlungen 37f (vgl.186), schuldig, muß sie schuldig bleiben, weil er auf jeden Fall vermeiden will, den Einschub des Verses 15 auf Markus zurückzuführen. Dann nämlich hätte die Perikope ihren bildhaften Charakter erst durch den Evangelisten erhalten und würde in ihrer vormarkinischen Gestalt durchaus zu der Sammlung in Mk 10 passen.

271 Vgl. C.H.Turner, Marcan Usage 378ff.

272 Erwähnenswert ist allenfalls, daß der Aorist von ἐπιτιμᾶν ausschließlich hier und in der entsprechenden Rezeption in Mt 19,13 auf -ᾶν und nicht auf -εν endet.

273 Vgl. F.Blass-A.Debrunner § 323: dieser Gebrauch ist häufig bei Prophezeiungen zu beobachten; H.Windisch, Sprüche 167 urteilt: "... hier ist der Anteil der eschatologischen βασιλεία gemeint".

274 Vgl. Mk 10,41; 14,4.

275 G.Klein, Ärgernisse 67, hält das Wort an beiden Stellen für redaktionell.

276 L.Schenke, Passionsgeschichte 98 Anm.1.

277 H.-W.Kuhn, Sammlungen 37.

278 Ebd. 36f + Anm.155.

279 J.Jeremias, Kindertaufe 62.

280 G.Klein, Ärgernisse 63.

281 H.-W.Kuhn, Sammlungen 48.

282 Vgl. G.Strecker, Die Leidens- und Auferstehungsvoraussagen 18; R.Bultmann, Geschichte 366; M.Dibelius, Formgeschichte 227f; K.-L.Schmidt, Rahmen 217ff; H.-E.Tödt, Menschensohn 135; H.-J.Steichele, Sohn Gottes 298 Anm.65 spricht von drei "Kristallisationspunkten" des Abschnitts in 8,27-10,52.

283 M.Dibelius, Formgeschichte 227f; R.Pesch, Markus II 147.

284 J.Wellhausen, Markus 83.

285 Einen Überblick bietet K.Stock, Boten 131 Anm.387; dieser ist zu ergänzen um nach 1975 erschienene Untersuchungen: R.Pesch, Markus II 148, der zwischen Jüngern-Festpilgern-Zwölf unterscheidet; R.McKinnis, Analysis 86: people-disciples; E,Best, Mark's Use: those who are astonished, those who are afraid and the twelve; J.Gnilka, Markus II 96: die Gefolgschaft Jesu und die Zwölf; W.Schmithals, Markus II 462:

die Menge und die Zwölf.

286 W.Schmithals, Markus II 462, will seit Vers 17 Jesus nur mit den Zwölf unterwegs sehen. Dafür bietet der Text keinen Anhalt, zumal die Auszugsnotiz in Vers 17a im Singular formuliert.

287 S.S. 45-49.

288 Vgl. W.Bauer, Wörterbuch 1705.

289 F.Blass-A.Debrunner § 447,1; gegen K.Stock, Boten 131f; völlig unzutreffend E.P.Gould, Markus 197: Die Nachfolgenden sind Jünger und ein Rest, der zurückbleibt, "too much perplexed to follow him".

290 G.Schmahl, Die Zwölf 93.

291 Ebd. 128.

292 Ebd. 93.

293 S.S. 89f.

294 ähnlich E.Wendling, Entstehung 132.

295 Vgl. U.Luz, Geheimnismotiv 25; J.Schreiber, Theologie 192; E.Schweizer, Markus 117; ders., Lordship and Discipleship 15; R.McKinnis, Analysis 83; E.Best, Mark's Use 21.48; H.-J.Steichele, Sohn Gottes 79f.

296 Vgl. J.Schneider, Art.: ἀναβαίνω in: ThWNT I 517.

297 Ὁδός zur Bezeichnung des Leidensweges Jesu kommt in 10,52 zum letzten Mal im Markusevangelium vor. In 11,8 gehört der Weg notwendig zur Einzugserzählung dazu, wenn auch nicht auszuschließen ist, daß der Evangelist ihn hier wieder vor dem Hintergrund seines Verständnisses vom Leidensweg Jesu gesehen hat.

298 Periphrastische Konstruktionen geben "den zeitlichen Rahmen an, in dem sich etwas ereignet. Oft schildert eine conj.periphr. zu Beginn einer Perikope die vorliegende Situation, während die eigentliche Handlung dann mit einfachen Zeitformen wiedergegeben wird", so: E.Haenchen, Apostelgeschichte 42.

299 Vgl. G.Schmahl, Die Zwölf 91 + Anm.290; so auch R.McKinnis, Analysis 83; E.Best, Mark's Use 21 (zu beachten: Anm.66); J.Blinzler, Verklärung 79; gegen R.Pesch, Markus II 148, der periphr. Konstruktionen für ein typisches Merkmal der Tradition hält.

300 E.Best, Mark's Use 21.

301 K.Stock, Boten 131; zu beachten: Anm.383.

302 Vgl. R.McKinnis, Analysis 83.

303 Vgl. R.Pesch, Markus II 534.

304 K.Stock, Boten 131; vgl. dazu auch W.Marxsen, Markus 47-69; J.Schreiber, Christologie 154-183; auf S.170 Anm.1 sieht Schreiber einen redaktionellen Zusammenhang zwischen Mk 6,34; 8,33a; 10,32; 14,27f und 16,7; M.Karnetzki, Galiläische Redaktion 255, will in der "geographischen Wende", die 10,32 und 16,7 dokumentierten, eine "geschichtliche

Wende" in Bezug auf die nach der Auferstehung Jesu einsetzende Verkündigung durch die Jünger sehen.

305 W.Bauer, Wörterbuch 1392.

306 Vgl. dazu U.Luz, Geheimnismotiv 24; es ist kaum so, daß das Vorangehen Jesu eine Beschleunigung seiner Schritte ausdrücken soll (vgl. Lk 12,50), wie J.Schmid, Markus 199, sich phantasievoll ausdrückt; G.Dehn, Markus 205, meint ebenso emphatisch aber nicht exegetisch: "Über der Gestalt des Einsamen liegt schon die Weihe des Todes".

307 So auch M.Horstmann, Christologie 42; H.ist allerdings der Ansicht, daß Markus ein traditionelles ἐθαμβοῦντο "aus der unmittelbar vorher verarbeiteten Tradition" aufgegriffen habe. In 16,1-8 wiederum stamme das Jüngererschrecken von Markus (ebd. 43); vgl. auch J.Schniewind, Markus 140; W.Burgers, Twaalf 82; G.Schmahl, Die Zwölf 91.

308 K.Stock, Boten 132.

309 K.-G.Reploh, Markus-Lehrer 109.

310 K.-L.Schmidt, Rahmen 238.

311 H.-W.Kuhn, Sammlungen 137: "typisch markinisch"; W.Trilling, Entstehung 207: die Zwölf sind mit hoher Wahrscheinlichkeit redaktionell; B.Rigaux, Die "Zwölf" 468-486; K.-G.Reploh, Markus-Lehrer 47f.107; K.Kertelge, Die Funktion der "Zwölf" 197; G.Schmahl, Die Zwölf 91ff.

312 K.Stock, Boten 133.

313 Vgl. Joh 19,16 i.V.m. Versteil a; W.Bauer, Wörterbuch 1228.

314 Vgl. E.Best, Mark's Use 22; K.-G.Reploh, Markus-Lehrer 100f; R.McKinnis, Analysis 83.87.

315 Vgl. F.Blass-A.Debrunner § 356,1; der Ausdruck könnte auf der Linie von δεῖ... πολλὰ παθεῖν (8,31) und γέγραπται... ἵνα πολλὰ πάθη (9,12) stehen.

316 Vgl. M.Zerwick, Markus-Stil 43f.

317 Vgl. P.Fiedler, "Und Siehe" 22.

318 S.S. 71f.

319 K.Stock, Boten 134.

320 Ebd. 134.

321 Eine synoptische Gegenüberstellung aller drei Texte bietet G.Strecker, Leidens- und Auferstehungsvoraussagen 18.

322 Vgl. F.Hahn, Hoheitstitel 47; damit erübrigt sich die Annahme einer Sondertradition für 10,33f, wie sie H.H.Tödt, Menschensohn 186f, behauptet. Tödt wird von F.Hahn (ebd. 47f) widerlegt und ebenso U.Wilkkens, Missionsreden 112f.114f, der in der dritten Leidensweissagung eine "ältere Vorform des Passionsberichtes" vermutet.

323 E.Klostermann, Markus 106.

324 P.Hoffmann, Herkunft 187.

325 Die erste und zweite Leidensweissagung haben das Verb "ausliefern" überhaupt nicht.

326 Vgl. dazu und zum Folgenden: P.Hoffmann, Herkunft 187.

327 Das hält E.Haenchen, Weg 361, für wahrscheinlich, da das Heilsgeschehen von Gott bereitet werde; so auch J.Gnilka, Markus II 97.

328 Die Auslieferung Jesu durch Judas meint das Wort in 3,19; 14,10.11.18. 21.42.44; durch Juden an Pilatus in 15,1.10; 10,33; durch Pilatus ans Kreuz in 15,15; Auslieferungen von Jüngern sind gemeint in 13,9.11.12; vgl. G.Strecker, Leidens- und Auferstehungsvoraussagen 30; V.Taylor, Markus 438.

329 P.Hoffmann, Herkunft 195.

330 Ebd. 195.

331 Vgl. W.Schmithals, Markus II 461.

332 R.Schnackenburg, Markus II 106; J.Gnilka, Markus II 97 sieht hinter dem ersten Verb "ausliefern" das Handeln und Vorauswissen Gottes, hinter dem zweiten das schuldhafte Vorgehen der Menschen. Beides füge sich zusammen.

333 Vgl. Herkunft 195.

334 Ebd. 196.

335 W.Popkes, Christus Traditus 154, meint, der Menschensohntitel sei konstitutiv für die drei Leidensweissagungen.

336 J.Blinzler u.a., Jesus in den Evangelien 82; weitere Forschungsberichte nennt die gleiche Arbeit auf S.81 Anm.23; vgl. dazu F.Hahn, Hoheitstitel 46.

337 F.Hahn, Hoheitstitel 52; vgl. P.Hoffmann, Herkunft 199.

338 Dazu: Ph.Vielhauer, Christologie 156; ebenso F.Hahn, Hoheitstitel 48 Anm.1, der das Fehlen einer soteriologischen Explikation des Todes Jesu damit begründet, daß auch in der Passion entsprechende Aussagen fehlten und Markus in 10,32-34 eine gegenüber 8,31; 9,31 variierende Vorhersage geben wollte. Die vorliegende Arbeit versucht, den Grund für diese Variation herauszufinden.

339 Eine Übersicht zu den verschiedenen Reihenfolgen der Gegnerbezeichnungen bietet P.Hoffmann, Herkunft 177 Anm.35.

340 F.Hahn, Hoheitstitel 47 Anm.5, hält die "Bezeichnung der jüdischen Oberen mit 'die Hohenpriester (Plur.!) und die Schriftgelehrten'" für typisch redaktionell; so auch R.McKinnis, Analysis 98.

341 J.Gnilka, Markus II 96 Anm.3.

342 G.Strecker, Leidens- und Auferstehungsvoraussagen 31.

343 P.Hoffmann, Herkunft 187 Anm.65.

344 F.Hahn, Hoheitstitel 47.

345 R.Pesch, Markus II 149.

346 J.Gnilka, Markus II 96.

347 W.Bauer, Wörterbuch 507.

348 Vgl. auch R.Pesch, Markus II 473; K.Müller, Jesus vor Herodes 137.

349 Vgl. zu Anmerkung 341 und zu P.Hoffmann, Herkunft 187 + Anm.65.

350 F.Hahn, Hoheitstitel 47 Anm.5.

351 Vgl. R.Schnackenburg, Markus II 284f.

352 F.Hahn, Hoheitstitel 68f.

353 Ebd. 49.

354 Ebd. 47; vgl. auch G.Strecker, Leidens- und Auferstehungsvoraussagen 31; S.Schulz, Botschaft 116; W.Schmithals, Menschensohn 417; H.Patsch, Abendmahl 186.

355 E.Hirsch, Frühgeschichte 115, sieht richtig: "Wenn Jesus die Zwölf eben zu sich genommen hat ... dann paßt es gar nicht, daß es von den beiden heißt, sie kommen zu ihm".

356 11mal gegenüber 5mal bei Matthäus und 3mal bei Lukas.

357 8mal bei Markus, 1mal bei Matthäus (rezipiert von Markus),Lukas 5mal.

358 Markus: 4mal, Matthäus: 1mal (rezipiert von Markus).

359 Zumindest läßt sich aus der Eigenschaft eines Hapaxlegomenon nicht ohne weiteres Tradition folgern wie P.Wolf, Todestaufe 36f, das tut (der Infinitiv von "kommen" heißt übrigens ἔρχεσθαι ).

360 Soweit überschaubar rechnet nur P.Wolf, Todestaufe 36-48, mit Redaktion in 10,35-40.

361 Vgl. die Übersicht weiter unten auf S. 150.

362 S.S. 96.

363 Die wortstatistischen Untersuchungen, die P.Wolf, Todestaufe 38, zu den Versen 35b.36 anstellt, überzeugen nicht, solange ein angeblich im Evangelium geläufiges Wort bzw. eine mehrfach auftretende Konstruktion nicht wenigstens tendenziell als markinisch-redaktionell erwiesen werden kann. Für die von Wolf als redaktionell erachteten Stellen des Auftretens von θέλειν in 10,51; 14,52; 15,9 etwa nimmt J.Gnilka, Markus II 108.231f.297 mit viel überzeugenderen Begründungen Tradition an.

364 Das Verb αἰτεῖν ,das P.Wolf, Todestaufe 38, für Markus verbucht, ist verbalstatistisch völlig unauffällig: Matthäus hat es 14mal, Markus 9mal, Lukas 11mal (Wolf verrechnet sich zugunsten des Markus um eine Stelle!). Für ποιεῖν stellt Wolf einen Sprachgebrauch fest, "der im Markusevangelium geläufig ist". Unter redaktionsgeschichtlichem Gesichtspunkt besagt dieses Urteil gar nichts.

365 Die angeblichen Spannungen zwischen ποιεῖν ὑμῖν in Vers 36 (vgl. zu Vers 35a) und δὸς ἡμῖν ἵνα in Vers 37b, die P.Wolf, Todestaufe 38f, erkennen will, sind konstruiert. Der Wechsel von ποιεῖν/διδόναι ist Ausdruck erzählerischer Vielfalt. Diese läßt sich in anderen Perikopen des Markusevangeliums ebenfalls belegen: ζητεῖν - διδόναι in 8,12;

in 12,9 ποιεῖν - διδόναι ; in 12,14.17 ἀποδιδόναι -διδόναι

366 Vgl. C.H.Bruder, Tamieion 458-460.
367 Letzteres scheint P.Wolf, Todestaufe 30 übersehen zu haben.
368 Siehe Anmerkung 311.
369 Mk 4,10; 6,7; 9,35; 10,32; 11,11; 14,10.17.20.43; vgl. C.H.Bruder, Tamieion 213.
370 E.Best, Mark's Use 24.
371 F.Blass-A.Debrunner § 480,1.
372 Eigentlich erwartet man ein περὶ αὐτῶν ; vgl. K.-G.Reploh, Markus-Lehrer 264; vgl. R.Pesch, Markus II 160.
373 S.S.67f; für Redaktion sprechen auch: K.-G.Reploh, Markus-Lehrer 101. 164; K.Stock, Boten 138; R.Pesch, Naherwartungen 106 und dort in Anm. 190 aufgeführte Verfasser; G.Schmahl, Die Zwölf 74f.92.94.
374 S.S. 125.
375 G.Schmahl, Die Zwölf 94, rechnet das Wort in 10,14 zur Tradition, in 10,41 zur Redaktion.
376 H.-W.Kuhn, Sammlungen 159f, übergeht neben dem bereits erwähnten "und sie hörten" auch die Namensnennung "Jakobus und Johannes" in Vers 41 bei seiner Untersuchung.
377 Vgl. C.H.Bruder, Tamieion 422.
378 P.Wolf, Todestaufe 32, meint in 5,37 nur die reine Namensnennung "Jakobus und Johannes" feststellen zu können. Wolf übersieht den Zusatz zum Namen "Johannes" : "der Bruder des Jakobus".
379 H.-W.Kuhn, Sammlungen 160.
380 So auch R.Bultmann, Geschichte 369f; K.-G.Reploh, Markus-Lehrer 164; J.Gnilka, Markus II 98f.
381 Vgl. R.Bultmann, Geschichte 358.
382 P.Wolf, Todestaufe 33, scheint diese Stelle vergessen zu haben.
383 15,44 ist nicht vergleichbar, da hier Pilatus der Rufende ist.
384 Vgl. G.Schmahl, Die Zwölf 52f; K.-G.Reploh, Markus-Lehrer 44.
385 Ein ähnlich ausgreifender Gebrauch des προσκαλεῖν ist in 7,14 zu beobachten. Nach 7,1f war Jesus nur mit seinen Jüngern und den Pharisäern und Schriftgelehrten zusammen; in 7,14 dagegen ruft er auch das Volk zur Belehrung hinzu. In 8,34 zeigt sich die gleiche Tendenz des Markus, wenn Jünger und Volk dort zur Belehrung über die Kreuzesnachfolge zusammengerufen werden.
386 H.-W.Kuhn, Sammlungen 159.
387 J.C.Hawkins, Horae synopticae 146.
388 M.Zerwick, Markus-Stil 57.

389  Ebd. 60.
390  S.S. 49-51.
391  So auch R.Bultmann, Geschichte 357.23; E.Schweizer, Markus 118.
392  E.Arens,ΗΛΘΟΝ-Sayings 119.
393  Mt 23,11; 20,26f; Mk 9,35; Lk 22,26.
394  Vgl. A.Schulz, Nachfolgen und Nachahmen 253 Anm.4.
395  Vgl. Mk 10,11.12.15.29f.35b.
396  Siehe H.E.Tödt, Menschensohn 190; J.Sundwall, Zusammensetzung 69; E.Klostermann, Markus 109; F.Hahn, Hoheitstitel 45.57.
397  So auch H.Patsch, Abendmahl 173.
398  J.Jeremias, Kennzeichen 225; H.Schürmann, Abschiedsrede III 63ff; E.Lohse, Märtyrer 118; H.E.Tödt, Menschensohn 187.191.194; A.Feuillet, Logion 373-379.
399  Zu beiden Verben siehe W.Bauer, Wörterbuch 815.833.
400  Vgl. dazu F.Blass-A.Debrunner § 362; D.Zeller, Mahnsprüche 122, weist auf die 3.Person Singular hin, die dem Wort den steifen und unpersönlichen Charakter einer Vorschriftenformulierung verleihe.
401  E.Neuhäusler, Anspruch 213.
402  K.Stock, Boten 140.
403  Ebd. 138.
404  Ebd. 139; vgl. G.Dautzenberg, Überlegungen 21f.
405  So R.Bultmann, Geschichte 154; K.-G.Reploh, Markus-Lehrer 165f; H.-W.Kuhn, Sammlungen 156; gegen P.Hoffmann-V.Eid, Moral 193.
406  Dazu: H.-W.Kuhn, Sammlungen 153.174ff.
407  Vgl. H.E.Tödt, Menschensohn 190f.
408  K.-G.Reploh, Markus-Lehrer 167.
409  Vgl. ebd. 190f; H.Thyen, Sündenvergebung 155.
410  So auch J.Jeremias, Lösegeld 262.
411  K.-G.Reploh, Markus-Lehrer 167.
412  Gegen W.Schmithals, Markus II 469.471.
413  Vgl. W.Popkes, Christus Traditus 70.
414  J.Jeremias, Lösegeld 225f.
415  E.Lohse, Märtyrer 117-122.
416  Vgl. H.-W.Kuhn, Sammlungen 155.
417  C.K.Barret, Background 5-7.
418  G.Dautzenberg, Sein Leben bewahren 106.

419 R.Pesch, Markus II 163.
420 Vgl. etwa J.Gnilka, Wie urteilte Jesus über seinen Tod 45.
421 K.-G.Reploh, Markus-Lehrer 222.
422 L.Schenke, Wundererzählungen 350.
423 So J.Gnilka, Markus II 107ff: 10,46-13,37; ebenso R.Schnackenburg, Markus II 115ff.
424 H.-W.Kuhn, Sammlungen 220.181.186.
425 Matthäus und Lukas haben sich offenbar an ihrer Vorlage gestoßen. Matthäus streicht in 20,29 die Einzugsnotiz, Lukas zusätzlich noch die Auszugsnotiz des Markus.
426 So K.-G.Reploh, Markus-Lehrer 222; M.Dibelius, Formgeschichte 49f; D.-A.Koch, Wundererzählungen 130; J.Sundwall, Zusammensetzung 69; K.Kertelge, Wunder 180; J.Roloff, Kerygma 121.
427 Vers 46a ist traditionell und Vers 46b redaktionell bei L.Schenke, Wundererzählungen 354 und J.Gnilka, Markus II 108.
428 L.Schenke, Wundererzählungen 353.
429 W.Schmithals, Markus II 472;
430 L.Schenke, Wundererzählungen 354.
431 Ebd. 353-355.
432 Vgl. H.Riesenfeld, Tradition und Redaktion 164; E.Schweizer, Markus 121; M.Horstmann, Christologie 124; K.Kertelge, Wunder 180.
433 G.Schmahl, Die Zwölf 101.
434 Vgl. dazu die Ausführungen auf S. 29 ; R.Pesch, Naherwartungen 84 Anm.8; 96 Anm.102.
435 Vgl. L.Schenke, Passionsgeschichte 68f; ders., Wundererzählungen 354 Anm.1042.
436 S.S. 89.
437 L.Schenke, Wundererzählungen 353.
438 Nach dem Motivinventar bei G.Theißen, Urchristliche Wundergeschichten 57-81,fehlen:* das Kommen des Wundertäters * die Berührung * ein wunderwirkendes Wort Jesu * weitere finale Motive (Chorschluß!). Auch die bei einer Therapie "heilenden Mittel" fehlen. Dazu treten weitere Beobachtungen: Die namentliche Nennung des Kranken, das Auftreten Jesu ohne wunderbares Vorherwissen, die Sendung der Leute zum Herbeirufen des Kranken, das Aufspringen des Kranken, die Frage nach dem Wunsch des Kranken, sprechen gegen eine Wundergeschichte. In die gleiche Richtung geht D.-A.Koch, Wundererzählungen 129: ".. das Zurücktreten der Stilelemente einer Wundererzählung fällt zusammen mit dem Hervortreten biographisch-legendarischer Momente".
439 L.Schenke, Wundererzählungen 355.

440 Ebd. 355 + Anm.1045.

441 E.S.Johnson, Blind Bartimaeus 203, meint dazu richtig: "By using the imperfect ἠκολούθει in 10:52 Mark indicates that one must keep following if one is to be a true disciple".

442 Vgl. auch U.Luz, Geheimnismotiv 24f; K.-G.Reploh, Markus-Lehrer 224-226; W.Trilling, Christusverkündigung 161.

443 J.Roloff, Kerygma 126 Anm.66, will in dem "Weg" lediglich ein "stereotypes Situationsschema" sehen, das Markus mit den Jüngern und Jesus verbinde. Die Heranziehung von 10,32 zur Interpretation des Weges im Sinne des Leidensweges lehnt R. ab, da das Hinaufsteigen und nicht das Weg-Motiv in Vers 32 mit Jerusalem verbunden sei. R. unterschätzt wahrscheinlich die von ihm zugestandene "gewisse Affinität" von "Weg" und "Jüngerschaft". "Weg" und "Hinaufsteigen" sind gleichermaßen mit dem Geschick Jesu verbunden.

444 R.Schnackenburg, Markus II 119.

445 C.Burger, Davidssohn 42-46.

446 V.K.Robbins, Healing 230ff.

447 J.Roloff, Kerygma 121-126.

448 L.Schenke, Wundererzählungen 358.

449 D.-A.Koch, Wundererzählungen 130.

450 K.Kertelge, Wunder 179-181.

451 E.S.Johnson, Blind Bartimaeus 193-198.

452 R.Pesch, Markus II 168.

453 Ähnlich L.Schenke, Wundererzählungen 358.

454 C.Burger, Davidssohn 42-46.59-63.

455 So R.Bultmann, Geschichte 228; F.Hahn, Hoheitstitel 262-264; K.Kertelge, Wunder 180f; V.K.Robbins, Healing 231.

456 So fragt J.Roloff, Kerygma 122.

457 Das meint C.Burger, Davidssohn 44.

458 Die namentliche Vorstellung eines Kranken ist nur noch in 5,32 anzutreffen.

459 Vgl. M.Dibelius, Formgeschichte 49.

460 U.Luz, Geheimnismotiv 25.

461 Vgl. E.S.Johnson, Blind Bartimaeus 195 Anm.26.

462 F.Hahn, Hoheitstitel 262; so auch K.Kertelge, Wunder 180f.

463 Ph.Vielhauer, Christologie 141-198, besonders 175ff.

464 K.Berger, Messiastraditionen 1ff.

465 Mit E.Sjöberg, Menschensohn 101; R.Pesch, Markus II 171.

466 H.Räisänen, "Messiasgeheimnis" 149.

467 Die Verschiedenheit der Titel erklärt L.Schenke, Wundererzählungen 359f, damit, daß er "Jesus" in Vers 47b als vom traditionellen "Jesus, der Nazarener" herrührend versteht.

468 J.Roloff, Kerygma 122.

469 H.Räisänen, "Messiasgeheimnis" 151.

470 S.S. 119-128.

471 Ihre Ähnlichkeit mit μᾶλλον περισσότερον in 7,36, auf die L.Schenke, Wundererzählungen 358 abhebt, um daraus ein Argument für Redaktion zu folgern, ist eine rein grammatische (vgl. F.Blass-A.Debrunner § 246,1), die hier nicht ins Gewicht fällt. Diese Formulierung ist im übrigen singulär bei Markus, was eher in Richtung Tradition deuten dürfte.

472 Bemerkenswert ist die eher journalistische Sprachschöpfung von R.Pesch, Evangelium 124: Bartimaios sitzt angeblich in "bettelstrategisch günstiger Position".

473 Vgl. dazu die Analyse von A.Stock, Umgang mit theologischen Texten 90: "Erzählt wird eine Vermittlung und ihr Gelingen: sie rufen ihn, und er kommt. Sie ... wechseln auf Jesu Wort hin die Rolle: Hinderer werden zu Vermittlern. Damit ist die ... sich negativ präsentierende Beziehung positiv gewendet".

474 Die Reaktion erinnert an die Berufung der ersten vier Jünger in 1,16-20, die ihren Besitz zurücklassen.

475 R.Pesch, Markus II 173 + Anm. 21.

476 Vgl. D.-A.Koch, Wundererzählungen 128.

477 L.Schenke, Wundererzählungen 358.

478 Vgl. J.Gnilka, Markus II 112.

479 So auch L.Schenke, Wundererzählungen 356 Anm. 1050; W.Trilling, Christusverkündigung 157f; das metaphorische Verständnis des Blinden bei E.Schweizer, Markus 121,wird zu Recht von J.Roloff, Kerygma 12, und D.-A.Koch, Wundererzählungen 132, kritisiert.

480 so behauptet von H.Riesenfeld, Tradition und Redaktion 164; K.-G. Reploh, Markus-Lehrer 223f,und J.Roloff, Kerygma 125, die alle den geographischen Gesichtspunkt des Verses 46 überbetonen. Allerdings korrigiert sich Reploh später selbst und zählt auch einige theologische Gründe für die Anfügung der Perikope durch Markus auf. Auch Roloff mag weitere "theologische Querverbindungen" nicht ausschließen (ebd. 125).

481 Auch E.Schweizer, Markus 121, spricht von einer "theologisch bedingten Anordnung dieser Erzählung durch Markus", die "die Vorstellung eines Zuges Jesu von Galiläa durch das Ostjordanland nach Jerusalem" entstehen ließ.

482 So etwa R.Pesch, Markus II 167.

483 Vgl. dazu den erschöpfenden Nachweis bei L.Schenke, Wundererzählungen 350f.
484 Damit entfällt auch die von K.Kertelge, Wunder 181, erwogene Möglichkeit, Markus für eine Plazierung von 10,46-52 + 11,1-10 verantwortlich zu machen.
485 Vermuteter vormarkinischer Wortlaut in Klammern!
486 H.-W.Kuhn, Sammlungen 187.
487 Ebd. 187.
488 Ebd. 187.
489 Ebd. 168.
490 S.S. 40 und Anmerkung 21.
491 Von einem assoziativen Zusammenhang sprechen J.Ernst, Markus 291 und H.-W.Kuhn, Sammlungen 179.
492 W.Grundmann, Markus 208, nimmt eine Zusammenfügung der Perikopen von der Kindersegnung und dem Reichen unter dem Gesichtspunkt an: Wie kommt man in das Reich Gottes?
493 Vgl. 1 Kor 6,9.
494 E.Schweizer, Markus 109.
495 W.Schmithals, Markus 437.
496 H.-W.Kuhn, Sammlungen 146.168.
497 Ebd. 52.
498 Ebd. 169.
499 R.Bultmann, Geschichte 5.
500 Vgl. H.-W.Kuhn, Sammlungen 146.151.160.(168).
501 J.Gnilka, Markus II 70.
502 R.Bultmann, Geschichte 42.
503 Ebd. 51.
504 Ebd. 53.
505 W.Schmithals, Markus II 438.
506 Vgl. R.Bultmann, Geschichte 25: "Daß 10,2 mit einer Frage beginnen muß, ohne auf eine Handlung Bezug zu nehmen, liegt daran, daß Ehescheidungsfragen der Jünger nicht so einfach wie ihr Essen mit ungewaschenen Händen als Anlaß angegeben werden konnten".
507 Ebd. 56.
508 U.Luz, Jesusbild 368f.
509 R.Pesch, Markus II 120.
510 J.Ernst, Markus 287.

511  Vgl. R.Bultmann, Geschichte 26.
512  Vgl. ebd. 64.140.
513  Vgl. ebd. 78.
514  Ebd. 32.58-60; so auch J.Gnilka, Markus II 80.
515  R.Pesch, Markus II 131.
516  R.Bultmann, Geschichte 58.
517  S.S. 119-128.
518  R.Bultmann, Geschichte 59.
519  Ebd. 48 Anm.3; so auch R.Pesch, Markus II 133.
520  Vgl. R.Bultmann, Geschichte 20f.(57).
521  J.Gnilka, Markus II 84.
522  R.Pesch, Markus II 136.
523  J.Ernst, Markus 294f.
524  Zum Aufbau der Perikope vgl. R.Pesch, Markus II 136.
525  Ebd. 136f; gebrochene Unterstreichung = Kursivdruck bei Pesch.
526  R.Bultmann, Geschichte 57.
527  Ebd. 356.
528  Ebd. 78.
529  Ebd. 110.
530  Ebd. 123.
531  Ebd. 110.
532  Der sprachliche Wechsel von οἱ τὰ χρήματα ἔχοντες in Vers 23b zu πλούσιον in Vers 25 dürfte auf ein Anwachsen des Logions gegen Reiche in verschiedenen Überlieferungssituationen hinweisen.
533  R.Bultmann, Geschichte 23.
534  Ebd. 156.
535  R.Pesch, Markus II 154.
536  J.Ernst, Markus 306.
537  J.Gnilka, Markus II 99.
538  Vgl. R.Pesch, Markus II 154.
539  J.Ernst, Markus 305.
540  Vgl. R.Pesch, Markus II 154.
541  S.S. 179f.183.
542  Auf die Möglichkeit eines erst redaktionellen Eintrags des Versuchungsmotivs in Vers 2 wurde oben bereits hingewiesen.

543 Vgl. dazu R.Schnackenburg, Markus II 86; W.Schmithals, Markus II 446.
544 J.Gnilka, Markus II 81.
545 Vgl. R.Pesch, Markus II 132.
546 H.-W.Kuhn, Sammlungen 178.
547 H.Merklein, Gottesherrschaft 99.
548 Ebd. 105.
549 H.-W.Kuhn, Sammlungen 174-179.
550 J.Roloff, Rezension (H.-W.Kuhn, Sammlungen) 518.
551 H.-W.Kuhn, Sammlungen 173.
552 P.Hoffmann, Ehescheidung 331.
553 P.Hoffmann-V.Eid, Moral 112; vgl. B.Schaller, Ehe 243f.
554 H.Merklein, Gottesherrschaft 287.
555 W.Schmithals, Markus II 437f.
556 H.-W.Kuhn, Sammlungen 169.
557 Vgl. J.Jeremias, Kindertaufe 62.
558 J.Jeremias, Abendmahlsworte 86 Anm.1.
559 H.Gunkel, Reden und Aufsätze 33.
560 G.Dautzenberg, Überlegungen 22.
561 Vgl. zu H.-W.Kuhn, Sammlungen 188.
562 H.-J.Klauck, Hausgemeinde 102; Zitat bei Klauck kursiv gedruckt.
563 So auch R.Pesch, Markus II 130; H.-W.Kuhn, Sammlungen 190f, geht auf diese Datierungshilfe merkwürdigerweise nicht ein.
564 Vgl. Anmerkung 110.
565 Die drei letzten Untersuchungen des Becher-Taufwortes stammen von H.Patsch, Abendmahlsworte 205-211 und P.Wolf, Todestaufe. In Aufsätzen nehmen Stellung: S.Légasse, Approche 161-177 und A.Vögtle, Todesankündigungen 51-113; zu vergleichen sind noch die Markuskommentare von Pesch, Gnilka und Schmithals, jeweils z.St.
566 So z.B. W.G.Kümmel, Verheißung 62.
567 8,32f; 9,32-34; vgl. dazu E.Schweizer, Leistung 351; J.Sundwall, Zusammensetzung 69; H.-W.Kuhn, Sammlungen 185f.
568 K.-G.Reploh, Markus-Lehrer 225.
569 H.-W.Kuhn, Sammlungen 187.
570 Vgl. Anmerkung 282.
571 H.-W.Kuhn, Sammlungen 186.220 Anm.23.
572 J.Gnilka, Markus II 107ff.
573 J.Ernst, Markus 312.

LITERATURVERZEICHNIS

Im folgenden ist die für die Erstellung der vorliegenden Arbeit benutzte Literatur verzeichnet. Nicht jedes Werk, das aufgeführt ist, erscheint auch in den Zitationen. Vielmehr wird auch diejenige Literatur genannt, die den Verstehenshorizont des Verfassers geprägt und zu seiner Meinungsbildung beigetragen hat. Die Abkürzungen richten sich nach S.Schwertner, Internationales Abkürzungsverzeichnis für Theologie und Grenzgebiete, Berlin-New York 1974. Das Verzeichnis der berücksichtigten Literatur wurde im Dezember 1981 abgeschlossen; danach erschienene Veröffentlichungen, insbesondere der Kommentar von Josef Ernst, Das Evangelium nach Markus, Regensburg 1981, mußten weitgehend unberücksichtigt bleiben. Die Zitation in den Anmerkungen erfolgt überwiegend mit Hilfe des Verfassernamens und Sigels der jeweiligen Schrift.

## I. Texte (Quellen und Übersetzungen)

The Greek New Testament, ed.K.Aland-M.Black-B.M.Metzger-A.Wikgren-C.Martini, London $^3$1975

Novum Testamentum Graece, ed. E.Nestle-K.Aland, Stuttgart $^{26}$1979

Schmid, J., Synopse der drei ersten Evangelien mit Beifügung der Johannes-Parallelen, Regensburg $^6$1971

Septuaginta. Id est Vetus Testamentum graece iuxta LXX interpretes, Vol. I. Leges et historiae, Vol.II.Libri poetici et prophetici, ed. A.Rahlfs, Stuttgart $^9$1971

Synopse der drei ersten Evangelien, hrsg.v. A.Huck-H.Lietzmann, Tübingen $^9$1975

Synopsis Quattuor Evangeliorum. Locis parallelis evangeliorum apocryphorum et patrum adhibitis, ed. K.Aland, Stuttgart $^7$1971

## II. Hilfsmittel

Aland, K., Vollständige Konkordanz zum griechischen Neuen Testament, Bd.I, Lieferung 1-4, Berlin-New York 1975 ff

Balz, H. - Schneider, G. (Hrsg.) Exegetisches Wörterbuch zum Neuen Testament, Bd.I, Stuttgart-Berlin-Köln-Mainz 1980

Bauer, W., Griechisch-Deutsches Wörterbuch zu den Schriften des Neuen Testaments und der übrigen urchristlichen Literatur, Berlin $^5$1963, Nachdruck 1971

Beyer, K., Semitische Syntax im Neuen Testament I. Satzlehre Teil 1 (StUNT 1), Göttingen 1962

Blass, F.- Debrunner, A., - Rehkopf,F., Grammatik des neutestamentlichen Griechisch, 14. völlig neubearbeitete Auflage der Grammatik von F.Blass und A.Debrunner, Göttingen 1976

Hawkins, J.C., Horae Synopticae, Contributions to the Study of the Synoptik Problem, Oxford $^2$1909

Kittel, G. - Friedrich, G., (Hrsg.) Theologisches Wörterbuch zum Neuen Testament, Bde.I-X, Stuttgart 1933 ff

Morgenthaler, R., Statistik des neutestamentlichen Wortschatzes. Zürich-Frankfurt 1958

Moulton, W.F. - Geden, A.S., A Concordance to the Greek New Testament, Edinburgh $^5$1978

Rienecker, F., Sprachlicher Schlüssel zum Griechischen Neuen Testament, Gießen $^{14}$1974


## III. Kommentare

Bousset, W. - Heitmüller, W., (Hrsg.), Die Schriften des Neuen Testaments neu übersetzt und für die Gegenwart erklärt,Bd.I: Die drei älteren Evangelien, Göttingen 1929

Cranfield, C.E.B., The Gospel According to St.Mark (CGTC), Cambridge $^2$1963

Gnilka, J., Das Evangelium nach Markus. 1.Teilband Mk 1-8,26 (EKK II/1) Zürich-Neukirchen-Vluyn 1978

--- Das Evangelium nach Markus. 2.Teilband Mk 8,27-16,20 (EKK II/2) Zürich-Neukirchen-Vluyn 1979

Gould, E.P.A., Critical and Exegetical Commentary on the Gospel According to St.Mark, Edinburgh $^9$1955

Grundmann, W., Das Evangelium nach Markus (ThHK 2), Berlin $^8$1980

Haenchen, E., Der Weg Jesu. Eine Erklärung des Markus-Evangeliums und der kanonischen Parallelen (STö H 6, 2/6), Berlin $^2$1968

--- Die Apostelgeschichte, Göttingen $^{10}$1968

Hermann, I., Das Markusevangelium I + II (KK 5/1-2), Düsseldorf 1965/1967

Klostermann, E., Das Markusevangelium (HNT 3), Tübingen $^4$1950

--- Das Lukasevangelium (HNT 5), Tübingen $^3$1975

Lagrange, M.-J., Évangile selon Saint Marc, Paris 1911

Lohmeyer, E., Das Evangelium des Markus. Nach dem Handexemplar des Verfassers durchgesehene Ausgabe mit Ergänzungsheft (KEK I/2), Göttingen $^{13}$1954

Pesch, R., Das Markusevangelium. Erster Teil. Einleitung und Kommentar zu Kap. 1,1-8,26 (HThK II/1), Freiburg-Basel-Wien 1976

--- Das Markusevangelium. Zweiter Teil. Kommentar zu Kap. 8,27-16,20 (HThK II/2), Freiburg-Basel-Wien 1977

Schanz, P., Commentar über das Evangelium des heiligen Markus, Freiburg 1881

Schiwy, G., Weg ins Neue Testament. Kommentar und Material. Erster Band. Das Evangelium nach Matthäus, Markus und Lukas, Würzburg 1965

Schlatter, A., Markus, der Evangelist für die Griechen, Stuttgart 1935

--- Der Evangelist Matthäus. Seine Sprache, sein Ziel, seine

Selbständigkeit. Ein Kommentar zum ersten Evangelium, Stuttgart $^6$1963

Schmid, J., Das Evangelium nach Markus (RNT 2), Regensburg $^4$1958

Schmithals, W., Das Evangelium nach Markus. 1.Teilband, Kapitel 1-9,1 (Ökumenischer Taschenbuchkommentar zum Neuen Testament 2/1), Gütersloh-Würzburg 1979

--- Das Evangelium nach Markus. 2.Teilband, Kapitel 9,2-16,18 (Ökumenischer Taschenbuchkommentar zum Neuen Testament 2/2), Gütersloh-Würzburg 1979

Schnackenburg, R., Das Evangelium nach Markus I/II (Geistliche Schriftlesung 2), Düsseldorf 1966/1971

--- Das Johannesevangelium. Erster Teil. Einleitung und Kommentar zu Kap. 1-4 (HThK IV/1), Freiburg-Basel-Wien $^2$1972

Schniewind, J., Das Evangelium nach Markus (NTD 1), Göttingen $^8$1959

Schweizer, E., Das Evangelium nach Markus (NTD 1), Göttingen $^5$1978

--- Das Evangelium nach Matthäus (NTD 2), Göttingen $^5$1978

Staab, K., Das Evangelium nach Markus und Lukas (Echter-Bibel 2), Würzburg 1956

Stettinger, G., Kommentar zum Evangelium des heiligen Markus mit Ausschluß der Leidensgeschichte, Graz $^3$1935

(Strack, H.L.) - Billerbeck, P., Kommentar zum Neuen Testament aus Talmud und Midrasch, Bd.II, Das Evangelium nach Markus, Lukas und Johannes und die Apostelgeschichte, München $^5$1969

Taylor, V., The Gospel according to St.Mark, London $^2$1966

Weiss, B., Die Evangelien des Markus und Lukas (KEK I/2), Göttingen $^9$1901

Wellhausen, J., Das Evangelium Marci, Berlin $^2$1909

Wohlenberg, G., Das Evangelium des Markus (KNT 2), Leipzig $^3$1930

## IV. Aufsätze und Monographien

Albertz, M., Die synoptischen Streitgespräche. Ein Beitrag zur Formgeschichte des Urchristentums, Berlin 1921

Ambrozic, A., St.Mark's Concept of the Kingdom of God. A Redaction Critical Study of the References to the Kingdom of God in the Second Gospel (MaschDiss), Würzburg 1970

Arens, E., The ΗΛΘΟΝ-Sayings in the Synoptic Tradition. A Historico-Critical Investigation (OBO 10), Freiburg/Schweiz-Göttingen 1976

Baltensweiler, H., Die Ehe im Neuen Testament. Exegetische Untersuchung über Ehe, Ehelosigkeit und Ehescheidung (AThANT 52), Zürich-Stuttgart 1967

Barret, C.K., The Background of Mk.10:45, in: New Testament Essays 1959, 1-18

Bauer, J., Jesus und der Scheidebrief, in: WuW 26 (1971), 322-332

Berger, K., Die Amen-Worte Jesu. Eine Untersuchung zum Problem der Legitimation in apokalyptischer Rede (BZNW 39), Berlin 1970

--- Hartherzigkeit und Gottes Gesetz, in: ZNW 61 (1970), 1-47

--- Zu den sogenannten Sätzen heiligen Rechts, in: NTS 17 (1970/71), 10-40

--- Die Gesetzesauslegung Jesu. Ihr historischer Hintergrund im Judentum und im Alten Testament, Teil I: Markus und Parallelen (WMANT 40), Neukirchen 1972

--- Die königlichen Messiastraditionen des Neuen Testaments, in: NTS 20 (1973/74), 1-44

--- Exegese des Neuen Testaments. Neue Wege vom Text zur Auslegung, Heidelberg 1977

Best, E., An Early Sayings Collection, in: NT 18 (1976), 1-16

---   Discipleship in Mark 8,22-10,52, in: Scott JTh 23 (1970), 323-337

---   Mark's Preservation of the Tradition, in: L' Évangile selon Marc. Tradition et rédaction. par M.Sabbe, BETL XXXIV, Gembloux 1974, 21-34

---   Mark's Use of the twelve, in: ZNW 69 (1978), 11-35

---   Peter in the Gospel according to Mark, in: CBQ 40 (1978), 547-558

---   The Camel and the Needle's Eye (Mk 10,25), in: ExpT 82 (1970), 83-89

---   The Temptation and the Passion: The Markan Soteriology (NTSt Mon. Ser.2), Cambridge 1965

Betz, H.D., Nachfolge und Nachahmung Jesu Christi im Neuen Testament (BHTh 37), Tübingen 1967

Blank, J., Rezension von R.Pesch, Das Markusevangelium I+II, Freiburg-Basel-Wien, 1976/77, in: BZ NF 23 (1979) 129-135

Blinzler, J., Die neutestamentlichen Berichte über die Verklärung Jesu (NTA XVII/4), Münster 1937

---   Kind und Königreich Gottes, in: Aus der Umwelt des Neuen Testaments, Stuttgart 1969, 41-43

---   Jesusverkündigung im Markusevangelium, in: R.Pesch (Hrsg.), Jesus in den Evangelien (SBS 45), Stuttgart 1970, 71-104

Bornkamm, G., Ehescheidung und Wiederverheiratung im Neuen Testament, in: Geschichte und Glaube I (BEvTh 48), München 1968, 56-59

Braumann, G., Leidenskelch und Todestaufe (Mk 10,38f), in: ZNW 56 (1956), 178-183

Braun, H., Spätjüdisch-häretischer und frühchristlicher Radikalismus. Jesus von Nazareth und die essenische Qumransekte, Bd.I: Das Spätjudentum; Bd.II: Die Synoptiker (BHTh 24), Tübingen $^2$1969

Bruder, C.H., Tamieion ton tes kaines diathekes lexeon sive concordantiae omnium vocum novi testamenti graeci. Göttingen $^7$1913

Bultmann, R., Die Geschichte der synoptischen Tradition (FRLANT 12), Göttingen $^9$1979

--- Die Geschichte der synoptischen Tradition. Ergänzungsheft, bearbeitet von G.Theißen, Ph.Vielhauer, Göttingen $^5$1979

--- Jesus, München-Hamburg $^4$1970

--- Theologie des Neuen Testaments, Tübingen $^8$1980

Burger, C., Jesus als Davidssohn. Eine traditionsgeschichtliche Untersuchung (FRLANT 68), Göttingen 1970

Burgers, W., De instelling van de Twaalf in het Evangelie van Marcus, in: EThLov 36 (1960), 625-654

Burney, C.F., The Poetry of our Lord. An examination of the formal elements of Hebrew poetry in the discourses of Jesus Christ, Oxford 1925

Catchpole, D.R., The Trial of Jesus (StPB 18), Leiden 1971

--- The Synoptic Divorce Material as a Traditio-Historical Problem, in: BJRL 57 (1974), 92-127

Conzelmann, H., Die Mitte der Zeit (BHTh 17), Tübingen $^5$1964

Cullmann, O., Die Christologie des Neuen Testaments, Tübingen $^5$1975

Daube, D., The New Testament and Rabbinic Judaism, London 1956

Dautzenberg, G., Sein Leben bewahren. Ψυχή in den Herrenworten der Evangelien (StANT XIV), München 1966

--- Zur Stellung des Markusevangeliums in der Geschichte der urchristlichen Theologie, in: Kairos 18 (1976), 282-291

--- Die Zeit des Evangeliums. Mk 1,1-15 und die Konzeption des Markusevangeliums, in: BZ 21 (1977), 219-234; 22 (1978), 76-91

--- Der Wandel der Reich-Gottes-Verkündigung in der urchristlichen Mission, in: Zur Geschichte des Urchristentums, hg.v.G.Dautzenberg - H.Merklein - K.Müller (QD 87), Freiburg-Basel-Wien 1979, 11-32

--- Biblisch-theologische Überlegungen zum Verhältnis von Christusglauben und sozialer Ordnung, in: B.Jendorff-G.Schmalenberg (Hrsg.), Sichtweisen in Theologie und Religionspädagogik, Gießen 1981

Degenhardt, H.J., Was muß ich tun, um das ewige Leben zu gewinnen? Zu Mk.10,17-22, in: Biblische Randbemerkungen. FS R.Schnackenburg, Würzburg ²1974, 159-168

Dobschütz, E.v., Zur Erzählkunst des Markus, in: ZNW 27 (1928), 193-198

Ebeling, H.J., Das Messiasgeheimnis und die Botschaft des Marcus-Evangelisten (BZNW 19), Berlin 1939

Egger, W., Frohbotschaft und Lehre. Die Sammelberichte des Wirkens Jesu im Markusevangelium (FTS 19), Frankfurt 1976

--- Nachfolge als Weg zum Leben. Chancen neuerer exegetischer Methoden dargestellt an Mk 10,17-31 (österreichische Biblische Studien 1), Klosterneuburg 1979

Ernst, J., Die Petrustradition im Markusevangelium - ein altes Problem neu angegangen, in: Begegnung mit dem Wort. FS H.Zimmermann (BBB 53), J.Zmijewski - E.Nellessen (Hrsg.), Bonn 1980, 35-65

Feuillet, A., Le logion sur la rancon (Mc 10,45; Mt 20,28; cf Lc 22,27), in: RSPhTh 51 (1967), 365-402

Fiedler, P., Die Formel "Und siehe" im Neuen Testament (StANT 20), München 1969

Fischer, K.M., Asketische Radikalisierung der Nachfolge Jesu, in: Theologische Versuche IV, J.Rogge - G.Schille (Hrsg.), Berlin 1972,11-25

Fuchs, E., Jesus, Wort und Tat, Tübingen 1971

Fürst, H., Verlust der Familie - Gewinn einer neuen Familie (Mk 10,29 Parr.), in: Studia Historico-Ecclesiastica, FS L.G.Spätling, hg.v. I.Vázquez, Rom 1977

Gnilka, J., Wie urteilte Jesus über seinen Tod?, in: Der Tod Jesu, hg.v.
K.Kertelge (QD 74), Freiburg-Basel-Wien 1976, 13-50

Goguel, M., Evec des persécutions. Étude exégétique sur Marc 10,29-30, in:
RHPhR 8 (1928), 264-277

Greeven, H., Ehe nach dem Neuen Testament, in: NTS 15 (1968/69), 365-388

Grob, R., Einführung in das Markusevangelium, Zürich 1965

Gunkel, H., Reden und Aufsätze, Göttingen 1913

Güttgemanns, E., Offene Fragen zur Formgeschichte des Evangeliums. Eine
methodologische Skizze der Grundlagenproblematik der
Form- und Redaktionsgeschichte (BEvTh 54), München 1970

Haacker, K., Ehescheidung und Wiederverheiratung im Neuen Testament, in:
ThQ 151 (1971), 28-38

--- Neutestamentliche Wissenschaft. Eine Einführung in Fragestellungen und Methoden, Wuppertal 1981

Hahn, F., Christologische Hoheitstitel. Ihre Geschichte im frühen Christentum (FRLANT 83), Göttingen $^4$1974

--- Methodologische Überlegungen zur Rückfrage nach Jesus, in: K.Kertelge (Hrsg.), Rückfrage nach Jesus. Zur Methodik und
Bedeutung der Frage nach dem historischen Jesus (QD 63),
Freiburg-Basel-Wien 1974, 11-77

Harnisch, W., Die Berufung des Reichen. Zur Analyse von Markus 10,17-27, in:
FS E.Fuchs, hg.v. G.Ebeling - E.Jüngel - G.Schunack,
Tübingen 1973, 161-176

Hengel, M., Nachfolge und Charisma. Eine exegetisch-religionsgeschichtliche Studie zu Mt 8,21f und Jesu Ruf in die Nachfolge
(BZNW 34), Berlin 1968

Hirsch, E., Frühgeschichte des Evangeliums I : Das Werden des Markusevangeliums, Tübingen $^2$1951

Hoffmann, P., Jesu Wort von der Ehescheidung und seine Auslegung in der
　　　　　　neutestamentlichen Überlieferung, in: Conc (D) 6
　　　　　　(1970), 326-332

---　　　　　Mk 8,31. Zur Herkunft und markinischen Rezeption einer alten
　　　　　　Überlieferung, in: Orientierung an Jesus. FS J.Schmid,
　　　　　　Freiburg 1973, 170-204

Hoffmann, P. - Eid, V., Jesus von Nazareth und eine christliche Moral
　　　　　　(QD 66), Freiburg 1975

Horstmann, M., Studien zur markinischen Christologie. Mk 8,27-9,13 als Zu-
　　　　　　gang zum Christusbild des zweiten Evangeliums (NTA NF 6),
　　　　　　Münster 1969

Huuhtanen, P., Die Perikope vom "reichen Jüngling" unter Berücksichtigung
　　　　　　der Akzentuierungen des Lukas, in: A.Fuchs, Theologie
　　　　　　aus dem Norden (StNTU A/2), Freistadt 1977, 79-98

Jeremias, J., Mc 10,13-16 Parr. und die Übung der Kindertaufe in der Ur-
　　　　　　kirche, in: ZNW 40 (1941), 243-245

---　　　　　Die Kindertaufe in den ersten vier Jahrhunderten, Göttingen
　　　　　　1958

---　　　　　Abba. Studien zur neutestamentlichen Theologie und Zeitge-
　　　　　　schichte, Stuttgart 1966, darin:
　　　　　　Kennzeichen der ipsissima vox Jesu, 145-152,
　　　　　　Das Lösegeld für Viele (Mk 10,45), 216-229

---　　　　　Die Abendmahlsworte Jesu, Göttingen $^4$1967

---　　　　　Die Gleichnisse Jesu, Zürich 1947, Göttingen $^2$1952 und $^8$1970

---　　　　　Neutestamentliche Theologie. Erster Teil. Die Verkündigung
　　　　　　Jesu, Gütersloh 1971

---　　　　　Art. πολλοί, in: ThWNT VI (1959), 536-545

Johnson, E.S., Mark 10:46-52 : Blind Bartimaeus, in: CBQ 40 (1978), 191-204

Käsemann, E., Sätze heiligen Rechts im Neuen Testament, in: Exegetische
　　　　　　Versuche und Besinnungen II, Göttingen $^3$1970, 69-82

Karnetzki, M., Die galiläische Redaktion im Markusevangelium, in: ZNW 52
(1961), 238-272

--- Die Gegenwart des Freudenboten. Zur letzten Redaktion des
Markusevangeliums, in: NTSt 23 (1976/77), 101-108

Keck, L.E., The Introduction to Mark's Gospel, in: NTS 12 (1965/66),
352-370

--- The Introduction to Mark's Christologie, in: JBL 84 (1965),
341-358

Kelber, W.H., The Kingdom. A New Place and a New Time, Philadelphia 1974

Kertelge, K., Die Funktion der "Zwölf" im Markusevangelium. Eine redaktionsgeschichtliche Auslegung, zugleich ein Beitrag
zur Frage nach dem neutestamentlichen Amtsverständnis,
in: TThZ 78 (1969), 193-206

--- Die Wunder im Markusevangelium. Eine redaktionsgeschichtliche Untersuchung (StANT 23), München 1970

--- Der dienende Menschensohn (Mk 10,45), in: Jesus und der Menschensohn. FS A.Vögtle, Freiburg 1975, 225-239

Mc Kinnis, R., An Analysis of Mark X 32-34, in: NT 18 (1976), 81-100

Klauck, H.-J., Die Hausgemeinde als Lebensform im Urchristentum, in:
MThZ 32 (1981), 1-15

Klein, G., Jesus und die Kinder. Bibelarbeit über Mk 10,13-16, in: ders.,
Ärgernisse. Konfrontation mit dem Neuen Testament,
Göttingen 1970, 58-81

Koch, D.A., Die Bedeutung der Wundererzählungen für die Christologie des
Markusevangeliums (BZNW 42), Berlin-New York 1975

Koch, K., Was ist Formgeschichte? Neue Wege der Bibelexegese, Neukirchen-
Vluyn $^3$1974

--- Der Schatz im Himmel, in: Leben angesichts des Todes. FS H.Thie-
licke, Tübingen 1968, 47-60

Kümmel, W.G., Verheißung und Erfüllung. Untersuchungen zur eschatologischen
Verkündigung Jesu (AThANT 6), Zürich ³1956

--- Der Begriff des Eigentums im Neuen Testament, in: ders., Heilsgeschehen und Geschichte. Gesammelte Aufsätze 1933-1964 (MThSt 3), Marburg 1965

Kuhn, H.-W., Ältere Sammlungen im Markusevangelium (StUNT 8), Göttingen 1971

Kuss, O., Zur Frage der vorpaulinischen Todestaufe, in: ders., Auslegung und Verkündigung I. Gesammelte Aufsätze. Regensburg 1963, 162-186

Lang, F.G., Sola gratia im Markusevangelium. Die Soteriologie des Markus nach 9,14-29 und 10,17-31, in: Rechtfertigung. FS E.Käsemann, Tübingen-Göttingen 1976, 321-337

Laufen, R., Die Doppelüberlieferungen der Logienquelle und des Markusevangeliums (BBB 54), Bonn 1980

Légasse, S., Pauvreté et salut dans le Nouveau Testament, in: RTL 4 (1973), 162-172

--- Approche de l'episode préévangélique des Fils de Zébédée, in: NTS 20 (1973), 161-177

Lehmann, M., Synoptische Quellenanalyse und die Frage nach dem historischen Jesus. Kriterien der Jesusforschung untersucht in Auseinandersetzung mit Emanuel Hirschs Frühgeschichte des Evangeliums (BZNW 38), Berlin 1970

Lindemann, A., Rezension von W.Egger, Nachfolge als Weg zum Leben, Klosterneuburg, 1979, in: ThLZ 106 (1981), 489-492

Lohse, E., Märtyrer und Gottesknecht. Untersuchungen zur urchristlichen Verkündigung vom Sühnetod Jesu Christi (FRLANT 64), Göttingen ²1963

--- Umwelt des Neuen Testaments (NTD Erg.Reihe 1), Göttingen ²1975

Luz, U., Das Geheimnismotiv und die markinische Christologie, in: ZNW 56
    (1965), 9-30
---    Das Jesusbild der vormarkinischen Tradition, in: Jesus Christus
        in Historie und Theologie, FS H.Conzelmann, Göttingen
        1975, 347-374
---    Markusforschung in der Sackgasse? in: ThLZ 105 (1980), 641-655
Marxsen, W., Redaktionsgeschichtliche Erklärung der sogenannten Parabeltheo-
        rie des Markus, in: ZThK 52 (1955), 255-271
---    Der Evangelist Markus. Studien zur Redaktionsgeschichte des
        Evangeliums (FRLANT 67), Göttingen $^2$1959
Merklein, H., Die Gottesherrschaft als Handlungsprinzip. Untersuchung zur
        Ethik Jesu (Forschung zur Bibel 34), Würzburg $^2$1981
Minear, P.S., The Needle's Eye, in: JBL 61 (1942), 157-169
Minette de Tillesse, G., Le secret messianique dans l'Évangile de Marc
    (LeDiv 47), Paris 1968
Müller, K., Jesus vor Herodes. Eine redaktionsgeschichtliche Untersuchung
        zu Lk 23,6-12, in: G.Dautzenberg - H.Merklein - K.Müller,
        Zur Geschichte des Urchristentums (QD 87), Freiburg-
        Basel-Wien 1979, 111-141
Neuhäusler, E., Anspruch und Antwort Gottes. Zur Lehre von den Weisungen
        innerhalb der synoptischen Jesusverkündigung, Düssel-
        dorf 1962
Neirynck, F., Duality in Mark. Contributions to the Study of the Marcan
        Redaction (BEThL 31), Gembloux-Louvain 1972
Nützel, J.M., Die Verklärungserzählung im Markusevangelium. Eine redaktions-
        geschichtliche Untersuchung (Forschung zur Bibel 6), Würz-
        burg 1973
Patsch, H., Abendmahl und historischer Jesus (CThM A 1), Stuttgart 1972
Pesch, R., Naherwartungen. Tradition und Redaktion in Mk 13 (KBANT), Düssel-
        dorf 1968

--- Die neutestamentliche Weisung für die Ehe, in: BiLe 9 (1968), 208-221

--- Berufung und Sendung, Nachfolge und Mission. Eine Studie zu Mk 1,16-20, in: ZKTh 91 (1969), 1-31

--- Anfang des Evangeliums Jesu Christi. Eine Studie zum Prolog des Markusevangeliums (Mk 1,1-15), in: Die Zeit Jesu, FS H.Schlier, Freiburg-Basel-Wien 1970, 108-144

--- Jesu ureigene Taten? Ein Beitrag zur Wunderfrage (QD 52), Freiburg-Basel-Wien 1970

--- Neuere Exegese - Verlust oder Gewinn?, Freiburg 1968

--- Freie Treue. Die Christen und die Ehescheidung, Freiburg 1971

--- Rezension von H.-W.Kuhn, Ältere Sammlungen im Markusevangelium, Göttingen 1971, in: BZ NF 17 (1973), 265-267

--- Die Überlieferung der Passion Jesu, in: K.Kertelge (Hrsg.), Rückfrage nach Jesus. Zur Methodik und Bedeutung der Frage nach dem historischen Jesus (QD 63), Freiburg-Basel-Wien 1974, 148-173

--- Mk 10,17-30: Verkaufe alles, was du hast, in: TW 143, Stuttgart 1974, 57-63

--- Das Evangelium der Urgemeinde, Freiburg 1979

--- (Hrsg.), Das Markusevangelium (WdF 411), Darmstadt 1979

--- Rezension von J.Gnilka, Das Evangelium nach Markus, Bde.I+II, Zürich-Neukirchen-Vluyn, 1978/1979 und von W.Schmithals, Das Evangelium nach Markus, Bde.I+II, Gütersloh-Würzburg 1979, in: ThRv 77 (1981), 1-10

Pesch, W., Der Lohngedanke in der Lehre Jesu verglichen mit der religiösen Lohnlehre des Spätjudentums (MThS I 7), München 1955

Pryke, E.J., Redactional Style In The Marcan Gospel. A Study of Syntax and Vocabulary as guides to Redaction in Mark, Cambridge 1978

Popkes, W., Christus Traditus. Eine Untersuchung zum Begriff der Dahingabe im Neuen Testament (AThANT 49), Zürich 1967

Räisänen, H., Die Parabeltheorie im Markusevangelium (Schriften der Finnischen Exegetischen Gesellschaft 26), Helsinki 1973

--- Das "Messiasgeheimnis" im Markusevangelium. Ein redaktionskritischer Versuch, Helsinki 1976

Reploh, K.-G., Markus - Lehrer der Gemeinde. Eine redaktionsgeschichtliche Studie zu den Jüngerperikopen des Markus-Evangeliums (SBM 9), Stuttgart 1969

Riesenfeld, H., Tradition und Redaktion im Markusevangelium, in: Neutestamentliche Studien für Rudolf Bultmann, hg.v. W.Eltester (BZNW 21), Berlin $^2$1957

Rigaux, B., Die "Zwölf" in Geschichte und Kerygma, in: H.Ristow - K.Matthiae (Hrsg.), Der historische Jesus und der kerygmatische Christus. Beiträge zum Christusverständnis in Forschung und Verkündigung, Berlin 1960, 468-486

Robbins, V.K., The Healing of Blind Bartimaeus (10,46-52) in the Marcan Theology, in: JBL 92 (1973), 224-243

Roloff, J., Das Markusevangelium als Geschichtsdarstellung, in: EvTh 29 (1969), 73-93

--- Das Kerygma und der irdische Jesus. Historische Motive in den Jesus-Erzählungen der Evangelien, Göttingen 1970

--- Anfänge der soteriologischen Deutung des Todes Jesu (Mk 10,45 und Lk 12,27), in: NTS 19 (1972/73), 38-64

--- Rezension von H.-W.Kuhn, Ältere Sammlungen im Markusevangelium, Göttingen 1971, in: ThLZ 98 (1973), 517-519

--- Neues Testament, Neukirchen-Vluyn 1977

Sand, A., Die Unzuchtsklausel in Mt 5,31.32 und 19,3-9, in: MThZ 20 (1969), 118-129

Schaller, B., Die Sprüche über Ehescheidung und Wiederheirat in der synoptischen Überlieferung, in: Der Ruf Jesu und die Antwort der Gemeinde, FS J.Jeremias, Göttingen 1970, 226-246

Schelkle, K.H., Ehe und Ehelosigkeit im Neuen Testament, in: WiWei 29 (1966), 1-15

Schenke, L., Studien zur Passionsgeschichte des Markus. Tradition und Redaktion in Markus 14,1-42 (Forschung zur Bibel 4), Würzburg 1971

--- Die Wundererzählungen des Markusevangeliums (SBB), Stuttgart 1974

--- Der gekreuzigte Christus. Versuch einer literarkritischen und traditionsgeschichtlichen Bestimmung der vormarkinischen Passionsgeschichte (SBS 69), Stuttgart 1974

Schmahl, G., Die Zwölf im Markusevangelium. Eine redaktionsgeschichtliche Untersuchung (TThSt 30), Trier 1974

--- Rezension von H.-W.Kuhn, Ältere Sammlungen im Markusevangelium, Göttingen 1971, in: TThZ (1973) 380-381

Schmidt, K.-L., Der Rahmen der Geschichte Jesu. Literarkritische Untersuchung zur ältesten Jesusüberlieferung, Darmstadt 1969 (2.Nachdruck der Ausgabe Berlin 1919)

Schmithals, W., Die Worte vom leidenden Menschensohn. Ein Schlüssel zur Lösung des Menschensohn-Problems, in: Theologia Crucis - Signum Crucis, FS E.Dinkler, Tübingen 1979, 417-445.

Schnackenburg, R., Die sittliche Botschaft des Neuen Testaments (HMT 6), München $^2$1962

--- Gottes Herrschaft und Reich. Eine biblisch-theologische Studie, Freiburg-Basel-Wien $^3$1963

--- "Ihr seid das Salz der Erde, das Licht der Welt". Zu Mt 5,13-16, in: Melanges Eugene Tisserant I, Rom 1964, 365-387

---        Christliche Existenz nach dem Neuen Testament I, München 1967

---        Die Ehe nach dem Neuen Testament, in: Schriften zum Neuen Testament, München 1971, 414-434

Schneider, J., Art. ἀναβαίνω, in: ThWNT I, 517

Schottroff, L. - Stegemann, W., Jesus von Nazareth Hoffnung der Armen, Stuttgart-Berlin-Köln-Mainz 1978

Schreiber, J., Theologie des Vertrauens. Eine redaktionsgeschichtliche Untersuchung des Markusevangeliums, Hamburg 1967

---        Die Christologie des Markusevangeliums. Beobachtungen zur Theologie und Komposition des zweiten Evangeliums, in: ZThK 58 (1961), 154-183

Schroeder, H.-H., Eltern und Kinder in der Verkündigung Jesu (ThF 53), Hamburg-Bergstedt 1972

Schürmann, H., Jesu Abschiedsrede Lk 22,21-38. II.Teil einer quellenkritischen Untersuchung des lukanischen Abendmahlsberichtes Lk 22,7-38 (NTA XX/5), Münster 1957

Schulz, A., Nachfolgen und Nachahmen. Studien über das Verhältnis der neutestamentlichen Jüngerschaft zur urchristlichen Vorbildethik (StANT 6), München 1962

Schulz, S., Die Stunde der Botschaft. Einführung in die Theologie der vier Evangelisten, Hamburg-Zürich ²1970

Schweizer, E., Der Menschensohn. Zur eschatologischen Erwartung Jesu, in: Neotestamentica. Deutsche und englische Aufsätze 1951-1963, Zürich-Stuttgart 1963, 56-84

---        Lordship and Discipleship (SBT 28), London 1960

---        Mark's Contribution to the Quest of the Historical Jesus, in: NTS 10 (1963/64), 421-432

---        Die theologische Leistung des Markus, in: EvTh 24 (1964), 337-355

\-\-\-	Anmerkungen zur Theologie des Markus, in: Neotestamentica et Patristica, FS O.Cullmann (Suppl NovT 6), Leiden 1962, 35-46

\-\-\-	Zur Frage des Messiasgeheimnisses bei Markus, in: ZNW 56 (1965), 1-8

Sjöberg, E., Der verborgene Menschensohn in den Evangelien (SHVL 53), Lund 1955

Steichele, H.-J., Der leidende Sohn Gottes. Eine Untersuchung einiger alttestamentlicher Motive in der Christologie des Markusevangeliums (BU 14), Regensburg 1980

Stock, A., Umgang mit theologischen Texten, Zürich-Einsiedeln-Köln 1974

Stock, K., Boten aus dem Mit-Ihm-Sein. Das Verhältnis zwischen Jesus und den Zwölf nach Markus (AnBib 70), Rom 1975

Strecker, G., Die Leidens- und Auferstehungsvoraussagen im Markusevangelium (Mk 8,31; 9,31; 10,32-34), in: ZThK 64 (1967), 16-39

Suhl, A., Die Funktion der alttestamentlichen Zitate und Anspielungen im Markusevangelium, Gütersloh 1965

Sundwall, J., Die Zusammensetzung des Markus-Evangeliums (AAABo. H IX/2), Åbo 1934

Theissen, G., Wanderradikalismus. Literatursoziologische Aspekte der Überlieferung von Worten Jesu im Urchristentum, in: ZThK 70 (1973), 245-271

\-\-\-	Urchristliche Wundergeschichten. Ein Beitrag zur formgeschichtlichen Erforschung der synoptischen Evangelien (StNT 8), Gütersloh 1974

\-\-\-	Soziologie der Jesusbewegung, München 1977

\-\-\-	"Wir haben alles verlassen" (MC. X 28). Nachfolge und soziale Entwurzelung in der jüdisch-palästinischen Gesellschaft des 1. Jahrhunderts n.Chr. (NovTest XIX/1977), 161-196

Thyen, H., Studien zur Sündenvergebung im Neuen Testament und seinen alttestamentlichen und jüdischen Voraussetzungen (FRLANT 96), Göttingen 1970

Tödt. H.E., Der Menschensohn in der synoptischen Überlieferung, Gütersloh $^2$1963

Trautmann, M., Zeichenhafte Handlungen Jesu. Ein Beitrag zur Frage nach dem geschichtlichen Jesus (Forschung zur Bibel 37), Würzburg 1980

Trilling, W., Christusverkündigung in den synoptischen Evangelien. Beispiele gattungsgemäßer Auslegung (BiH IV), München 1969

--- Zur Entstehung des Zwölferkreises. Eine geschichtskritische Überlegung, in: R.Schnackenburg - J.Ernst - J.Wanke (Hrsg.), Die Kirche des Anfangs, FS H.Schürmann (EThSt 38), Leipzig 1977, 201-222

Turner, Marcan Usage: Notes, Critical an Exegetical on the Second Gospel, in: JThS 25 (1923-25), 377-386

Vielhauer, Ph., Erwägungen zur Christologie des Markus-Evangeliums, in: Zeit und Geschichte. Dankesgabe an R.Bultmann, Tübingen 1964, 155-169

--- Geschichte der urchristlichen Literatur, Berlin-New York 1975

Vögtle, A., Todesankündigung und Todesverständnis Jesu, in: Der Tod Jesu, hg.v.K.Kertelge (QD 74), Freiburg-Basel-Wien 1976, 51-113

Walter, N., Zur Analyse von Mc 10,17-31, in: ZNW 53 (1963), 206-218

Wendling, E., Die Entstehung des Marcus-Evangeliums, Tübingen 1908

Wikenhauser, A., Einleitung in das Neue Testament, Freiburg $^5$1963

Wilckens, U., Die Missionsreden der Apostelgeschichte. Eine form- und traditionsgeschichtliche Untersuchung (WMANT 5), Neukirchen $^3$1974

Windisch, H., Die Sprüche vom Eingehen in das Reich Gottes, in: ZNW 27 (1928), 163-192

Wolf, P., Liegt in den Logien von der "Todestaufe" (Mk 10,38f; Lk 12,49f) eine Spur des Todesverständnisses Jesu vor? (MaschDiss), Freiburg 1973

Wrede, W., Das Messiasgeheimnis in den Evangelien. Zugleich ein Beitrag zum Verständnis des Markusevangeliums, Göttingen $^2$1913 (Neudruck 1963)

Zeller, D., Die weisheitlichen Mahnsprüche bei den Synoptikern (Forschung zur Bibel 17), Würzburg 1977

Zerwick, M., Untersuchungen zum Markus-Stil, Rom 1937

Zimmermann, H., Neutestamentliche Methodenlehre. Darstellung der historisch-kritischen Methode, Stuttgart $^6$1978

Zimmerli, W., Die Frage des Reichen nach dem ewigen Leben, in: EvTh 19 (1959), 90-97

# BONNER BIBLISCHE BEITRÄGE

Band 1: **Alttestamentliche Studien**
Friedrich Nötscher zum 60. Geburtstag gewidmet von Kollegen, Freunden und Schülern, dargeboten von H. Junker und J. Botterweck. IX, 292 Seiten. 1950. Vergriffen

Band 2: **«Gott erkennen» im Sprachgebrauch des Alten Testamentes**
von Professor Dr. Dr. J. Botterweck. 104 Seiten. 1951. Vergriffen

Band 3: **Der Triliterismus im Semitischen**
erläutert an den Wurzeln gl kl kl von Professor Dr. Dr. J. Botterweck. 76 Seiten. 1952. Vergriffen

Band 4: **Evangelium Colbertinum I: Text**
herausgegeben von Professor Dr. H. J. Vogels. 160 Seiten. 1953. DM 17,–

Band 5: **Evangelium Colbertinum II: Untersuchungen**
herausgegeben von Professor Dr. H. J. Vogels. 182 Seiten. 1953. DM 19,–

Band 6: **Die Weltherrschaft als religiöse Idee im Alten Testament**
von Professor Dr. H. Gross. 157 Seiten. 1953. Vergriffen

Band 7: **Der Text der Gutenbergbibel**
zu ihrem 500jährigen Jubiläum untersucht v. Professor Dr. H. Schneider. 120 Seiten. 1954. DM 13,20

Band 8: **Der Schmerz im Alten Testament**
von Professor Dr. J. Scharbert. 235 Seiten. 1955. Vergriffen

Band 9: **Untersuchungen zum Text paulinischer Briefe bei Rufin und Ambrosiaster**
von Professor Dr. H. J. Vogels. 66 Seiten. 1955. DM 7,50

Band 10: **Zur theologischen Terminologie der Qumran-Texte**
von Professor Dr. Dr. Fr. Nötscher. 201 Seiten. 1956. Vergriffen

Band 11: **Die theologische Begriffssprache im Buche der Weisheit**
von P. Dr. G. Ziener. 166 Seiten. 1956. Vergriffen

Band 12: **Was an den Leiden Christi noch mangelt**
Eine interpretationsgeschichtliche und exegetische Untersuchung zu Kol. 1,24b von Dr. J. Kremer. XXII, 207 Seiten. 1956. Vergriffen

Band 13: **Das Corpus Paulinum des Ambrosiaster**
herausgegeben von Prof. Dr. H. J. Vogels. 178 Seiten. 1957. DM 20,50

Band 14: **Solidarität in Segen und Fluch im Alten Testament und in seiner Umwelt**
I. Band: Väterfluch und Vätersegen von Professor Dr. J. Scharbert. XIII, 293 Seiten. 1958. Vergriffen

Band 15: **Gotteswege und Menschenwege in der Bibel und in Qumran**
von Professor Dr. Dr. Fr. Nötscher. 133 Seiten. 1958. Vergriffen

Band 16: **Untersuchungen zur Geschichte der altlateinischen Überlieferung des zweiten Korintherbriefes**
von Professor Dr. Heinrich Zimmermann. XXIV, 439 Seiten. 1960. DM 52,20

Band 17: **Vom Alten zum Neuen Testament**
von Professor Dr. Dr. Fr. Nötscher. VIII, 250 Seiten. 1962.
Vergriffen

Band 18: **Traditionsgeschichtliche Untersuchungen zum Richterbuch**
von Dr. Wolfgang Richter. 2. Auflage. XX, 414 Seiten. 1966.
Vergriffen

Band 19: **Literarkritische und formgeschichtliche Untersuchung des Heiligkeitsgesetzes**
von Professor Dr. Rudolf Kilian. VIII, 186 Seiten. 1963. DM 24,–

Band 20: **Die kultische Vergegenwärtigung der Vergangenheit in den Psalmen**
von Dr. Hans Zirker. XVIII, 158 Seiten. 1964.  Vergriffen

Band 21: **Bearbeitungen des «Retterbuches» in der deuteronomischen Epoche**
von Dr. Wolfgang Richter. XVIII, 142 Seiten. 1964.  Vergriffen

Band 22: **Untersuchungen zur altlateinischen Überlieferung des 1. Thessalonicherbriefes**
von Dr. Ernst Nellessen. 307 Seiten. 1965. DM 40,–

Band 23: **Die Fastenansage Jesu**
(Mk. 2. 20 und Parallelen) in der Sicht der patristischen und scholastischen Exegese von Dr. Franz Gerhard Cremer. XXX, 185 Seiten und 3 Tabellen. 1965. DM 36,–

Band 24: **Die Vorpriesterlichen Abrahamsüberlieferungen**
Literarkritisch und traditionsgeschichtlich untersucht von Prof. Dr. Rudolf Kilian. XX, 320 Seiten. 1966
Vergriffen

Band 25: **Die Ortsnamenlisten aus dem Totentempel Amenophis III**
von Professor Dr. Elmar Edel. XV, 101 Seiten mit 3 Klapptafeln. 1966.
Vergriffen

Band 26: **Literarkritische, formgeschichtliche und stilkritische Untersuchungen zum Deuteronomium**
von Dr. Josef Plöger. XXIII, 225 Seiten. 1967.  Vergriffen

Band 27: **Das Zelt der Begegnung**
Untersuchung zur Gestalt der sakralen Zelttraditionen Altisraels von Dr. Manfred Görg. XVI, 174 Seiten. 1967. DM 36,–

Band 28: **Die Äthiopische Übersetzung des Propheten Micha**
Edition und textkritischer Kommentar nach den Handschriften in Oxford, London, Paris, Cambridge, Wien und Frankfurt a. M. von Dr. Hans Ferdinand Fuhs. VII, 109 Seiten. 1967. DM 45,50

Band 29: **Die Nachfolge Gottes im Alten Testament**
von Dr. F. Josef Helfmeyer. XXI, 222 Seiten. 1968.  Vergriffen

Band 30: **Rätsel und Mißverständnis**
Ein Beitrag zur Formgeschichte des Johannesevangeliums von Dr. Herbert Leroy. XXIII, 202 Seiten. 1968.  Vergriffen

Band 31: **Das Deuteronomische Gesetz**
Eine literarkritische, gattungs- und überlieferungsgeschichtliche Untersuchung zu Dt 12-26 von P. Dr. Pius Merendino OSB. XXV, 458 Seiten. 1969.  Vergriffen

Band 32: **Phönizier in Amerika**
Eine Inschrift des 5. Jh. v. Chr. aus Brasilien in einer unbekannten semitischen Konsekutivtempussprache
von Professor Dr. Lienhard Delekat. VIII, 58 Seiten. 1969. DM 21,10, geb. DM 25,50

| | |
|---|---|
| Band 33: | **Der Sinai im liturgischen Verständnis der deuteronomistischen und priesterlichen Tradition**<br>von Professor Dr. Karl-Heinz Walkenhorst S.J. XIV, 170 Seiten. 1969. DM 32,– |
| Band 34: | **Die koptischen Versionen der Apostelgeschichte**<br>Kritik und Wertung<br>von Dr. Anton Joussen. XIII, 222 Seiten. 1969. DM 31,50, geb. DM 37,80 |
| Band 35: | **Origine et signification théologique du nom divin Jahvé à la lumière de récents travaux** (Ex 3, 13-15 et Ex 6, 2-8)<br>von Dr. Jean Kinyongo. XX, 152 Seiten. 1970. DM 34,80 |
| Band 36: | **Die Pascha-Feier Israels**<br>Eine literarkritische und überlieferungsgeschichtliche Studie<br>von Dr. Peter Laaf. XXVI, 187 Seiten. 1970.  Vergriffen |
| Band 37: | **Die Äthiopische Übersetzung des Propheten Hosea**<br>von Dr. Hans F. Fuhs. XXVI, 127 Seiten. 1971. DM 50,–, geb. DM 56,– |
| Band 38: | **Untersuchungen zur Weisheitstheologie bei Ben Sira**<br>von Dr. Johann Marböck. XXVIII, 192 Seiten. 1971. DM 28,80 |
| Band 39: | **Die Wahrheit im Johannesevangelium**<br>von Dr. Yu Ibuki. XXII, 366 Seiten. 1972. DM 83,–, geb. DM 92,– |
| Band 40: | **Die Eschatologiereden des Lukas-Evangeliums**<br>von Dr. Josef Zmijewski. XXXII, 591 Seiten. 1972. DM 124,–, geb. DM 136,– |
| Band 41: | **Der Standort des Galaterbriefes**<br>von Dr. Udo Borse. XV, 201 Seiten. 1972. DM 46,–, geb. DM 52,– |
| Band 42: | **Prophetie am Ende**<br>Untersuchungen zu Sacharja 9–14<br>von Dr. Ina Willi-Plein. 1975, X, 128 Seiten, kart. DM 41,–, Ln. DM 45,– |
| Band 43: | **Zeugnis für Jesus und das Wort**<br>von Dr. Ernst Nellessen. 1976, XXXIV, 321 Seiten, kart. DM 126,–, Ln. DM 136,– |
| Band 44: | **Das heilsgeschichtliche Credo in den Reden der Apostelgeschichte**<br>von Dr. Klaus Kliesch. 1975, XXIX, 266 Seiten, kart. DM 60,–, Ln. DM 68,– |
| Band 45: | **Jahwe dienen – Göttern dienen**<br>von Dr. Johannes Peter Floß. 1975, XXIV, 589 Seiten, kart. DM 122,–, Ln. DM 132,– |
| Band 46: | **Die Wurzel ŠÛB in der Qumran-Literatur**<br>Zur Semantik eines Grundbegriffes<br>von Dr. Heinz-Josef Fabry. 1975, 365 Seiten, kart. DM 74,–, Ln. DM 82,– |
| Band 47: | **Das Bekenntnis der Hoffnung**<br>Tradition und Redaktion im Hebräerbrief<br>von Prof. Dr. Heinrich Zimmermann. 1977, XIX, 236 Seiten, kart. DM 50,–, Ln. DM 58,– |
| Band 48: | **Das Buch Habakuk**<br>Darstellung der Geschichte seiner kritischen Erforschung mit einer eigenen Beurteilung von Dr. Peter Jöcken. 1977, XVIII, 570 Seiten, kart. DM 118,–, Ln. DM 130,– |
| Band 49: | **Beiträge zur jüdischen Apologetik**<br>von Dr. Jörg-Dieter Gauger. 1977, XVI, 361 Seiten, Ln. DM 86,– |
| Band 50: | **Bausteine biblischer Theologie**<br>Festschrift für G. Johannes Botterweck<br>Zu seinem 60. Geburtstag herausgegeben von Dr. Heinz-Josef Fabry. 1977, VIII, 369 Seiten, kart. DM 78,–, Ln. DM 86,– |

Band 51: **Das Heil Gottes**
Studien zur Theologie des lukanischen Doppelwerkes
von Dr. Michael Dömer. 1978, XLVIII, 233 Seiten, Ln. DM 56,-

Band 52: **Der Stil der paulinischen «Narrenrede»**
Analyse der Sprachgestaltung in 2 Kor 11,1-12,10 als Beitrag zur Methodik von Stiluntersuchungen neutestamentlicher Texte
von Priv.-Doz. Dr. Josef Zmijewski. 1978, 449 Seiten, geb. DM 98,-

Band 53: **Begegnung mit dem Wort**
Festschrift für Heinrich Zimmermann
herausgegeben von Priv.-Doz. Dr. Josef Zmijewski und Pro. Dr. Ernst Nellessen. 1980, 424 Seiten, geb. DM 96,-

Band 54: **Die Doppelüberlieferungen der Logienquelle und des Markusevangeliums**
von Dr. Rudolf Laufen. 1980, II, 614 Seiten, geb. DM 136,-

Band 55: **Die biblischen „Sklaven"-Gesetze im Lichte des keilschriftlichen Sklavenrechts**
Ein Beitrag zur Tradition, Überlieferung und Redaktion der alttestamentlichen Rechtstexte
von Dr. Innocenzo Cardellini. 1981, XXVIII, 441 Seiten, geb. DM 121,-

Band 56: **Die Wurzel שבע schwören**
Eine semasiologische Studie zum Eid im Alten Testament
von Dr. Georg Giesen, 1981, XII, 445 Seiten, geb. DM 98,-